江苏财政发展研究报告 2016

主编 黄建元

南京大学出版社

图书在版编目(CIP)数据

江苏财政发展研究报告. 2016 / 黄建元主编. —南京：南京大学出版社，2017.6
ISBN 978 - 7 - 305 - 18859 - 6

Ⅰ. ①江… Ⅱ. ①黄… Ⅲ. ①地方财政—经济发展—研究报告—江苏— 2016 Ⅳ. ①F812.753

中国版本图书馆 CIP 数据核字(2017)第 138095 号

出版发行 南京大学出版社
社　　址 南京市汉口路 22 号　　　邮　编 210093
出 版 人 金鑫荣
书　　名 江苏财政发展研究报告(2016)
主　　编 黄建元
责任编辑 王日俊　方巧真
照　　排 南京紫藤制版印务中心
印　　刷 江苏凤凰数码印务有限公司
开　　本 787×1092　1/16　印张 15.25　字数 328 千
版　　次 2017 年 6 月第 1 版　2017 年 6 月第 1 次印刷
ISBN　978 - 7 - 305 - 18859 - 6
定　　价 140.00 元

网址:http://www.njupco.com
官方微博:http://weibo.com/njupco
官方微信号:njupress
销售咨询热线:(025)83594756

指 导 委 员 会

本书为江苏高校优势学科建设工程资助项目
(PAPD)、江苏高校人文社会科学校外研究基地"江苏
现代服务业研究院"、江苏高校现代服务业协同创新中
心和江苏省级重点培育智库"现代服务业智库"的阶段
性研究成果。

书　　　名　江苏财政发展研究报告(2016)

主　　　编　黄建元

出　版　社　南京大学出版社

目　录
Contents

第一篇　综合篇
Part One　Comprehensive Situation

第二篇　地方篇
Part Two　Local Situation

第三篇　民生支出
Part Three　Expenditure on People's Livelihood

第四篇　实证研究篇
Part Four　Empirical Research

第一篇　综合篇

第一章 2015 年江苏省经济运行总体情况

一、2015 年经济发展背景

(一) 国际背景

2015 年江苏省经济运行的国际环境总体上继续处于温和不均衡的增长格局，外部发展环境略好于 2014 年。油价下跌、财政调整放慢以及宽松的货币政策等因素将继续支撑美国国内需求，美国经济将持续强劲复苏；受益于原油价格下跌及当地货币贬值，欧元区和日本经济均呈现好转迹象；而新兴经济体国家和发展中国家增长速度放缓。世界经济继续保持着复苏的态势，但是发达经济体经济增长总体较为疲软，短期内难以真正走出低谷，一些主要新兴市场经济体，供给方面的制约因素和金融条件的收紧对经济增长造成的不利影响可能持续更长时间。全球经济总体未恢复到危机前的增长水平，国际贸易主义不断抬头以及由于土地、劳动力等综合成本上升造成我国的出口国际竞争力有所下降，这些因素对我国的外贸出口造成不利影响。国外政策调整、地缘政治冲突也带来了一些风险和不确定性。当前国际环境仍然十分复杂，国际不稳定因素较多。

(二) 国内背景

国内经济下行压力持续加码，增速换挡和结构调整的阵痛相互交织，经济新增长点虽然逐步显现且增速较快，但受制于体量小，短期难以弥补传统增长点消退带来的缺口，新旧增长点转接过程中，下行压力会持续。中央出台了一系列定向调控政策措施。内容涵盖定向降准、结构型减税，棚户区改造、中西部铁路建设、稳定外贸、扩大信息体育消费，以及全面降息和在基础设施领域推出一批鼓励社会资本参与的项目(ppp)。

改革红利。2014 年政府推出了一系列改革措施，包括加大简政放权的力度，允许民间资本创办金融机构，放宽市场主体准入，以及充分发挥市场决定性作用为核心的价格改革等，这一系列改革措施刺激了 2015 年江苏省经济的增长。

房地产市场不景气。房地产市场阶段性过剩严重、房价下行预期等因素倒使房地产市场低迷。房地产行业与高铁、建材、家电、装饰材料等多个行业紧密相关，且房地产投资占固定资产投资比重达 1/4,房地产市场低迷严重掣肘投资和相关行业的增长。

2015 年是"十二五"的收官之年,"十二五"规划中期评估显示环保指标完成进度落后,规划中 4 个节能环保的约束性指标都未能达标,这无疑给 2015 年的发展造成了极大的环境保护约束性。

"一带一路"。江苏处于丝绸之路经济带和 21 世纪海上丝绸之路的交汇点上,这一优越的地理位置对于江苏,尤其是徐州、连云港、淮安、盐城、宿迁五市的发展带来极大的推动作用。

二、2015 年江苏经济运行概况

(一)综合

经济运行总体平稳。全年实现地区生产总值 70116.4 亿元,比上年增长 8.5%。其中,第一产业增加值 3988 亿元,增长 3.2%;第二产业增加值 32043.6 亿元,增长 8.4%;第三产业增加值 34084.8 亿元,增长 9.3%。全省人均生产总值 87995 元,比上年增长 8.3%。全社会劳动生产率持续提高,全年平均每位从业人员创造的增加值达 147314 元,比上年增加 10584 元。产业结构加快调整。三次产业增加值比例调整为 5.7:45.7:48.6,实现产业结构"三二一"标志性转变。全年服务业增加值占 GDP 比重提高 1.6 个百分点。全年实现高新技术产业产值 6.1 万亿元,比上年增长 7.6%;占规上工业总产值比重达 40.1%,比上年提高 0.6 个百分点。战略性新兴产业销售收入 4.5 万亿元,比上年增长 10.4%;占规上工业总产值比重达 29.4%,比上年提高 0.7 个百分点。经济活力继续增强。全年非公有制经济实现增加值 47398.7 亿元,比上年增长 8.8%,占 GDP 比重达 67.6%,其中私营个体经济占 GDP 比重为 43.4%,分别比上年提高 0.2 个和 0.6 个百分点。年末全省工商部门登记的私营企业达 182.2 万户,当年新增 39.4 万户,注册资本 72965.4 亿元,比上年增长 30.7%;个体户 387.2 万户,当年新增 63.7 万户。

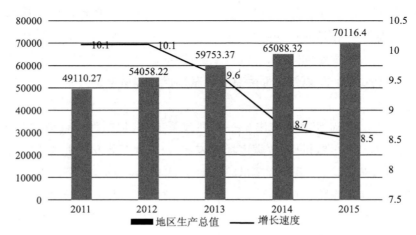

图 1　2011—2015 年地区生产总值及其增长速度

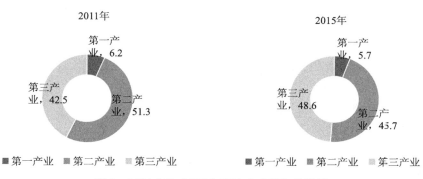

图2　2011年和2015年三次产业增加值比重

图1、图2数据来源:2012年和2016年《江苏统计年鉴》。

新型城镇化成效显著。年末城镇化率为66.5%,比上年提高1.3个百分点。区域发展更趋协调。苏南现代化建设示范区引领带动作用逐步显现,苏中融合发展、特色发展加快推进,苏北大部分指标增幅继续高于全省平均水平,苏中、苏北经济总量对全省的贡献率达46.2%,比上年提高1.4个百分点;沿海开发有力推进,沿海地区实现生产总值12521.5亿元,比上年增长10.1%,对全省经济增长贡献率达19.4%。

就业形势趋向稳定。年末全省就业人口4758.5万人,第一产业就业人口875.56万人,第二产业就业人口2046.16万人,第三产业就业人口1836.78万人。城镇地区就业人口3076.22万人,城镇登记失业率3.0%;促进失业人员再就业77.74万人,其中就业困难人员就业13.34万人;新增农村劳动力转移20.97万人。

消费价格温和上涨。全年居民消费价格比上年上涨1.7%,其中城市上涨1.7%,农村上涨1.5%。分类别看,在食品中,粮食上涨2.6%,肉禽及其制品上涨5.3%,水产品上涨1.8%,鲜菜上涨10.3%,油脂下跌5.3%,蛋下跌7.2%。工业生产者价格低位运行。全年工业生产者出厂价格比上年下跌4.7%,其中生产资料下跌5.6%,生活资料下跌0.4%。影响工业生产者出厂价格下跌较大的类别中,石油加工和炼焦加工业下跌21.9%,黑色金属冶炼和压延加工业下跌18.9%,化学纤维制造业下跌12.3%,化学原料和化学制品制造业下跌10.8%,有色金属冶炼和压延加工业下跌8.3%。全年工业生产者购进价格下跌7.9%;农业生产资料价格下跌0.4%。

表1　居民消费价格比上年上涨情况

指　　标	全省	城市	农村
居民消费价格	1.7	1.7	1.5
食品	3	2.8	3.5
粮食	2.6	2.2	3.2

续　表

指　　标	全省	城市	农村
烟酒	1.9	1.7	2.4
衣着	3	3.1	2.7
家庭设备用品和服务	2.8	3	2.1
医疗保健及个人用品	1.6	1.6	1.7
交通和通信	-2.7	-2.7	-2.9
娱乐教育文化用品及服务	1.8	2.2	0.6
居住	0.9	1.2	0

数据来源:2015 和 2016 年《江苏统计年鉴》。

(二)农林牧渔业

农业生产平稳。粮食总产实现"十二连增",全年总产量达 3561.3 万吨,比上年增产 70.7 万吨,增长 2.0%;夏粮 1271.7 万吨,增长 1.4%;秋粮 2289.7 万吨,增长 2.4%。全年粮食播种面积 542.5 万公顷,比上年增加 4.9 万公顷;棉花面积 9.4 万公顷,减少 3.8 万公顷;油料面积 47.5 万公顷,减少 2.4 万公顷;蔬菜面积 143.1 万公顷,增加 5.9 万公顷。

林牧渔业总体稳定。全年造林面积 4.1 万公顷,比上年下降 30%。全年猪牛羊禽肉产量 359.2 万吨,比上年下降 2.7%;禽蛋总产量 196.2 万吨,增长 0.8%;牛奶总产量 59.6 万吨,下降 1.9%;水产品总产量 522.1 万吨,增长 0.6%,其中淡水产品 372.9 万吨,海水产品 149.2 万吨,分别增长 1.2%和下降 0.8%。

表 2　主要农产品产量情况

产品名称	产量(万吨)	比上年增长
粮食	3561.34	2.03%
棉花	11.69	-26.71%
油料	143.11	-2.38%
油菜籽	106.33	-3.39%
花生	35.07	0.72%
蔬菜	5595.67	3.22%
蚕茧	4.97	-12.65%
茶叶	1.45	-0.68%
水果	914.78	6.17%
猪牛羊禽肉	369.43	-2.64%
水产品	522.11	0.63%

数据来源:2015 和 2016 年《江苏统计年鉴》。

现代农业加快推进。高标准农田比重超过 50％,农业科技进步贡献率提高到 65％,家庭农场、农民合作社分别达到 2.8 万家和 7.2 万个,农村产权交易市场建设进展顺利。全省有效灌溉面积达 402.6 万公顷,新增有效灌溉面积 3.4 万公顷,新增节水灌溉面积 21.4 万公顷;新增设施农业面积 4.2 万公顷;年末农业机械总动力 4827.5 万千瓦,比上年增长 3.8％。

(三)工业和建筑业

工业运行保持稳定。全年规模以上工业增加值比上年增长 8.3％,其中轻工业增长 7.6％、重工业增长 8.6％。分经济类型看,国有工业增长 1.6％,集体工业增长 10.4％,股份制工业增长 10％,外商港澳台投资工业增长 6％。在规模以上工业中,国有控股工业增长 2.1％,私营工业增长 11％。

企业效益稳步改善。全年规模以上工业企业实现主营业务收入 148283.8 亿元,比上年增长 4.8％;利税 15907.1 亿元,增长 9.3％;利润 9617.1 亿元,增长 9.1％。企业亏损面 13.8％,比上年末上升 0.9 个百分点。规模以上工业企业总资产贡献率、主营业务收入利润率和成本费用利润率分别为 16.8％、6.5％和 7％。

先进制造业增势良好。全年规模以上工业中,汽车制造业实现产值 7128.8 亿元,比上年增长 9.6％;医药制造业产值 3551.6 亿元,增长 14.5％;专用设备制造业产值 5943.4 亿元,增长 6％;电气机械及器材制造业产值 16910.3 亿元,增长 8.7％;通用设备制造业产值 8803.8 亿元,增长 6.2％;计算机、通信和其他电子设备制造业产值 19334.4 亿元,增长 9.4％。

建筑业稳定发展。全年实现建筑业总产值 24785.8 亿元,比上年增长 0.8％;竣工产值 20431.4 亿元,增长 8.0％;竣工率达 82.4％;全省建筑企业实现利税总额 1750.4 亿元,增长 1.4％;建筑业劳动生产率为 29.7 万元/人,增长 0.2％;建筑业企业房屋建筑施工面积 215592 万平方米,增长 1.2％;竣工面积 76823.9 万平方米,与上年持平,其中住宅竣工面积 56384.4 万平方米,增长 1.6％。

(四)固定资产投资

固定资产投资平稳增长。全年完成固定资产投资 45905.2 亿元,比上年增长 10.5％。其中,国有及国有经济控股投资 10004.9 亿元,增长 7.4％;港澳台及外商投资 3902.4 亿元,下降 6.1％;民间投资 31997.8 亿元,增长 14.0％,占固定资产投资比重达 69.7％。分类型看,完成项目投资 37751.5 亿元,比上年增长 13.3％;房地产开发投资 8153.7 亿元,下降 1.1％。

投资结构持续调优。第一产业投资 232.2 亿元,比上年增长 12.2％;第二产业投资 22891 亿元,增长 12.8％;第三产业投资 22782 亿元,增长 8.3％。第二产业投资中,工业投资 22757.5 亿元,增长 12.4％,其中制造业投资 21210.6 亿元,增长 11.0％。高新技术产业投资 7535.5 亿元,增长 9.7％,占工业投资比重达 33.1％。

重点项目扎实推进。全年新开工项目 44962 个,比上年增长 25.6％;完成投资

26972.2亿元,增长20.2%。其中,亿元项目4536个,下降2.6%;完成投资10006.3亿元,与上年持平。200个省级重大项目进展顺利。

(五)国内贸易

消费品市场平稳运行。全年实现社会消费品零售总额25876.8亿元,比上年增长10.3%。按经营单位所在地分,城镇消费品零售额23252.3亿元,增长10.2%;乡村消费品零售额2624.5亿元,增长10.9%。按消费类型分,商品零售额23456.7亿元,增长10.3%;餐饮收入额2420.1亿元,增长10.5%。在限额以上企业商品零售额中,粮油、食品、饮料、烟酒类增长9.5%,服装、鞋帽、针纺织品类增长8.2%,金银珠宝类增长5.6%,日用品类增长6.7%,五金、电料类增长10.6%,书报杂志类增长11.1%,家用电器和音像器材类增长9.5%,中西药品类增长14.2%,通信器材类增长18.1%,文化办公用品类增长17.7%,家具类增长14.5%,石油及制品类下降2%,建筑及装潢材料类增长19%,汽车类增长4.7%。

(六)开放型经济

进出口总额小幅下降。全年进出口总额5456.1亿美元,比上年下降3.2%。其中,出口总额3386.7亿美元,下降0.9%;进口总额2069.5亿美元,下降6.7%。

表3　进出口贸易主要分类情况

指　标	绝对数(亿美元)	比上年增长(%)
出口总额	3386.68	−0.94
♯一般贸易	1552.49	−1.95
加工贸易	1479.96	−0.85
♯工业制成品	3285.58	−1.08
初级产品	50.99	−8.97
♯机电产品	2247.5	1.5
♯高新技术产品	1310.9	1.3
♯外商投资企业	1938.86	−2.47
国有企业	307.4	0.4
进口总额	2069.45	−6.74
♯一般贸易	835.77	−7.33%
加工贸易	818.16	−5.49
♯工业制成品	1749.47	−4.95
初级产品	253.4	−23.3
♯机电产品	1268.2	−1.7
♯高新技术产品	907.6	0.4
♯外商投资企业	1434.33	−5.08

数据来源:2014和2015年《江苏统计年鉴》。

出口总额中,对美国出口 728 亿美元,比上年增长 3.7%;对欧盟出口 607.9 亿美元,下降 4.3%;对日本出口 280.8 亿美元,下降 9%;对韩国出口 166.8 亿美元,增长 0.2%;对东盟出口 351.1 亿美元,增长 2.6%;对台湾省出口 137.3 亿美元,下降 3%;对香港特别行政区出口 347.9 亿美元,下降 0.2%;对俄罗斯出口 34.7 亿美元,下降 29%;对印度出口 96.3 亿美元,增长 11.8%;对拉丁美洲出口 189.3 亿美元,下降 1.4%;对非洲出口 87 亿美元,下降 6.4%。

境外投资加快发展。全年新批外商投资企业 2580 家,新批协议外资 393.6 亿美元;实际到账注册外资 242.7 亿美元,比上年下降 13.8%。新批及净增资 9000 万美元以上的外商投资大项目 235 个。全年新批境外投资项目 879 个,比上年增长 19.4%;中方协议投资 103 亿美元,比上年增长 42.8%。

开发区经济稳定发展。全省开发区实现业务总收入 18.7 万亿元,比上年增长 12%;一般公共预算收入 3850 亿元,比上年增长 13.5%;全省开发区实现进出口总额 4395 亿美元,占全省总量的 80.6%;其中,出口总额 2671 亿美元,占全省总量的 78.9%;实际到账注册外资 193 亿美元,占全省总量的 79.5%。

(七)交通运输、邮政电信业和旅游业

交通运输业基本平稳。全年旅客运输量、货物运输量分别比上年增长 -1.3% 和 2.5%,旅客周转量、货物周转量分别增长 1.0% 和 5.0%。完成规模以上港口货物吞吐量 20.8 亿吨,比上年增长 3.1%,其中外贸货物吞吐量 4.0 亿吨,增长 4.7%;集装箱吞吐量 1605.5 万标准集装箱,增长 7.0%。年末全省公路里程 15.9 万公里,比上年新增 1283.8 公里。其中,高速公路里程 4539.1 公里,新增 50.8 公里。铁路营业里程 2679.2 公里,铁路正线延展长度 4569.7 公里。年末民用汽车保有量 1247.9 万辆,净增 143.9 万辆,比上年末增长 13.0%。年末个人汽车保有量 1076.9 万辆,净增 141.2 万辆,比上年末增长 15.1%。其中,个人轿车保有量 773.9 万辆,净增 108.2 万辆,比上年末增长 16.3%。

邮政电信业较快发展。全年邮政电信业务总量 2280.6 亿元,比上年增长 35.7%。分业务类型看,邮政行业业务总量 516 亿元,增长 43.7%;电信业务总量 1764.6 亿元,增长 33.5%。邮政电信业务收入 1244.3 亿元,比上年增长 7.9%。分类型看,邮政行业业务收入 407.2 亿元,增长 36.0%;电信业务收入 837.1 亿元,下降 2.0%。年末局用交换机总容量 1758.8 万门。年末固定电话用户 1973 万户,比上年末减少 160.6 万户。分城乡看,城市电话用户 1218 万户,乡村电话用户 755 万户。年末移动电话用户 8227.3 万户,比上年末增加 156.9 万户。年末电话普及率达 128.1 部/百人。长途光缆线路总长度 3.9 万公里,新增 2591.8 公里。年末互联网宽带接入用户 1625.4 万户,新增 102 万户。

旅游业较快增长。全年接待境内外游客 62238.7 万人次,比上年增长 8.4%;实现旅游业总收入 9050.1 亿元,增长 11.1%。接待入境过夜旅游者 305 万人次,

增长 2.7%。其中:外国人 200.8 万人次,增长 1.9%;港澳台同胞 104.2 万人次,增长 4.1%。旅游外汇收入 35.3 亿美元,增长 16.3%。接待国内游客 61933.7 万人次,增长 8.4%,实现国内旅游收入 8769.3 亿元,增长 11.5%。

(八) 金融业

金融信贷规模稳步扩大。年末全省金融机构人民币存款余额 107873 亿元,比年初增加 11766.8 亿元,比上年末增长 11.7%。其中,住户存款比年初增加 2861.5 亿元,同比少增 1.1 亿元;非金融企业存款比年初增加 3961.9 亿元,同比多增 934.0 亿元。年末金融机构人民币贷款余额 78866.3 亿元,比年初增加 9285.1 亿元,比上年末增长 13.4%。其中,中长期贷款比年初增加 5960.8 亿元,同比多增 428.2 亿元;短期贷款比年初增加 1524.7 亿元,同比多增 756.2 亿元。

证券交易市场稳定发展。全年证券市场完成交易额 60.4 万亿元。分类型看,证券经营机构股票交易额 35.1 万亿元,增长 262.1%;期货经营机构代理交易额 30.5 万亿元,增长 55.3%。年末全省境内上市公司 276 家,省内上市公司通过首发、配股、增发、可转债、公司债在上海、深圳证券交易所筹集资金 1214 亿元,比上年增加 512.5 亿元。江苏企业境内上市公司总股本 2154.3 亿股,比上年增长 34.9%;市价总值 36720.5 亿元,增长 87.1%。年末全省共有证券公司 6 家,证券营业部 683 家;期货公司 10 家,期货营业部 135 家;证券投资咨询机构 2 家。

保险行业快速发展。全年保费收入 1989.9 亿元,比上年增长 18.2%。分类型看,财产险收入 672.2 亿元,增长 10.9%;寿险收入 1083.9 亿元,增长 18.2%;健康险和意外伤害险收入 233.8 亿元,增长 45.4%。全年赔付额 732.6 亿元,比上年增长 18.8%。其中,财产险赔付 403 亿元,增长 19.8%;寿险赔付 268.2 亿元,增长 15.7%;健康险和意外伤害险赔付 61.4 亿元,增长 26.2%。

(九) 科学技术和教育

科技创新能力不断增强。区域创新能力连续七年保持全国第一。全省科技进步贡献率达 60%,比上年提高 1 个百分点。全年授权专利 25 万件,其中发明专利 3.6 万件。全年共签订各类技术合同 2.5 万项,技术合同成交额达 700 亿元,比上年增长 6.8%。全省企业共申请专利 27.5 万件。

高新技术产业较快发展。组织实施省重大科技成果转化专项资金项目 182 项,省资助资金投入 15.3 亿元,新增总投入 119 亿元。全省按国家新标准认定高新技术企业累计达 1 万家。新认定省级高新技术产品 9802 项,已建国家级高新技术特色产业基地 139 个。

科研投入比重提高。全社会研究与发展(R&D)活动经费 1788 亿元,占地区生产总值比重为 2.55%,比上年提高 0.05 个百分点。全省从事科技活动人员 120.3 万人,其中研究与发展(R&D)人员 74.6 万人。全省拥有中国科学院和中国工程院院士 96 人。全省各类科学研究与技术开发机构中,政府部门属独立研究与开发机构达 144 个。全省已建国家和省级重点实验室 97 个,科技服务平台 290 个,工程技术研究中心 2989 个,企业院士工作站 329 个,经国家认定的技术中心 95 家。

教育事业全面发展。全省共有普通高校 137 所。普通高等教育本专科招生 44.9 万人,在校生 171.6 万人,毕业生 48.4 万人;研究生教育招生 5.1 万人,在校生 15.6 万人,毕业生 4.3 万人。高等教育毛入学率达 52.3%,比上年提高 1.3 个百分点。全省中等职业教育在校生达 68 万人(不含技工学校)。九年义务教育巩固率 100%,高中阶段教育毛入学率 99.1%,基本普及高中阶段教育。特殊教育招生 0.4 万人,在校生 2.3 万人。全省共有幼儿园 6759 所,比上年增加 1687 所;在园幼儿 250.7 万人,比上年增加 16.6 万人。

(十)文化、卫生和体育

公共文化服务水平提升。年末全省共有文化馆、群众艺术馆 287 个,公共图书馆 114 个,博物馆 301 个,美术馆 23 个,综合档案馆 118 个,向社会开放档案 43.1 万件。共有广播电台 14 座,中短波广播发射台和转播台 21 座,电视台 14 座,广播综合人口覆盖率和电视综合人口覆盖率均为 100%。有线电视用户 2285.5 万户,与上年基本持平。生产故事影剧片 19 部。全年报纸出版 26.8 亿份,杂志出版 1.2 亿册,图书出版 5.5 亿册。

卫生事业快速发展。年末共有各类卫生机构 32015 个。其中医院、卫生院 2622 个,卫生防疫防治机构 165 个,妇幼卫生保健机构 109 个。各类卫生机构拥有病床 40.7 万张,其中医院、卫生院拥有病床 37.9 万张。共有卫生技术人员 48.7 万人,其中执业医师、执业助理医师 18.3 万人,注册护士 20 万人,卫生防疫防治机构卫生技术人员 7352 人,妇幼卫生保健机构卫生技术人员 8244 人。新型农村合作医疗人口覆盖率达 98% 以上。县级公立医院综合改革全面启动。

体育事业持续发展。江苏体育健儿在重大比赛中获世界冠军 15 项,获金牌 199 人次,获银牌 182 人次,获铜牌 134 人次。全民健身活动广泛开展。圆满举办第二届夏季青年奥林匹克运动会,成功举办第十八届省运会和第九届省残运会。

(十一)环境保护、节能降耗和安全生产

生态建设成效显著。制定生态文明建设规划,划定全省生态红线保护区域。年末全省设立自然保护区 31 个,其中国家级自然保护区 3 个,面积达 56.7 万公顷。深入开展工业废气、机动车尾气、城市扬尘等各类污染物综合治理,建立大气污染防治区域联防联控机制,实现燃煤大机组脱硫脱硝全覆盖,PM2.5 平均浓度同比下降 12.1%。深入开展重点流域治理,太湖流域水质持续改善,南水北调江苏段水质达标。加强绿色江苏建设,林木覆盖率提高到 22.5%,国家生态市(县、区)达到 35 个。

节能减排顺利推进。大力实施节能减排重点工程,鼓励发展循环经济,严格控制高耗能项目,加快淘汰落后产能,推动重点耗能企业能效提升。全省电力行业关停小火电机组 52.6 万千瓦。单位 GDP 能耗下降、化学需氧量、二氧化硫、氨氮、氮氧化物排放削减均完成年度目标任务。

安全生产形势良好。事故起数和死亡人数实现"双下降",全年发生各类生产经营事故 3121 起,死亡 2055 人,比上年分别下降 5.51% 和 7.18%。亿元 GDP 生产安全事故死亡率为 0.073,比上年下降 8.75%。

(十二)人民生活和社会保障

人口总量增长缓慢。年末全省常住人口 7976.3 万人,比上年末增加 16.24 万人,增长 0.2%。在常住人口中,男性人口 4014.65 万人,女性人口 3961.65 万人;0—14 岁人口 1064.09 万人,15—64 岁人口 5912.89 万人,65 岁及以上人口 999.32 万人。全年人口出生率 9.05‰,比上年下降 0.4 个千分点;人口死亡率为 7.03‰,提高 0.01 个千分点;人口自然增长率 2.02‰,比上年下降 0.41 个千分点。

居民生活水平不断提高。根据城乡一体化住户抽样调查,全年全省居民人均可支配收入 29539 元,比上年增长 8.7%。按常住地分,城镇居民人均可支配收入 37173 元,增长 8.2%;农村居民人均可支配收入 16257 元,增长 8.7%。全体居民人均可支配收入中位数 25095 元,比上年增长 10.1%。全省居民人均可支配收入中,按五等份分组,低收入组人均可支配收入 8485 元,增长 12.3%;中低收入组人均可支配收入 16614 元,增长 10.8%;中等收入组人均可支配收入 25122 元,增长 9.9%;中高收入组人均可支配收入 36374 元,增长 6.1%;高收入组人均可支配收入 68590 元,增长 6.3%。全省居民人均消费支出 20556 元,比上年增长 7.3%。

社保体系逐步完善。城乡居民医疗和养老保险基本实现全覆盖,社会保险主要险种覆盖率达 95% 以上。年末全省企业职工基本养老保险(含参保离退休人员)、城镇职工基本医疗保险(含参保退休人员)、失业保险参保人数分别达 2653.58 万人、2428.25 万人和 1490.91 万人,分别比上年末增长 3.4%、2.8% 和 3.4%。年末享受企业职工基本养老保险离退休人员 640.09 万人,享受城镇职工基本医疗保险退休人员 610.33 万人。年末城乡居民基本养老保险参保人数 1315.84 万人,领取基础养老金人数 1022.96 万人。年末城镇居民基本医疗保险参保人数(含人社部门经办的新型农村合作医疗)1586.75 万人,比上年末增长 10.5%。保障性安居工程建设有序推进,全省新开工保障性住房 29.22 万套,基本建成 31.78 万套,分别完成年度目标的 109.8% 和 113.5%。

三、2015 年江苏省主要经济政策

(一)加快发展服务贸易

为了应对服务出口国际竞争力相对不足的短板,提出加快发展服务贸易的若干意见。积极开展服务贸易创新示范城市和特色服务出口基地建设,积极支持服

务外包,大力发展维修、检测、保税展示交易和物流等服务贸易,积极构建跨境产业链,支持知识产权服务机构境外交流合作等一系列措施。

(二)发展众创空间,推进大众创新创业

深入实施"创业江苏"行动,大力推进众创空间建设,激发全社会创新创业活力,营造良好创新创业生态环境。通过上下联动,集成政策支持,建设一批众创空间等新型创业服务平台;通过市场化机制、专业化服务和资本化途径,有效集成创业服务资源,打造众创空间、孵化器、加速器、科技园区,形成点、线、面相结合的创新创业孵化服务链条;探索建设众创集聚区,提升创新创业服务能力。

(三)下调失业保险费率

为了完善失业保险制度,建立健全失业保险费率动态调整机制,进一步减轻企业负担,促进就业稳定,经国务院同意,从 2015 年 3 月 1 日起,失业保险费率暂由现行条例规定的 3% 降至 2%。

(四)加大小微企业和创业创新减税力度

一是从 2015 年 1 月 1 日至 2017 年 12 月 31 日,将享受减半征收企业所得税优惠政策的小微企业范围,由年应纳税所得额 10 万元以内(含 10 万元)扩大到 20 万元以内(含 20 万元),并按 20% 的税率缴纳企业所得税,助力小微企业尽快成长。二是从 2015 年 4 月 1 日起,将已经试点的个人以股权、不动产、技术发明成果等非货币性资产进行投资的实际收益,由一次性纳税改为分期纳税的优惠政策推广到全国,以激发民间个人投资活力。三是将失业保险费率由现行条例规定的 3% 统一降至 2%,单位和个人缴费具体比例由各地 在充分考虑提高失业保险待遇、促进失业人员再就业、落实失业保险稳岗补贴政策等因素的基础上确定。初步测算,仅这一减费措施每年将减轻企业和员工负担 400 多亿元。

(五)更大力度实施技术改造、推进制造业向中高端迈进

以智能制造为切入点,加大技术改造力度,培育"专精特新"产品,加快化解过剩产能、淘汰低端设备工艺。到 2017 年,全省将压缩钢铁产能 700 万吨、水泥产能 1000 万吨以上、普通平板玻璃产能 300 万重量箱以上、船舶产能 1000 万载重吨。聚焦新一代信息技术、移动互联网、先进机器人等领域,加快技术攻关和产业化进程,3 年内建成 30 个战略性新兴产业集群、培育 50 家百亿级行业领军企业。

四、2015 年江苏经济运行基本特征

2015 年,江苏省主动适应新常态、引领新常态,坚持改革、创新不动摇,坚持调结构、转方式不动摇,全力推动结构调整和转型升级,经济表现出"缓中趋稳,稳中有进,进中有难"的运行特征。

(一)"缓中趋稳"

说"缓中趋稳",是因为增速下降但运行平稳。一方面是 2015 年宏观环境明显

偏紧,国际经济整体复苏缓慢,国内及江苏省经济回暖基础不稳固,经济发展就遇到了很大困难。2015年,主要经济指标如GDP、规模工业、投资、消费、外贸等增速均低于去年同期水平。从"十二五"至今发展趋势看,呈现出阶梯式下降特点,GDP增速从2010年的12.7%逐级下降至今年的8.5%;同期,投资增速更是从22.4%下降至10.5%。另一方面,随着国家和省内加大市场培育,稳增长、调结构政策效应逐步显现,主要指标并未继续恶化。表现在:

一是经济总量预计跨上新台阶。尽管GDP增速(8.5%)较去年回落0.2个百分点,但仍处中高速区间,且高于全国、浙江、上海、山东、广东1.6个、0.5个、1.7个、0.5个和0.6个百分点。经济总量保持全国第二,从2012年突破5万亿、2014年突破6万亿后,今年突破7万亿。

二是工业生产小幅回升。全省规上工业同比增长8.3%,比全国、浙江、上海、山东、广东分别高2.1个、4.1个、9.6个、0.9个和1.0个百分点。三是投资规模持续扩大。全省投资同比增长10.5%,降幅收窄;民间投资同比增长13.7%,占全部投资的比重达69%,同比提高2.0个百分点。四是消费总量不断增加。全省社零售总额同比增长10.3%,增速比上半年回升0.1个百分点。其中,限额以上社零售增长6.5%,比上半年回升0.1个百分点。

（二）"稳中有进"

说"稳中有进",是因为压力较大但仍取得很大进步。一方面虽然增速低于往年,但江苏部分指标排名有所前移。2015年全省规模以上工业增加值33422.5亿元,比上年增加8.3%;城镇居民人均可支配收入增速在"苏浙沪鲁粤"中位列第二,较2014年底前进1位;农村居民人均可支配收入全国排名上升到第五位;限上社零总额全国第二,高于去年同期(全国第三);另一方面,一些体现经济后劲的预期指标、体现经济升级成效的结构指标,以及体现经济活力的改革指标出现积极变化,对负重前行的江苏经济而言,正是这些新动力、新亮点,对冲了下行压力,支撑着江苏经济取得了8.5%的亮丽成绩。表现在:

1. 经济结构不断优化

需求结构方面,消费的基础性作用和投资的关键性作用得到较好发挥,特别是随着促消费政策效应逐步显现,消费潜力加快释放,2015年全省消费需求对经济增长的贡献率达51.5%,消费已经成为拉动江苏省经济增长的主要动力;投资结构方面,2015年,全省制造业投资21228.03亿元,占全省投资总额的46.24%,比上年提高了0.2个百分点。服务业投资同比增长8.3%。值得特别关注的是,在同期全国民间投资增速低迷的背景下,江苏民间投资却逆势飞扬,同比增长13.7%,比全部投资快1.4个百分点,占全部投资的比重达69%,同比提高2个百分点。高耗能行业增速放缓,技改投资保持较快增长,高耗能行业投资同比增长7.1%,占投资比重为9.5%,占比同比下降0.3个百分点,而技改投资持续快增,增速高达17.8%,

高于平均投资增速 7.3 个百分点;产业结构方面,主要体现在制造业从中低端向中高端转型升级加快,服务业增长较快、比重提升。2015 年,全省实现服务业增加值 34084.8 亿元,比上年增长 9.3%,快于地区生产总值增速 0.8 个百分点。服务业增加值占 GDP 比重达到 48.6%,比上年同期提高 1.9 个百分点,首次赶过第二产业占比,三次产业增加值比例调整为 5.7∶45.7∶48.6,产业结构调整实现了由"二三一"向"三二一"的标志性转变;高技术行业产值同比增长 7.6%,占规模以上工业总产值比重达 40.96%,比上年高了 0.6 个百分点。

2. 苏中、苏北后劲充足

今年以来,三大区域保持良好发展态势,苏南现代化示范区建设加快推进,苏中融合发展特色发展成效明显,苏中、苏北主要经济指标增幅继续高于全省平均水平。苏中地区生产总值 10193.55 亿元,苏北地区生产总值 12182.94 亿元。苏中、苏北 GDP 同比分别增长 10% 和 10.1%,分别高于全省 1.5 个和 1.6 个百分点,苏北、苏中经济总量对全省的贡献率达 46.2%,比上年提高 1.4 个百分点;规模以上工业增加值同比分别增长 10.4%、11.1%,分别高于全省 2.1 个和 2.8 个百分点;投资同比分别增长 17.0%、21.0%,分别高于全省 6.5 个和 10.5 个百分点。苏南经济平稳增长,地区生产总值同比增长 8.2%;转型步伐明显加快,高新技术快速发展、高耗能行业步入负增长区、装备制造业占比明显提升。

3. 民生保障日益改善

今年以来,全省始终坚持民生优先,以优化财政支出结构为手段,不断加强就业、收入分配、社会保障、住房等保障,全力推进基本公共服务均等化,人民生活水平有新提高,生活质量有新改善。保障房建设加快推进,全省新开工保障性住房 29.22 万套,基本建成 31.78 万套,分别完成年度目标的 109.8% 和 113.5%,提前完成年度任务。就业稳步增加,以改革促进大众创业、万众创新,在经济下行压力加大的背景下就业总量不降反升,城镇新增就业 104.7 万人,完成全年目标的 104.7%;新增转移农村劳动力 16.3 万人,转移率超过 70%。社保体系不断健全,城乡居民基本养老保险、新增被征地农民参保率稳定在 95% 以上,社会保障卡适用功能和便捷程度日益提升,持卡人数达 5126.8 万。待遇水平稳步提高,全省企业退休人员月人均基本养老金提高到 2460 元,比上年增长 10%。居民收入持续跑赢 GDP,2015 年居民人均可支配收入达到 29539 元,同比增长 8.7%,高于 GDP 增速 0.2 个百分点。

4. 服务业增势明显

2015 年,江苏省服务业产业结构明显优化,生产性服务业发展速度领先。全省金融业、营利性服务业、非营利性服务业增加值分别增长 15.7%、13.6%、9.8%,增速分别快于服务业总体增速 6.4 个、4.3 个、0.5 个百分点。从服务业行业收入来看,服务业大部分行业营业收入继续保持增长态势,证券业同比增长 160.9%,此外,包含快递业在内的邮政业、保险业增速领先,同比分别增长 36.0％和 23.9％,商务服务业、软件业、科技服务业、物流业等生产性服务业也实现了两位数以上的较快增长。从江苏省服务业的税收贡献上看,2015 年服务业税收增长明显快于上年。全省共实现服务业税收 5468.3 亿元,增长 13.2％,同比加快 4.7 个百分点,高于全部税收增速 3.6 个百分点;全省服务业税收收入占国地税总收入的比重明显提升,达到 47.0％,比上年同期提高 1.5 个百分点,其中地税占比更是达到 68.1％。2015 年是省政府加快发展现代服务业"十百千"行动计划的收官之年,全省服务业工作以深入推进现代服务业"十百千"行动计划纲举目张为统领,集中力量抓好重大项目建设、集聚区提升、创新企业培育三大"十百千"关键环节,全力确保"十百千"行动计划的圆满收官,为"十三五"期间江苏省现代服务业发展打下坚实的基础。

5. 工业转型升级明显

全年规模以上工业增加值比上年增长 8.3％。其中,国有控股工业增加值 3796.6 亿元,增长 2.1％;股份制企业增加值 19674.4 亿元,增长 10％;外商港澳台投资企业增加值 11950.3 亿元,增长 6％;民营工业增加值 18199.8 亿元,增长 10.9％。预计高新技术产业实现产值 6.13 万亿元,增长 7.6％,增速高于规模以上工业 1.4 个百分点,占规模以上工业总产值的比重达 40.1％,同比提高 0.6 个百分点。列统的 40 个工业大类行业中有 31 个行业产值较上年有不同程度增长,其中新兴产业增长较快,医药制造业增长 14.5％,仪器仪表制造业增长 8.2％,汽车制造业增长 9.6％,通用设备制造业增长 6.2％,专用设备制造业增长 6％。全年规模以上工业企业产销率达 98.1％。列统的 474 种工业产品中,有 261 种产品产量比上年实现增长。企业运行质量效益提升。2015 年,江苏省规模以上工业企业实现主营业务收入 14.8 万亿元、利润总额 9617.1 亿元,比上年分别增长 4.8％、9.1％;总资产贡献率为 16.8％,主营业务收入利润率为 6.5％。

6. 新旧动力加快转换

2015 年江苏省知识技术密集、综合效益好、成长潜力大的新兴产业发展明显快于传统产业,包括新能源、新材料、生物技术和新医药、节能环保、新一代信息技术和软件、物联网和云计算、高端装备制造等在内的战略性新兴产业实现销售收入 4.5 万亿元,同比增长 10.4％,占规上工业总产值比重达 29.4％,比上年提高 0.7 个百分点。以网络购物为代表,新业态增势强劲,全省网上零售额同比增长 37.7％,增速比全国快 9.5 个百分点。高附加值、高技术含量的工业产品显示出良好的市场成长性,全省列统的 11 种新产品中有 10 种产品产量实现两位数增长,其中,智能手机增长 1.5 倍,工业机器人增长 69％。

(三)"进中有难"

说"进中有难",是因为成绩可喜但问题突出。一方面是因为长期问题仍然存在,如经济增长的质量效益有待提高、资源环境约束加剧、制约创新发展科学发展的体制机制障碍依然存在,等等。另一方面,一些问题出现了新的发展,表现出新的特点:

1. 有效需求不足

有效需求不足既有经济发展周期性因素又有转型升级结构性因素。对外贸易降幅逐步收窄,呈现回暖态势,但仍为负增长,占全省出口近七成的八大重点行业,有六大行业出口下行,对欧盟、日本和中国香港出口均为负增长;一直以来,民营投资保持高速增长,今年明显下滑,在当前经济形势不明朗的背景下,民营经济投资意愿不高;消费方面,城乡居民人均收入实际增速低于 GDP,而旧的消费热点消退,新的消费热点尚未形成,"两面挤压"致使消费市场明显不旺。

2. 企业经营困难

企业发展分化明显,部分中小企业生产效率不高,影响行业整体效率,产品销售量增长与销售价格景气值持续走低;其次,全球经济复苏乏力,市场信心不足,最新工业景气调查显示,企业集中反映订单减少,企业开工不足;再次,实体经济发展环境严峻,人工成本和物流成本高企共同抬高了企业生产成本,中小企业融资难问题尚未彻底解决,融资成本居高不下,江苏省宏观经济环境景气度依然停留在微弱不景气区间内,企业盈利增效困难。

3. 潜在风险加大

在金融创新和技术发展的推动下,社会资金更易流动和聚集,资产价格波动加大,加之全社会债务水平继续上升,经济金融领域的潜在风险加大。资本市场尤其是股票市场波动剧烈,股市、汇市出现大幅度调整,导致系统性风险上升;受银行机构政府融资平台政策调整等因素影响,贷款期限普遍短期化,中小企业融资难融资贵问题凸显,部分地区非法融资现象抬头,民间借贷、过桥资金等方面的风险日益突出;"互联网+"战略指导下,P2P 网贷行业快速发展,但风险管控相对滞后;地方政府累积的大量地方债陆续到期需要置换,商业银行不良贷款率有所上升。

4. 对外贸易不容乐观

2015 年,部分发达经济体前景仍不明朗,加之国内经济面临固定资产投资走低、工业生产疲软、经济增长放缓等风险,产能过剩和内需不振制约进口增速,江苏对外贸易增长乏力,后续走势不容乐观。2015 年,出口总额 3386.68 亿元,比上年减少 0.94%,进口总额 2069.45 亿元,比上年度减少 6.74%。江苏省对外贸易以加工贸易为主,当期进口大幅下降,势必对下一阶段出口的稳定增长带来不利影响。其次,江苏作为制造业大省,IT 产品制造业是江苏外贸出口的支柱。随着成本攀升和竞争优势减弱,订单"西移"和"外移",对外贸出口的不利影响日益显现。此外,国际贸易环境总体偏紧,各经济体贸易保护主义依然严重,贸易形势发生较大变革,以美国为代表的 TPP、TIPP 逐步兴起,双边及多边贸易形式凸显,贸易自由化进程阻碍多。

5.通货紧缩风险显现

国际大宗商品价格持续下跌,国内市场需求有所减弱,房地产进入回调期,虽然有利于房地产发展的调控政策陆续出台,但政策调控本身时滞性导致短期难以有较大起色,此外,部分生产资料价格下滑,电商等新型商业模式冲击商品销售价格,多重因素对国内消费和生产领域价格形成压力。2015年江苏省居民消费价格上涨1.7%,涨幅比去年同期回落0.5个百分点;工业生产者价格指数继续走低,工业生产者出厂价格比上年下跌4.7%,工业生产者购进价格下跌7.9%;农业生产资料价格下跌0.4%,通货紧缩风险加大。

五、政策建议

(一)努力保持经济平稳发展

发展是硬道理,保持经济平稳增长,才能为转型升级和结构调整提供坚实基础。着力扩大消费领域有效需求,完善促进消费持续增长的长效机制,认真落实国家出台的促进消费系列政策文件,改善消费环境,培育消费热点,释放消费潜力,提高居民消费能力,增强消费对经济发展的拉动力。进一步优化投资结构,努力扩大有效投入,培育投资新的增长点,促进社会投资稳定增长,重点保证在建、续建重大项目的资金需求,全力促进投资增速企稳回升。努力保持外经贸稳定健康增长,支持企业开拓国际市场,巩固传统市场、挖掘美日欧等重点市场潜力,大力拓展新兴市场,加快调整出口产品结构,提升出口产品附加值和竞争力。完善进口扶持政策,重点扩大先进技术设备和关键零部件、紧缺资源进口,构建"优进优出"的外贸新格局。

(二)积极培育新经济增长点

积极发现培育新经济增长点,挖掘城乡建设、基础设施、产业发展、生态环保等领域潜力。一是加强对过剩产业的供给管理,通过内部消化、境外转移、重组合并、关停淘汰等方式化解过剩产能,为新经济增长领域腾出空间;二是引导资本对新兴行业的杠杆带动作用,进一步发挥政府有效投入的引导作用,激发民间投资活力,积极培育新能源、新材料、生物医药、新一代电子信息等战略性新兴产业,逐步扩大新增长点的体量,为市场释放新供给;三是鼓励企业在商业盈利模式方面的探索开拓,弱化企业对优惠政策的过度依赖,充分利用江苏省创新型省份试点和建设苏南国家自主创新示范区的机遇,深入实施创新驱动发展战略,推进以科技创新为核心的全面创新。大力发展众创空间,激发大众创业万众创新活力,促进更多的新产品、新技术、新业态、新商业模式涌现,为经济增长提供新的支撑力量。

(三)加快构建现代产业体系

聚焦经济转型升级和产业结构调整,加快构建现代产业体系。一是加快发展先进制造业。深入实施创新驱动战略,积极推进产业结构战略性调整,组织实施"中国制造2025"江苏行动计划,推动制造业技术升级,在先进制造业科技攻关、产品升级、市场开拓、人才引进方面给予一定政策支持;二是继续提速发展现代服务业。优化服务业发展环境。放宽市场准入条件,简化注册登记程序,减少行政审批事项,坚持"非禁即入"原则。加大服务业扶持力度。加大政府财政投入,增加引导资金规模,落实财税、土地、价格等支持政策。丰富服务业"十百千"行动计划内涵,重点发展生产性服务业、电子商务等互联网平台经济,提高现代服务业集聚发展水平,努力打造"江苏服务"品牌;三是强力推动大众创业万众创新,搭建共享平台,加强政策集成,积极支持"创客"、打造"众创空间",使市场细胞充分活跃起来,让创新创业成为时代风尚。

（四）贯彻落实重点领域改革

推进重点领域改革攻坚,完善现代市场体系,进一步激发各类市场主体发展活力,发挥市场在配置资源中的决定性作用。继续推进简政放权,深化审批制度改革,再取消和下放一批行政审批事项,加强事中事后监管,以释放市场活力对冲经济下行压力。深化国企国资改革,加快国有企业改革步伐,推进混合所有制发展,鼓励引导民间资本进入。深化投融资体制改革,缩减政府核准投资项目范围,减少投资项目前置审批,放宽民间投资市场准入,鼓励社会资本发起设立股权投资基金,积极推广政府和社会资本合作(PPP)模式。以医疗卫生体制改革为重点推进民生领域改革,探索具有江苏特点的现代医疗卫生改革发展新路子。

第二章 2015年江苏省财政收支运行状况分析

一、2015年财政收入总量分析

2015年，全省公共财政收入规模8028.59亿元，占地区生产总值的11.45%，比上年增长11%，增幅上升0.88%；与全国财政收入增长相比高出2.52%（全国8.48%），比地区GDP增长幅度高2.5%。各项收入情况如下表所示：

表1 江苏省2011—2015年各项财政收入总量指标分析 单位:亿元

指标	2011年	2012年	2013年	2014年	2015年
一般公共预算收入	**5148.91**	**5860.69**	**6568.46**	**7233.14**	**8028.59**
税收收入	**4124.62**	**4782.59**	**5419.49**	**6006.05**	**6610.12**
增值税	650.8	708.75	859.26	987.54	1046.92
营业税	1260.6	1659.67	1872.41	2084.66	2442.82
企业所得税	731.17	745.88	763.66	821.04	917.58
个人所得税	237.74	224.22	264.88	306.33	360.89
城市维护建设税	270.82	309.93	339.53	376.15	421.46
房产税	121.39	160.88	192.84	228.73	248.01
土地增值税	256.97	317.17	405.79	444.89	437.01
耕地占用税	54.33	57.96	42.91	34.74	31.76
契税	319.78	332.84	383.75	401.69	370.11
其他各项税收	221.02	265.29	294.46	320.27	333.56
非税收入	**1024.29**	**1078.1**	**1148.98**	**1227.1**	**1418.47**
专项收入	160.76	179.34	193.11	209.33	463.64
行政事业性收费收入	321.22	375.31	389.6	426.52	390.01
罚没收入	97.53	98.51	118.54	120.63	131.66
国有资本经营收入	285.63	234.91	241.1	242.34	0
其他各项收入	159.15	190.03	206.62	228.27	433.16

数据来源:2011年和2016年《江苏统计年鉴》。

表2 江苏省2011—2015年各项财政收入增长率情况分析 单位:%

指 标	2011年	2012年	2013年	2014年	2015年
一般公共预算收入	26.2	13.82	12.08	10.12	11
税收收入	24.51	15.95	13.32	10.82	10.06
增值税	15.68	8.9	21.24	14.93	6.01
营业税	23.12	31.66	12.82	11.34	19.24
企业所得税	31.88	2.01	2.38	7.51	11.76
个人所得税	31.39	−5.69	18.13	15.65	17.81
城市维护建设税	64.32	14.44	9.55	10.79	12.05
房产税	31.79	32.53	19.87	18.61	8.43
土地增值税	50.84	23.43	27.94	9.64	−1.77
耕地占用税	−7.88	6.68	25.97	19.04	−8.58
契税	−1.52	4.08	15.3	4.67	−7.86
其他各项税收	22.96	20.03	11	8.77	4.15
非税收入	33.5	5.25	6.57	6.8	15.6
专项收入	49.73	11.56	7.68	8.4	121.49
行政事业性收费收入	43.04	16.84	3.81	9.48	−8.56
罚没收入	9.2	1	20.33	1.76	9.14
国有资本经营收入	10.91	−17.76	2.64	0.51	−242.34
其他各项收入	79.89	19.4	8.73	10.48	89.76

数据来源:2010年和2016年《江苏统计年鉴》。

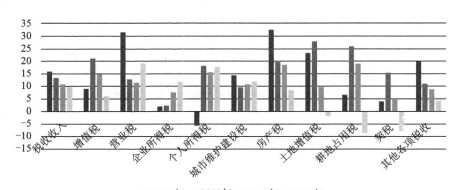

■2012年 ■2013年 ■2014年 □2015年

图1 江苏省2012—2015年各项税收收入增长情况图

数据来源:2012年和2016年《江苏统计年鉴》。

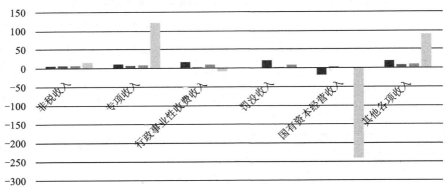

图 2　江苏省 2012—2015 年各项税收收入增长情况

数据来源：2012 年和 2016 年《江苏统计年鉴》。

由上述表格可以看出，近几年的财政收入变化不大，一改前几年持续降低的状况，2015 年财政收入较 2014 年有小幅度的上升。税收收入方面，房产税、土地增值税、耕地占用税和契税在近几年一直处于减少的状态，且降低的速度很快，这主要由近些年我国房地产行业的低迷所致。企业所得税增长速度明显，增长速度比 2014 年高 4.21 个百分点。营业税从 2013 年的骤减之后，也开始小幅度回升。在税收收入基本不变的情况下，占税收收入主体部分的增值税骤减，比 2014 年增长速度下降 8.92 个百分点。非税收入方面，专项收入增长速度增长明显，由 2014 年的 8.4％上升到 121.49％。相反，国有资本经营收入却骤减至 0。

财政总收入由公共财政预算收入、上划中央四税、基金收入以及缴库社会保险基金收入四个部分构成。全省公共财政总收入 17841.6 亿元，其中全省刚刚财政收入 8028.59 亿元，比上年增长 11％，占地区生产总值的 11.45％；上划中央四税 5005.17 亿元，比上年增长 9.2％，占地区生产总值 7.14％。

二、2015 年财政收入结构分析

表 4　江苏省 2011—2015 年各项财政收入占比情况

指　　标	2011 年各项占比（%）	2012 年各项占比（%）	2013 年各项占比（%）	2014 年各项占比（%）	2015 年各项占比（%）
公共财政收入	**100%**	**100%**	**100%**	**100%**	**100%**
税收收入	**80.11%**	**81.60%**	**82.51%**	**83.04%**	**82.33%**
增值税	12.64%	12.09%	13.08%	13.65%	13.04%
营业税	24.48%	28.32%	28.51%	28.82%	30.43%
企业所得税	14.20%	12.73%	11.63%	11.35%	11.43%
个人所得税	4.62%	3.83%	4.03%	4.24%	4.50%

续　表

指　标	2011 年各项占比(%)	2012 年各项占比(%)	2013 年各项占比(%)	2014 年各项占比(%)	2015 年各项占比(%)
城市维护建设税	5.26%	5.29%	5.17%	5.20%	5.25%
房产税	2.36%	2.75%	2.94%	3.16%	3.09%
土地增值税	5%	5.41%	6.18%	6.15%	5.44%
耕地占用税	1.06%	0.99%	0.65%	0.48%	0.40%
契税	6.21%	5.68%	5.84%	5.55%	4.61%
其他各项税收	4.29%	4.53%	4.48%	4.43%	4.15%
非税收入	**19.89%**	**18.40%**	**17.49**	**16.96**	**17.67%**
专项收入	3.12%	3.06%	2.94%	2.89%	5.77%
行政事业性收费收入	6.24%	6.40%	5.93%	5.90%	4.86%
罚没收入	1.89%	1.68%	1.80%	1.67%	1.64%
国有资本经营收入	5.55%	4.01%	3.67%	3.35%	0
其他各项收入	3.09%	3.24%	3.15%	3.16%	5.40%

数据来源:2012 年和 2016 年《江苏统计年鉴》。

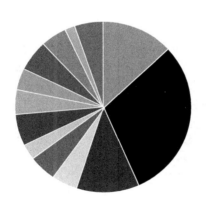

■ 增值税　　　　　　　■ 营业税　　　　　　　■ 企业所得税
▨ 个人所得税　　　　　■ 城市维护建设税　　　▨ 房产税
■ 土地增值税　　　　　▨ 耕地占用税　　　　　▨ 契税
■ 其他各项税收　　　　▨ 专项收入　　　　　　▨ 行政事业性收费收入
▨ 罚没收入　　　　　　■ 国有资本经营收入　　▨ 其他各项收入

图 3　江苏省 2015 年各项财政收入占比

数据来源:2016 年《江苏统计年鉴》。

　　2015 年,财政收入中税收收入占比小幅度下降,其中受"营改增"影响,增值税占比小幅度下降,营业税则有所上升。个人所得税和企业所得税占比均有所上升。由于房地产市场的低迷,导致房产税、土地增值税、耕地占用税和契税的占比情况均呈现出下降的状态。财政收入中非税收入占比小幅度上升，主要源于专项收入和其他各项收入占比的上升，其余各项如行政性事业收费、罚没收入和国有资本经营收入占比均下降，其中国有资本经营收入降为0。

三、2015 年财政支出总量分析

2015 年，全省公共财政支出规模 9687.58 亿元，比 2014 年增长 14.34％，增幅上升5.7％，占地区生产总值的 13.82％；与全国财政支出增长速度相比低 1.53％，比地区生产总值增长速度高 5.84％。在总支出增长出现一定幅度上升的情况下，各项支出增长各不相同。详情见下表。

表5　江苏省 2011—2015 年各项财政支出情况分析表　　　　单位:亿元

指　　标	2011 年	2012 年	2013 年	2014 年	2015 年
一般公共预算支出	6221.72	7027.67	7798.47	8472.45	9687.58
一般公共服务	748.45	820.43	859.41	856.7	845.68
公共安全	371.40	407.78	452.99	473.83	519.92
教育	1093.22	1350.61	1434.99	1504.86	1746.22
科学技术	213.40	257.24	302.59	327.1	371.96
文化体育与传媒	116.86	150.90	173.54	190.86	196.06
社会保障和就业	481.65	557.77	631.15	709.59	838.06
医疗卫生	349.86	418.14	475.86	560.93	649.31
节能环保	170.37	193.83	229.18	237.78	308.45
城乡社区事务	812.06	858.13	1006.80	1221.64	1535.59
农林水事务	618.13	754.09	868.34	899.31	1008.6
交通运输	391.69	436.58	448.58	496.93	547.81
资源勘探电力信息等事务	294.39	283.18	345.89	364.33	448.45
其他各项支出	560.24	538.99	569.15	628.59	671.41

数据来源:2012 年和 2016 年《江苏统计年鉴》。

表6　江苏省 2011—2015 年各项财政收入增长率情况分析

指　　标	2012 年增长（％）	2013 年增长（％）	2014 年增长（％）	2015 年增长（％）
一般公共预算支出	12.95	10.97	8.64	14.34
一般公共服务	9.62	4.75	−0.32	−1.29
公共安全	9.8	11.09	4.6	9.73
教育	23.54	6.25	4.87	16.04

指　　标	2012 年增长（%）	2013 年增长（%）	2014 年增长（%）	2015 年增长（%）
科学技术	20.54	17.63	8.1	13.71
文化体育与传媒	29.13	15	9.98	2.72
社会保障和就业	15.8	13.16	12.43	18.1
医疗卫生	19.52	13.8	17.88	15.76
节能环保	13.77	18.24	3.75	12.66
城乡社区事务	5.67	17.32	21.34	25.7
农林水事务	22	15.15	3.57	12.15
交通运输	11.46	2.75	10.78	10.24
资源勘探电力信息等事务	−3.81	22.14	5.33	23.09
其他各项支出	−3.79	5.6	10.44	6.81

数据来源：2012 年和 2016 年《江苏统计年鉴》。

其中，一般公共服务支出下降 1.29%；公共安全支出增长 9.73%；教育支出增长16.04%；科学技术支出增长 13.71%；社会保障和就业支出增长 18.1%；医疗卫生支出增长 15.76%；节能环保支出增长 12.66%；城乡社区事务支出增长 25.7%，交通运输支出增长 10.24%；资源勘探电力信息等事务支出增长 23.09%。除一般公共服务支出是下降外，其余各项支出均呈现出增长趋势。其中，城乡社区事务和资源勘探电力信息等事务的支出增长明显超过 20%。教育、社会保障和就业支出以及医疗卫生支出的增长速度也超过总预算支出的增长速度，可以看出，2015 年江苏省加大了教育、社会保障和就业以及医疗卫生的支出。

四、2015 年财政支出结构分析

表 7　江苏省 2011—2015 年各项财政支出占比情况分析表

指　　标	2011 年各项占比	2012 年各项占比	2013 年各项占比	2014 年各项占比	2015 年各项占比
一般公共预算支出	100%	100%	100%	100%	100%
一般公共服务	12.03%	11.67%	11.02%	10.11%	8.73%
公共安全	5.97%	5.80%	5.81%	5.60%	5.37%
教育	17.57%	19.22%	18.40%	17.76%	18.03%
科学技术	3.42%	3.66%	3.88%	3.86%	3.84%
文化体育与传媒	1.88%	2.15%	2.23%	2.25%	2.02%
社会保障和就业	7.74%	7.94%	8.09%	8.38%	8.65%
医疗卫生	5.62%	5.95%	6.10%	6.62%	6.70%

续　表

指　　标	2011年各项占比	2012年各项占比	2013年各项占比	2014年各项占比	2015年各项占比
节能环保	2.74％	2.76％	2.94％	2.80％	3.18％
城乡社区事务	13.05％	12.21％	12.91％	14.42％	15.85％
农林水事务	9.94％	10.73％	11.13％	10.61％	10.41％
交通运输	6.30％	6.21％	5.75％	5.87％	5.65％
资源勘探电力信息等事务	4.73％	4.03％	4.44％	4.30％	4.63％
其他各项支出	9％	7.67％	7.30％	671.41	6.93％

数据来源:2011年和2016年《江苏统计年鉴》。

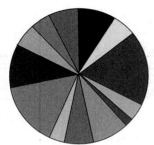

- ■ 一般公共服务　　　　▨ 公共安全
- ■ 教育　　　　　　　　■ 科学技术
- ■ 文化体育与传媒　　　■ 社会保障和就业
- ■ 医疗卫生　　　　　　■ 节能环保
- ■ 城乡社区事务　　　　■ 农林水事务
- ■ 交通运输　　　　　　■ 资源勘探电力信息等事务

图4　江苏省2015年财政支出占比情况分析图
数据来源:2016年《江苏统计年鉴》。

　　2015年,江苏省在教育、科学技术、社会保障和就业、医疗卫生、城乡社区事务以及资源勘探电力信息等事务的支出上相比于2014年都有一定程度的上升。民生支出(教育18.03％＋社会保障和就业8.65％＋医疗卫生6.7％)占比33.38％,比上年增加0.62个百分点。而在一般公共服务的支出上却有小幅度的下降。这种安排与中央政府"削减一般公共服务支出,重点保障民生支出"的宗旨是一致的。

第二篇　地方篇

第三章　南京市 2015 年经济与财政运行分析

一、2015 年南京市经济运行概况

2015 年,面对复杂多变的国内外经济环境,南京市按照"四个全面"战略布局总要求,瞄准建设"四个城市""强富美高"新南京的奋斗目标,坚持稳中求进工作总基调,主动适应经济发展新常态,统筹推进稳增长、调结构、惠民生、防风险各项工作,大力发展创新型、服务型、枢纽型、开放型、生态型"五型经济",有序展开"迈上新台阶、建设新南京"工作布局,经济社会发展成绩斐然,实现"十二五"规划圆满收官。

2015 年全市经济在转型升级中平稳增长。全年实现地区生产总值 9720.77 亿元,按可比价格计算,比上年增长 9.3%。其中,第一产业增加值 232.39 亿元,增长 3.4%;第二产业增加值 3916.11 亿元,增长 7.2%,其中全部工业增加值 3395.26 亿元,增长 8.0%;第三产业增加值 5572.27 亿元,增长 11.3%。按常住人口计算,全年人均地区生产总值达到 118171 元,按平均汇率折算为 18973 美元。服务业主体地位继续强化,服务业增加值占全市地区生产总值的比重达到 57.3%,比上年提高1.5 个百分点。工业结构升级加快,规模以上工业企业完成高新技术产业产值占全市工业的比重为 45.3%。

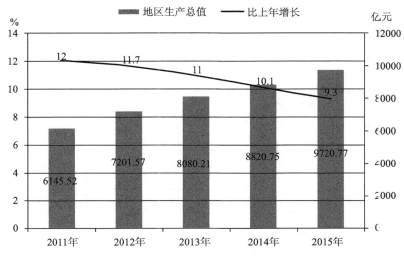

图 1　2011—2015 地区生产总值及其增长速度

民营经济活力增强。商事制度改革、大众创业、万众创新等工作积极推进,民营经济发展活力增强。年末工商部门登记的私营企业30.76万户,其中当年新增11.06万户,分别比上年增长53.3%、185.8%;私营企业注册资本8811亿元,其中当年新增2328亿元,分别比上年增长56.1%、108.2%。个体工商户38.31万户,其中当年新增5.63万户。民营经济实现增加值4279.21亿元,同比增长10.2%,占地区生产总值比重达到44.0%。民营工业总产值增长1.4%,高于规模以上工业3个百分点,比重达到30.0%;民间投资增长9.7%,高于全社会投资9.3个百分点,比重达到56.5%;贸易中民营经济成分销售额(营业额)增长14.8%,高于全市平均增幅4.1个百分点,比重达到69.5%。

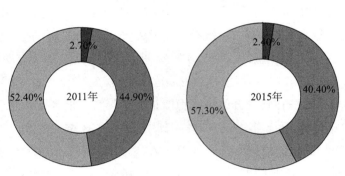

图2 2011年和2015年三次产业增加值比重

图1、图2数据来源:南京市2015年国民经济和社会发展统计公报。

居民消费价格温和上涨。全年城市居民消费价格总水平比上年上涨2.0%。其中,食品类上涨2.3%,居住类上涨1.1%。商品零售价格上涨0.6%。

全年工业生产者出厂价格比上年下跌9.5%。其中,生产资料价格下跌10.9%,生活资料价格下跌2.9%;轻工业类价格下跌2.4%,重工业类价格下跌10.9%。全年工业生产者购进价格下跌9.2%。

表1 2015年城市居民消费和商品零售价格比上年涨跌幅度

指标名称	价格指数 (上年＝100)	比上年涨跌幅度 (%)
城市居民消费价格	102	2
一、食品类	102.3	2.3
二、烟酒及用品类	100.8	0.8
三、衣着类	105.4	5.4
四、家庭设备用品及维修服务类	103.6	3.6
五、医疗保健和个人用品类	101.3	1.3

指标名称	价格指数 （上年＝100）	比上年涨跌幅度 （%）
六、交通和通信类	98.6	−1.4
七、娱乐教育文化用品及服务类	103.7	3.7
八、居住类	101.1	1.1
商品零售价格	100.6	0.6

数据来源：南京市 2015 年国民经济和社会发展统计公报。

二、经济运行和社会事业发展

（一）产业结构调整

创新引领转型升级，结构调整步伐加快。坚持以创新为核心动力推动转型升级，协调推进创新型、服务型、枢纽型、开放型、生态型经济发展。创新驱动战略深入实施，以"一区两园"为核心载体，加快建设苏南国家自主创新示范区，全市科技进步贡献率达到 61% 以上，高新技术产业产值占规模以上工业总产值比重提高 1.5 个百分点，全社会研发经费支出占地区生产总值比重、每万人发明专利拥有量均保持全省第一、跻身全国前列。向中小微企业发放科技创新券 5500 万元。出台"创业南京"人才计划，大力推进"大众创业、万众创新"，创办各类众创空间 80 家，省级以上孵化载体达到 79 家。产业结构持续优化，服务业增加值占地区生产总值比重达到 57.3%，提高 1.5 个百分点，金融业、软件和信息服务业增加值增长 16% 以上，旅游业收入增长 11% 以上，文化产业增加值增长 14%。制定实施"中国制造 2025"南京实施方案和南京"互联网＋"实施方案，总投资 292 亿元的中电熊猫 G108 项目正式投产，智能装备制造、卫星应用、下一代信息网络产业产值增幅超过 15%。支持实体经济发展，全年为企业减免税费 81 亿元。国家现代农业示范区加快建设，生物农业产值达 300 亿元。节能减排扎实推进，石化、钢铁等高耗能产业占工业比重下降了 3.6 个百分点，预计万元地区生产总值能耗下降 6%，煤炭消耗下降 1.5%，完成主要污染物"十二五"减排目标任务。

（二）可持续发展

狠抓大气污染防治，实施 58 个重点大气污染防治工程，加强扬尘污染防治和机动车尾气污染控制，PM2.5 年均浓度比 2013 年下降 26.9%。大力推进水环境综合整治，推进落实"河长制"管理，制定并实施城市黑臭水体整治方案，全力推进省考核 12 条河道整治。全市污水主次干管建成 67 公里，到户支管建成 163 公里，城镇污水处理率达到 95% 左右。强化节能减排，完成电力、钢铁、石化、水泥行业脱硫脱硝工程和全市工业窑炉除尘设施升级改造，完成年度"三高两低"和"两高一资"企业整治任务，完成 155 家企业清洁生产审核。

城乡环境面貌明显改观,街巷停车、交通秩序得到好转,交通拥堵指数从全国第 21 位下降至第 28 位。落实"门前三包"责任制,城市管护机制逐步健全。全面实施烟花爆竹禁放。江南、江北生活垃圾焚烧发电项目和餐厨垃圾处理厂建成运营,生活垃圾资源化处理实现新突破。优化调整生态红线保护区域,基本建成 100 个美丽乡村示范村和 1000 多平方公里示范区,绿化造林 4.2 万亩。污染治理力度持续加大,实施加强大气污染防治计划,大幅提高排污费征收标准,全面强化生态环境监管措施。2005 年底前注册营运的黄标车全部淘汰。金陵石化及周边、大厂、梅山和长江大桥地区等四大片区工业布局调整有序展开。全年空气质量优良天数 235 天,较上年增加 45 天。PM2.5 浓度比 2013 年下降 26.9%,降幅居全省第一。城区人均公园绿地面积达到 14.98 平方米,比 2010 年增加 1.3 平方米。建成区绿化覆盖率 44.1%,居副省级城市前列。

（三）民生改善

民生十件实事全面完成,城乡公共服务支出占一般公共预算支出比重达 77.7%,预计城乡居民人均可支配收入分别增长 8% 和 10%,城乡居民收入差距逐年缩小,人均纯收入低于 6500 元农户全部脱贫。全力促进创业就业,启动实施"创业助推行动",培育自主创业者 1.6 万人,带动就业 12.3 万人,全市新增城镇就业 22.2 万人,其中大学以上人员占比达 57.2%。完善社会保障体系,顺利实现"五险"市级统筹,启动实施城镇职工和居民大病医疗保险,城乡低保和居民基础养老金实现全城同标。促进住房保障体系转型,推进公共租赁住房与廉租房并轨运行。新开工各类保障房 301 万平方米,竣工 296 万平方米,累计有 13.6 万户居民入住保障房。完成城中村、危旧房改造 254 万平方米。优化提升公共服务,推进学前教育"增量、提优、普惠"工程,省、市优质园比例达到 84%。完善义务教育学校招生办法,就近入学率超过 90%。市公共卫生医疗中心、河西儿童医院投入使用,卫生服务体系健全率达到 100%。推进"医养融合",新增养老机构床位 4771 张。新增、更新公交车 1243 辆,新增公共自行车 2.2 万辆,主城区公交出行分担率达到 50%,领先全国同类城市。人均拥有公共文化体育设施面积提高到 2.8 平方米。基本实现全市主要公共区域 WIFI 网络免费向公众开放。提高社会治理水平,新建 40 家街镇社区综合服务中心,扎实做好安全生产、食品药品和农产品质量安全、信访稳定、防汛应急处置等各项工作,妥善处置"东方之星"号客轮翻沉善后工作。平安南京、法治南京建设不断深化,公众安全感达 93%。民族、宗教、双拥、外事、侨务、妇女、儿童、档案、史志、参事、仲裁、残疾人、慈善事业取得新业绩。

（四）城市建设

江北新区获批国家级新区,完成总体规划及近期建设规划,新区建设全面启动。宁镇扬一体化、宁淮挂钩合作项目积极进展。河西城市新中心发展框架基本形成,中新南京生态科技岛、南部新城加快建设,大校场机场顺利搬迁,鼓楼滨江、铁北、燕子矶、铁心桥—西善桥、麒麟等片区改造全面实施。轨道交通实现网络化运营，地铁 3 号线建成通车，5 条轨道交通线路同步建设，运营里程达到 225 公里，位居全国第 4。扬子江隧道顺利建成，成为五年来建成的第 5 条过江通道。模范西路改造、红山南路东延等一批城市道路工程加快建设，城市综合路网体系进一步健全。城市文化形象不断提升，建成侵华日军南京大屠杀遇难同胞纪念馆三期，汤山温泉旅游度假区成功创建国家级旅游度假区，牛首山文化旅游区、金陵大报恩寺遗址景区开放运行，圆满举办佛顶骨舍利供奉大典，成功举办首届南京国际马拉松赛。

公共交通运营能力增强。全年新增、更新公交车 1243 辆，新辟公交线路 20 条、优化调整线路 54 条。年末公交运营线路共计 592 条；城市公共汽车运营线路网长度达 9654 公里；公共汽车运营车辆 8359 辆 10281 标台，其中纯电动和燃气公交车 4335 辆。使用清洁能源的公交车占比达 51.8%。轨道交通实现网络化运营，有轨交通运营车辆数 1090 辆 2746 标台，运营里程达 225.4 公里。出租车总数 14239 辆。全年城市公共交通完成客运总量 20.57 亿人次，比上年增长 9.5%，其中地铁承担客运人数占比达到 34.8%。

新型城镇化建设步伐加快。老五县与市区户口实现通迁。新市镇建设工作全面启动，试点街镇实施土地综合整治 2.9 万亩。全年竣工农民集中居住区 30 万平方米，完成 40 个市级美丽乡村示范村创建工作，基本建成 100 个美丽乡村示范村和 1000 多平方公里示范区。新建改造四级以上农村公路 400 公里、农路桥梁 35 座，在全省率先实现镇村公交全覆盖。

（五）对外经济

进出口总额下降。全年完成进出口总额 532.70 亿美元，比上年下降 7.0%。其中，出口总额 315.09 亿美元，下降 3.4%；进口 217.61 亿美元，下降 11.6%。

从出口商品市场看，对欧盟、美国、东盟三大经济体出口额 169.22 亿美元，比上年增长 0.4%，占全市出口总额的 53.7%。

从出口商品构成看，全年高新技术产品出口 75.12 亿美元，比上年下降 1.0%，占全市出口总额的 23.8%。机电产品出口 161.25 亿美元，比上年下降 1.0%，占全市出口总额的 51.2%。

招商引资富有成效。全年新批外商投资企业 250 家。注册合同外资 61.72 亿美元，增长 25.4%。实际使用外资 33.35 亿美元，增长 1.3%。分产业看，第一产业使用外资 0.04 亿美元，下降 38.1%；第二产业使用外资 7.77 亿美元，下降 15.7%；第三产业使用外资 25.54 亿美元，增长 8.1%。分行业看，制造业利用外资占比 21.8%，房地产业占比 30.6%，金融租赁服务业占比 13.7%，租赁和商务服务业占比 10.5%，批发零售和住宿餐饮业占比 9.3%，软件信息服务业占比 3.5%，科研技术服务业占比 3.3%。

全年全市省级以上开发区合同利用外资 38.14 亿美元，比上年增长 52.7％，占全市合同利用外资的 61.8％；实际使用外资 18.32 亿美元，比上年下降 6.5％，占全市实际使用外资的 54.9％。

"走出去"步伐加快。全年新增境外投资项目 170 个（含新增），比上年增长 54.6％；中方协议投资额 20.62 亿美元，增长 40.6％。对外承包工程完成营业额 33.34 亿美元，增长 17.4％。

三、2015 年南京市经济运行的不足

2015 年南京市经济社会发展中还存在不少矛盾和问题，集中体现在：

（一）经济下行压力持续加大

内外需求不足，工业产品出厂价格指数 40 多个月持续下跌，企业投资意愿不强，投资增长乏力，稳增长任务艰巨。传统支柱产业比重仍然很高，战略性新兴产业整体支撑作用还不强，经济发展新旧动力接续亟待加强。

（二）城乡居民增收压力加大

全年城乡居民收入增幅低于年度目标，收入总额低于"十二五"规划目标，与率先基本实现现代化目标更是有较大差距。工资性收入占居民收入比重 60％以上，通过提升工资水平促进居民增收压力较大。一方面，企业用工成本压力增加，宏观经济下行和部分行业市场不景气，企业提高工人工资意愿不足；另一方面，南京市国企、事业单位和行政单位在岗职工占常住人口比重较高，工资增速较慢，一定程度影响了全市城镇居民收入增速。此外，居民收入基数逐年变大，政策对增收的拉动效应逐渐减弱。农村居民收入虽保持较高增速，但由于基数较小，城乡居民收入总额差距在拉大。

（三）生态环境改善任重道远

节能减排指标虽完成"十二五"省定任务，但绝对水平仍然偏高。淘汰落后产能、调整工业布局的任务重、周期长，节能降耗压力依然较大。空气质量虽有所改善，但波动性仍然较大，污染防治和管控措施需常抓不懈。黑臭河道整治、建设用地减量化等工作还需加大工作力度。

（四）民生短板需尽快补齐

要坚持采取有力措施攻克城市管理顽疾，提升城市治理水平。教育、医疗等公共服务均等化仍需予以高度关注。

（五）需进一步加强风险防控

要加强房地产市场监测分析，建立完善房地产市场调控长效机制，促进房地产市场平稳健康的有序发展。同时，防范化解金融风险的工作要进一步加强。

四、2015 年南京市财政收支分析

(一)2015 年财政收入分析

2015 年,全市汇总一般公共预算收入 1020.03 亿元,同口径比上年增长12.9％,完成预算的 101％,其中:税收收入 838.67 亿元,占一般公共预算收入的比重为 82.2％。非税收入 181.36 亿元,占一般公共预算收入的比重为 17.8％。详情见下表。

表 2　2015 年南京市一般公共预算收入决算表　　　　　单位:万元

项　　目	2014 年决算数	2015 年		涨幅％
		年初预算数	决算数	
一般公共预算收入	9034889	10100000	10200310	12.9
一、税收收入	7572072	8335000	8386701	10.8
1.增值税	15255660	1675000	1598200	4.8
2.企业所得税(40％)	1077783	1190000	1263143	17.2
3.营业税	2115087	2320000	2281392	7.9
4.个人所得税(40％)	512940	566000	666744	30.0
5.房产税	241537	270000	309857	28.3
6.城市维护建设税	632991	700000	715990	13.1
7.土地增值税	665133	730000	630972	—5.1
8.契税	463463	510000	524664	13.2
9.其他各项税收	337578	374000	395739	17.2
二、非税收入	1462817	1765000	1813609	24.0
1.罚没收入	159221	150000	166878	4.8
2.专项收入	306960	505000	753301	145.4
其中:1)排污费收入	24152	24000	33843	40.1
2)水资源费收入	8350	11000	16017	91.8
3)教育费附加收入	174458	220000	311862	13.6
4)原 11 项基金收入	0	250000	325176	
3.行政事业性收费收入	525749	615000	466988	—11.2
4.其他各项收入	470887	495000	426442	—9.4
附:上划中央收入	8683624	11059000	9889324	13.9
(1)增值税	3474417	5025000	3548598	2.1

续　表

项　　目	2014 年决算数	2015 年		涨幅%
		年初预算数	决算数	
(2) 消费税	2823122	340000	3445897	22.1
(3) 企业所得税(60%)	1616675	1785000	1894713	17.2
(4) 个人所得税(60%)	769410	849000	100116	30.0

数据来源:南京市财政局网站(http://www.njcz.gov.cn/)

由表可见,2015 年,全市税收收入比上年增加 81.46 亿元,增长 10.8%;其中增值税、企业所得税、营业税、个人所得税增长率分别为 4.8%、17.2%、7.9%、30.0%,土地增值税比上年下降了 5.1%;非税收入比上年增加 35.08 亿元,增长 24%,其中由于加强行政工作效率,行政事业收费较上年有下降,降幅为 11.2%。

(二)2015 年财政支出分析

2015 年,全市一般公共预算支出 1045.57 亿元,比上年增长 13.5%。详情见下表。

表 3　2015 年南京市一般公共预算支出变动情况及决算表　　单位:万元

项　　目	2014 年决算数	2015 年		同口径涨幅%
		年初预算数	决算数	
一般公共预算支出	9212047	8598217	10455672	13.5
1. 一般公共服务支出	846161	821680	833849	−1.5
2. 国防支出	4048	2556	4661	15.1
3. 公共安全支出	608576	555628	646352	6.2
4. 教育支出	1368787	1588917	1781734	30.2
5. 科学技术支出	447152	415533	520314	16.4
6. 文化体育与传媒支出	308406	168158	260596	12.2
7. 社会保障和就业支出	947775	887097	1157765	22.2
8. 医疗卫生与计划生育支出	602343	575755	725430	20.4
9. 节能环保支出	323730	170085	315715	19.7
10. 城乡社区支出	1791307	1699282	2026813	13.1
11. 农林水支出	580337	426437	561700	5.7
12. 交通运输支出	403111	253385	488856	21.3
13. 资源勘探信息等支出	521452	342371	517793	−0.7
14. 商业服务业等支出	109522	96253	109462	−0.1
15. 金融支出	12680	54895	41801	229.7
16. 援助其他地区支出	34658	34276	40315	16.3

续　表

项　目	2014 年决算数	2015 年		同口径涨幅%
		年初预算数	决算数	
17. 国土海洋气象等支出	21889	52709	32142	46.8
18. 住房保障支出	198610	143537	291815	46.9
19. 粮油物资储备支出	7935	8275	10396	31.0
20. 其他支出	65836	288199	69022	4.8
21. 债务付息支出	7732	12989	15850	105.0
22. 债务发行费支出		200	3291	

数据来源:南京市财政局网站(http://www.njcz.gov.cn/)

由表 3 可见,2015 年,在一般公共预算支出中,除一般公共服务支出、国防支出、资源勘探信息支出、粮油物资储备支出及其他支出与 2014 年相比有所下降外,其他各项支出都较 2014 年有所上升,而民生领域支出增长较快,其中,住房保障支出增长 44.0%、教育支出增长 29.3%、社会保障和就业支出增长 21.8%、交通运输支出增长 21.6%、医疗卫生与计划生育支出增长 18.5%,增幅均高于一般公共预算支出平均水平,这种安排与中央政府"削减一般公共服务支出,重点保障民生支出"的宗旨是一致的。

2015 年,面对复杂的宏观经济环境,南京市基本做到了经济社会平稳运行。一是财政收入平稳增长。全面落实国家税制改革和税费优惠政策,保持财政收入平稳增长。市本级一般公共预算收入完成 142.75 亿元,比上年增长 6.48%。二是重点支出保障有力。财政支出结构进一步优化,城乡公共服务支出占比达到 72.73%。同时,积极推进区域协调发展,市本级一般公共预算对 11 区转移支付 185.34 亿元,比上年增长 23%。三是预算管理改革深入推进。进一步完善预算管理体系、部门预算编制标准体系,扩大国有资本经营收益预算编制范围,规范政府性债务管理模式,强化预算约束刚性。审计结果表明,市本级预算执行和其他财政收支情况总体较好,预算管理的规范化水平和绩效得到进一步提高,但推进改革、完善制度机制的力度还需进一步加大。

五、总结和展望

回顾 2015 年全市财政收支状况,可以从以下几个方面做好未来的发展工作:

(一)围绕推动供给侧结构性改革,着力推进发展动力顺利转换

紧紧围绕供给侧结构性改革的要求,围绕提高全要素生产率这一核心,大力促进发展动力顺利转换。财政宏观调控要处理好政府与市场的关系,充分发挥市场配置资源的决定性作用,同时更好发挥政府职能作用,创新支持方式,聚焦支持重点,积极支持"去产能、去库存、去杠杆、降成本、补短板"五大任务,有效防范风险。

（二）加快财税体制改革

一是进一步完善市对区财政体制,健全财政转移支付同农业转移人口市民化挂钩机制,完善生态补偿转移支付制度。二是健全规范公平的财税秩序。积极落实国家、省、市等税制改革、税收征管改革和减税清费政策,为企业减负松绑,放水养鱼,为鼓励社会投资和促进大众创业、万众创新营造更宽松环境,在培育发展新动能中涵养宝贵税源。三是加大统筹财政资金和盘活存量资金力度。继续改进专项资金管理,完善专项资金管理及分配机制,调整对竞争性领域的支持方式,继续探索市场化、基金化运作方式,加大"以奖代补"分配力度;推进因素分配法,加大一般性转移支付规模和比重,推进转移支付资金提前下达;健全全过程绩效管理制度,注重专项资金绩效评价结果、监督检查结果与预算安排、资金分配管理相结合;扩大绩效前评价试点范围,探索部门整体绩效综合评价。继续盘活财政存量资金,完善预算安排与财政存量资金统筹结合的机制,加大各类财政资金统筹使用力度,严格预算执行进度管理和相关考核,增强财政政策逆周期调节的能力。

（三）围绕贯彻落实五大发展理念,着力发挥财政调控和保障作用

紧紧围绕稳增长、调结构、惠民生,进一步优化支出结构,落实创新驱动发展战略,推进产业转型升级,优先保障和改善民生,落实好民生重点工作,支持实施生态文明建设工程,加强生态环境建设,顺应城乡发展规律,推进城乡区域协同发展。

落实创新驱动发展战略,支持和引导对接"一带一路"、长江经济带、长三角区域一体化等国家战略部署,拓展发展新空间。培育战略新兴产业,在云计算、大数据、移动互联网等重点新兴产业领域培育新兴业态,以制造业服务化实现企业效益倍增;推进服务业提档升级,对农村电商、专业领域电商、健康养老等一些潜力大、前景好的消费热点加大项目投入力度,大力发展会展等与消费密切相关的服务业。

（四）围绕提高依法理财水平,着力加强财政基础管理

进一步完善规范透明的预算体系。健全部门预算定额标准;推进政府债务预算编制、管理及衔接工作;探索完善中期财政规划管理,在水利、卫生两个部门三年滚动预算编制试点的基础上,扩大三年滚动预算试编范围,探索构建以三年滚动规划为指引的项目预算管理体系;继续推进预决算信息公开工作,逐步细化公开科目和项目,推进政府购买服务预算信息公开。

进一步完善财政内控制度。在财政资金分配管理上,进一步明确职责,完善预算编制办法和程序,落实"量入为出、收支平衡、综合预算、统筹安排、注重绩效、实事求是"的原则,健全预算支出标准体系。在预算执行过程中,优化业务流程,建立制衡机制,分事行权、分岗设权、分级授权,实施动态监控,实现决策、执行和监督相互分离、相互制约,保障财政业务稳健、安全、高效运行。

进一步夯实财政管理基础。切实强化法治财政标准化建设,积极稳妥推进国库现金管理工作,进一步完善库底余额控制机制、参与银行准入机制和存款分配机

制,在提高存款收益的同时发挥财政资金撬动作用,引导银行加大支持地方经济发展的投入。充分利用相关金融政策,优化社保基金存款结构,在确保基金安全和支付的前提下,实现基金的保值增值。细化政府购买服务边界,加强政府采购预算管理,完善政府采购配套制度,落实政府购买公共服务工作。进一步完善资产管理,进一步做好会计准则制度落实、会计服务等会计管理工作。加强对财政资金运行全过程的监督。

(五)围绕规范政府债务管理,着力防范政府债务风险

高度重视政府债务管控,坚持源头控制、扎口管理,多措并举,防范债务风险。

加大政府存量债务化解力度。根据国务院对地方政府债务实施限额管理的规定,加强政府债务限额管理,依据债务风险指标体系,加大债务风险评估和预警力度,督促高风险地区加大偿债力度。积极争取置换债券额度进行置换,降低利息负担,优化债务结构。

做好债券置换存量债务的后续工作。推进政府债务纳入预算管理以及后续还本付息工作,按照"权、责、利"相一致的原则,细致梳理置换债务的平衡资源和政策,做好相应的资产、收入等收归政府工作。

第四章 苏州市 2015 年经济与财政运行分析

一、2015 年苏州市经济运行概况

2015 年,面对宏观环境的复杂变化,特别是经济下行压力加大的严峻挑战,苏州市把握"四个全面"战略布局,主动适应经济发展新常态,统筹抓好稳增长、促改革、调结构、重生态、惠民生、防风险等各项工作,较好地完成了各项目标任务。这一年里,第四次中国-中东欧国家领导人会晤、第53届世界乒乓球锦标赛和国际能源变革论坛等重大国际活动在苏州市成功举办,苏州工业园区获国务院批准在全国首个开展开放创新综合试验,全面提升了苏州的知名度、美誉度和竞争力、影响力。

经济总体运行平稳。初步核算,全市实现地区生产总值1.45万亿元,按可比价计算比上年增长7.5%,人均地区生产总值(按常住人口计算)13.63万元,按年平均汇率折算超过2.1万美元。

财政收入稳定增长。全年实现地方公共财政预算收入1560.8亿元,比上年增长8.1%。其中税收收入1338.6亿元,增长7.6%,税收收入占公共财政预算收入的比重达85.8%。四大主体税(增值税、营业税、企业所得税、个人所得税)完成税收961.4亿元,增长11.3%,占税收收入的比重达71.8%,比上年提高2.4个百分点。全年地方公共财政预算支出1527.0亿元,比上年增长17.1%。其中城乡公共服务支出1195.8亿元,比上年增长19.6%,城乡公共服务支出占公共财政预算支出的78.3%。

城乡居民收入平稳增长。根据抽样调查,全市常住居民人均可支配收入4.3万元,比上年增长8.2%。其中城镇常住居民人均可支配收入5.04万元,比上年增长8%;农村常住居民人均可支配收入2.57万元,比上年增长9%。城镇居民收入中位数人均4.47万元,农村居民收入中位数人均2.18万元。城乡居民最低生活保障标准由每人每月700元调整至750元。

表1 2015 年苏州市城乡居民人均可支配收入　　　单位:元

组　　别	城镇常住居民人均可支配收入	农村常住居民人均可支配收入
总平均	50400	25700
20%低收入户	25470	12220

组 别	城镇常住居民 人均可支配收入	农村常住居民 人均可支配收入
20%中低收入户	36230	17270
20%中等收入户	45190	21730
20%中高收入户	57990	28090
20%高收入户	96960	52230

数据来源:苏州市 2015 年国民经济和社会发展统计公报。

物价水平保持稳定。市区居民消费价格总水平比上年上涨 1.6%,涨幅比上年回落 0.5 个百分点。八大类商品及服务价格"七升一降"。其中食品类价格比上年上涨 2.4%,烟酒类价格上涨 1.5%、衣着类价格上涨 3.3%,家庭设备用品及维修服务价格上涨 3.9%,医疗保健和个人用品价格上涨 2.2%,娱乐教育文化用品及服务价格上涨 3.6%,居住类价格上涨 2.0%;交通和通信类价格比上年下降 5.6%。

强化食品安全监管。全年累计抽检各类食品 5.25 万批次,每千人抽检率达到 4.95 批次,动态合格率为 98.83%。立案查处食品安全案件 903 起。实施餐饮服务诚信体系建设,推行餐饮食品安全监督信息公示制度和量化分级制度,学校食堂和集体用餐配送单位量化分级率达 100%。

表 2 市区居民消费价格指数(以上年为 100)

类 别	2015 年	2014 年
居民消费价格总指数	101.6	102.1
1.食品	102.4	102.5
♯粮食	100.7	104.8
油脂	88.3	86.7
肉禽及其制品	103.9	99.6
蛋	94.7	107.8
水产品	102.7	101.4
菜	111.7	101.2
2.烟酒	101.5	100.3
3.衣着	103.3	105
4.家庭设备用品及维修服务	103.9	103.8
5.医疗保健和个人用品	102.2	101.2
6.交通和通信	94.4	93.9
7.娱乐教育文化用品及服务	103.6	101.6
8.居住	102	102.6

数据来源:苏州市 2015 年国民经济和社会发展统计公报。

产业结构不断优化。全年实现服务业增加值 7170 亿元,比上年增长 9%,占 GDP 比重达 49.5%,比"十一五"末提高 7.9 个百分点,形成"三二一"发展格局。全年实现高新技术产业产值 14030 亿元,比上年增长 2.7%,占规模以上工业总产值的比重达 45.9%,比"十一五"末提高 9.3 个百分点。

市场主体活力增强。商事制度改革深入推进,在全省率先实施"三证合一"、"一照一码"和"全程电子化"登记。全年新设立各类市场主体 16.7 万户,比上年增长 16.0%,其中新增私营企业 6.5 万户,增长 18.7%;个体工商户 9.7 万户,增长 15.2%。新增私营企业和个体工商户注册资金分别比上年增长 69.2%和 23.9%。

二、经济运行和社会事业发展

(一)产业升级和创新驱动

苏州市积极对接中国制造 2025,大力发展新兴产业,促进产业跨界融合,加快产业转型升级。实现规模以上工业总产值 3.05 万亿元;新兴产业产值增长 2.2%,占规模以上工业总产值比重达到 48.7%。服务业快速发展,实现增加值 7170 亿元,增长 9%,占地区生产总值比重达到 49.5%,形成"三二一"产业发展格局。苏州工业园区和昆山花桥国家现代服务业综合试点积极推进。新增各类金融机构 41 家,金融总资产增长 11.8%;苏州金融资产交易中心获批开业。电子商务示范城市建设成效明显,电子商务交易额达到 7000 亿元,增长 40%;昆山海峡两岸电子商务经济合作实验区获批设立。

苏南国家自主创新示范区核心区建设大力推进,区域创新体系逐步完善。落实研发费用加计扣除等政策,减免企业所得税 77.4 亿元,增长 16.1%。全社会研究与试验发展经费支出占地区生产总值比重达到 2.68%。新认定国家高新技术企业 712 家,高新技术产业产值增长 2.7%,占规模以上工业总产值比重达到 45.9%。新增国家企业技术中心 5 家、国家地方联合工程中心 1 家、省级工程中心(工程实验室)9 家。与清华大学签署创新行动计划合作协议,与北京大学合作共建独墅湖创业大学,中科院上海硅酸盐研究所太仓园区开工建设。国家技术转移苏南中心作用进一步发挥,中科院科技服务网络和国家信息中心软件评测苏州中心启动运营。知识产权强市加快建设,万人发明专利拥有量达到 27.4 件,比上年增加 8.9 件;新增驰名商标 15 件,累计达到 112 件;张家港市成为国家知识产权示范城市和版权示范城市。科技与金融结合持续深化,科技信贷省、市、县三级联动机制不断完善,成立全国首个科技保险创业投资基金。实施科技创业天使计划和创客天堂行动,国家级、省级新型孵化机构分别达到 8 家和 47 家,均名列全省第一。国际精英创业周、"赢在苏州"海外系列创业大赛、苏州技能英才周取得新成果,全市人才总量达到 227 万人。新增国家"千人计划"人才 30 人,累计达到 187 人,其中创业类人才 107 人,继续位居全国城市首位。

（二）开放型经济

对外贸易规模保持稳定。全市实现进出口总额 3053.5 亿美元，比上年下降 1.9%，其中出口 1814.6 亿美元，比上年增长 0.2%。从经营主体看，国有企业实现进出口 153.2 亿美元，比上年增长 10.9%；外资企业实现进出口 2123.6 亿美元，下降 2.9%；私营企业实现进出口 693.9 亿美元，下降 0.8%。主体市场中，对美国出口比上年增长 2.9%，对日本出口下降 8.1%，对欧盟出口下降 1.9%，三大主体市场出口额 932.2 亿美元，占全市出口的比重为 51.4%，保持稳定。对新加坡、越南、印度和巴基斯坦等"一带一路"沿线国家分别实现进出口 64.8 亿美元、46.5 亿美元、46.4 亿美元和 4.1 亿美元，分别比上年增长 1.3%、24.5%、7.9% 和 26.3%。

外贸结构进一步优化。全市加工贸易出口 978.7 亿美元，比上年下降 0.4%。一般贸易出口 531.8 亿美元，比上年下降 0.4%，一般贸易出口占比为 29.3%。机电产品出口 1428.6 亿美元，比上年增长 1.3%，占全市出口的 78.7%。高新技术产品出口 992.4 亿美元，比上年增长 1.4%，占全市出口的比重为 54.7%。全市服务外包接包合同额 119.3 亿美元，离岸执行额 62.5 亿美元，分别比上年增长 14.9% 和 14.0%。全市服务贸易规模达到 125 亿美元。

使用外资层次提升。全年实际使用外资 70.2 亿美元，其中服务业实际使用外资 26.7 亿美元，占实际使用外资的 38.1%；战略性新兴产业和高技术项目实际使用外资 33.8 亿美元，占实际使用外资的 48.2%。新引进和培育各类具有地区总部特征或共享功能的外资企业 35 家，累计超过 200 家。148 家世界 500 强企业在苏州投资企业 400 多家。

"走出去"步伐加快。境外实际投资额超过 16 亿美元，增长 116%，实现全省"十二连冠"。"苏满欧"五定班列实现常态化运行，首个国家级对外投资服务示范平台落户苏州工业园区，埃塞俄比亚东方工业园被确定为国家级加工制造型境外经贸合作区。南北共建合作成效显著，对口支援和帮扶工作积极开展。外事、对台、侨务工作全面深化，新增国际友城 1 个、全国社区侨务工作示范单位 2 家。全年新批境外投资项目中方协议投资额 20.5 亿美元，比上年增长 20.4%。其中第三产业项目中方协议投资额 12.6 亿美元，占 61.5%；民营企业境外中方协议投资额 17.7 亿美元，占 86.4%。全年新签对外工程承包合同额 18.8 亿美元，完成营业额 10.4 亿美元，分别比上年增长 39.5% 和 9.2%。"一带一路"战略带动效应显现，全市企业对"一带一路"沿线国家协议投资额 5.9 亿美元，比上年增长 48%。

开发区经济转型提速。苏州工业园区获批全国首个开放创新综合试验区。常熟高新技术产业开发区升格为国家级，全市国家级开发区升至 14 家；常熟、吴江、吴中三家出口加工区转型为综合保税区，全市综保区（保税港区）数量增至 8 家；苏州工业园区综保区贸易功能区通过验收，内外贸一体化发展加速推进；张家港保税区获批开展国家企业外债宏观审慎管理试点。太仓港成为全省首个国际贸易"单一窗口"试点口岸,与上海港实现通关通检和物流一体化。

（三）城乡一体化

中心城区城乡一体发展加快推进。开发边界划定工作基本完成,制定市区镇村布局规划,完善古城保护控制性详细规划和阊门历史文化街区保护规划。沪通铁路苏州段建设有序推进。常嘉高速公路、张家港疏港高速公路抓紧建设,312 国道苏州西段改扩建顺利完工。西环快速路北延和东环快速路南延一期工程建成通车,一批市政道路相继建成。轨道交通 2 号线延伸线、4 号线及支线完成轨道铺设,3 号线开工建设。入选国家首批地下综合管廊试点城市。新增人防设施 120 万平方米。苏州港货物吞吐量达到 5.4 亿吨,增长 13.4%;太仓港集装箱运量超过 370 万标箱,增长 21.2%。苏南运河苏州段四级航道改三级航道和杨林塘航道整治基本完成。七浦塘拓浚整治工程全线通水。1000 千伏特高压淮上线工程和智能电网应用先行区、示范区加快建设。"千兆苏州"全光网顺利建成,市域地理国情普查通过验收。深入开展"共建美丽新苏州、同享美好新生活"城市环境综合整治提升行动和"城市环境大家管、市容秩序大提升"治理活动,市容市貌得到改善。

城乡发展一体化综合改革纵深推进,农村发展更具活力。新型城镇化与城乡发展一体化规划制定出台。农村土地承包经营权确权登记颁证工作全面开展,农村产权交易试点顺利推进。新增社区股份合作社股权固化改革试点村(社区)369 个、"政经分离"改革试点村(社区)100 个,吴中区被列为全国农村集体资产股份权能改革试点。新增各类农村合作社 123 家,累计达到 4535 家。农村集体经济继续壮大,集体资产达到 1610 亿元;村均收入达到 776 万元,增长 8.1%。新建"一村二楼宇"物业载体 113.8 万平方米。设立全省首个城乡一体化基金,财政金融服务"三农"发展的能力明显增强。完成美丽城镇建设项目 333 个,建成美丽村庄示范点 10 个、三星级康居乡村 100 个。启动实施农村生活污水治理三年行动计划,完成 1000 个自然村庄治理任务,被确定为全国村庄生活污水治理试点市,常熟市被确定为全国县域村镇污水治理综合示范区。

（四）民生改善

人民生活水平不断提升。城镇居民人均可支配收入达到 5.04 万元,农村居民人均可支配收入达到 2.57 万元,分别增长 8% 和 9%。实事项目如期完成。新增就业 17 万人,开发公益性岗位 1 万个,苏州籍应届高校毕业生就业率达到 98.6%,城镇登记失业率为 1.9%。推进大众创业、万众创新,累计建成各类创业基地 235 家,孵化面积超过 520 万平方米。城镇职工社会保险覆盖率、城乡居民养老保险和医疗保险覆盖率均保持在 99% 以上,城乡居民大病保险制度基本建立。退休人员基本养老金平均每人每月增加 198.3 元,居民社会养老保险基础养老金提高到每人每月 200 元以上。失业保险金最低标准、城乡最低生活保障标准分别提高到每人每月 975 元和 750 元。新增养老机构床位 6099 张、日间照料中心 247 个、助餐点

114个、助浴点18个。残疾人就业扶持和特困救助力度进一步加大。加强住房保障,建成保障房28275套,新开工建设26427套。新增缴存住房公积金职工73.7万人,职工住房公积金使用额增长2.5倍。加快棚户区改造和城中村(无地队)整治,解放新村危旧房改造项目异地安置住宅基本完工,梅巷片区改造项目住宅楼主体全部封顶。改造更新市区老旧燃气管道171.8公里。市区新购公交车664辆,其中新能源公交车608辆,新辟公交线路28条;市交通运输指挥中心建成启用。中心城区农贸市场标准化建设和改造三年任务基本完成。"粮安工程"建设三年行动计划深入实施,粮食流通市场监管得到加强。居民消费价格总水平涨幅为1.6%。发放物价补贴9000万元,惠及群众30万人。建成食品安全快检中心,强化食品药品安全风险监测,大力开展专项治理,切实保障饮食用药安全。

　　(五)文化传承与开拓

　　公共文化服务体系进一步完善,新增市图书馆分馆10家,市档案馆新馆、苏州现代传媒广场和妇女儿童活动中心迁建工程如期建成,苏州高新区文体中心主体完工。融资规模超过百亿元的华人文化控股基金落户苏州工业园区。"16+1"文艺演出获李克强总理批示肯定。第六届中国昆剧艺术节、第十四届中国戏剧节、第六届中国苏州评弹艺术节成功举办。加强历史文化名城保护,平江历史文化片区成片保护利用、虎丘地区综合改造、桃花坞历史文化片区保护整治和古建老宅保护修缮等工程稳步推进。可园(一期)等古典园林修复开放,首批苏州园林名录向社会公布。江南水乡古镇和张家港黄泗浦遗址、太仓浏河天妃宫遗迹申报世界文化遗产工作积极开展。省级公共体育服务体系示范区建设任务全面完成,环古城河、石湖景区健身步道建成开放,苏州工业园区体育中心建设进展顺利。张家港市入选全国青少年校园足球试点县(区)。在全省率先完成县级市、区地方志二轮编纂工作。少数民族群众服务体系不断完善,宗教工作进一步加强。国防动员和民兵预备役工作扎实推进,争创全国双拥模范城"六连冠"工作积极开展,军民融合发展取得新进步。

三、2015年苏州市经济运行的不足

　　经济下行压力加大,产业结构不尽合理,主要经济增长动力仍有不足,新旧产业处在接续关键期,创新能力亟待增强;制约经济社会发展的体制机制障碍尚未完全破除,深化改革的任务艰巨繁重;资源环境约束趋紧,生态文明建设需要持续用力;基本公共服务配置仍不够均衡,民生改善还有大量工作要做,加强社会治理和城市管理、维护和谐稳定面临不少新情况新矛盾;法治建设有待强化,公务人员特别是领导干部的能力水平还需进一步提高。

四、2015年苏州市财政收支分析

　　2015年苏州市以抓好财政收支管理为基础,以推进财税改革为动力,以健全

预算管理制度、推动经济转型升级,持续改善民生、控制财政风险、加强自身建设为重点,不断完善现代财政制度体系,提升保障能力和服务水平。

(一)财政收入分析

2015 全市完成一般公共预算收入 1560.8 亿元,增收 116.9 亿元,增长 8.1%,其中税收收入完成 1338.6 亿元,增长 7.6%,税收占地方公共财政预算收入的比重为 85.8%,收入总量、增量、税收占比继续保持全省第一。收入详情见表 3。

表 3　2015 年苏州市一般公共预算收入执行情况表　　　　单位:万元

地 区	决算数	比上年实绩		占调整预算数%
		增减额	增减%	
全市	15607575	1169401	8.10	100.30
一、市区	8295463	659269	8.63	100.75
(一)本级	3217599	304346	10.45	101.81
1.市级	645573	34943	5.72	97.44
2.园区	2572026	269403	11.70	102.96
(二)区级	5077864	354923	7.51	100.10
1.姑苏区	592122	11775	2.03	100.00
2.高新区	1100035	98217	9.80	100.00
3.吴中区	1211348	102374	9.23	100.13
4.相城区	700451	42232	6.42	101.88
5.吴江区	1473908	100325	7.30	99.35
二、市(县)	7312112	510132	7.50	99.80
1.张家港	1742188	115570	7.10	100.13
2.昆山	2847589	210996	8.00	99.57
3.太仓	1145366	80639	7.57	99.60
4.常熟	1576969	102927	6.98	100.00

数据来源:苏州市财政局网站(http://www.njcz.gov.cn/)

(二)财政支出分析

全市完成一般公共预算支出 1527.0 亿元,比上年实绩增支 222.2 亿元,增长 17.0%。其中用于民生改善的城乡公共服务支出 1195.8 亿元,增长 19.6%,占全部支出的 78.3%,比上年增加 1.6 个百分点。预算收支任务圆满完成。

从 2015 年全年看,苏州市财政支出突出体现了加快民生事业发展,稳步提升民生保障水平。2015 年,全市财政城乡公共服务支出达到 1195.8 亿元,占公共财政预算支出比重为 78.3%,比上年提高 1.6 个百分点。一是深化教育经费保障机制改革。调整完善学生公用经费拨款标准,加大教师培训、专家进校园经费的保障,提升基础教育水平。运用项目贴息、教师年金补助等形式,鼓励职业教育、民办教育发展。进一步健全贫困学生资助体系,国家助学金财政补助标准提高超过30%。二是支持完善现代公共文化服务体系。出台《苏州市公共文化服务办法》;支持开展"书香苏州"、"书香轨交"、"全民阅读节"等公共文化活动;加快重点文化设施建设,完成苏州第二图书馆选址及丝绸博物馆的扩建改造项目;探索中国昆曲剧院通过政府购买服务的方式运营。创新财政对文化创意产业的支持方式,积极运用融资担保、风险补偿等办法,引导金融机构加大对文化创意产业的支持力度。三是加大养老、医疗、就业等民生事业支持力度。制定出台《关于进一步完善城乡居民基本养老保险制度的意见》,完善养老保险保障办法。稳步提升各类养老保障标准,今年调整了全市 119 万企业退休人员养老金,月人均增资 198 元,同步调整了居民基础养老金、三线人员和郊区农保人员养老保障标准。支持养老服务体系建设,设立养老服务业产业引导基金,引导社会资金进入养老领域。完成公立医院改革的前期调研和数据采集测算,研究财政补偿机制。继续提升公共卫生财政补贴标准,2015 年人均公共卫生经费财政补贴提高到 68 元,向城乡居民提供 43 项公共卫生服务。落实积极的就业创业扶持政策,对实施兼并重组、淘汰落后产能的企业,给予稳定岗位补贴,稳定企业就业岗位。实施《苏州大学生创业引领计划》,鼓励更多大学生通过创业实现就业。四是积极完善财政支农措施。调整优化生态补偿政策,制定出台《苏州市生态补偿资金管理办法》和《风景名胜区生态补偿实施意见》,生态补偿工作首次接受市人大公开询问。积极支持农业合作组织发展,对通过评审的合作社给予财政补助。继续加大了"农发通"贷款资金贴息扶持力度,发挥财政资金的杠杆作用,帮助合作社解决融资难题。

五、主抓财税管理与改革推进

(一)积极推进财税改革,全面完成各项改革任务。

一是全面规范预算管理改革。根据预算管理改革年度推进计划,研究细化苏州市预算管理改革措施,提请市政府出台《关于深化预算管理制度改革的通知》,对完善预算体系、推进预决算公开、建立跨年度预算平衡机制、启动中期财政规划改革等作全面部署。

二是进一步完善全口径预算管理体系。按照科学化和精细化的要求,完成四本预算的编制工作;加大政府性基金、国有资本经营预算与一般公共预算的统筹力度;根据国家公共预算内容调整的要求,将政府性基金纳入一般公共预算管理。首次按照全口径预算向人大汇报预算草案。

三是做好财政中期规划。完成《2016—2018 年苏州市级中期财政规划(草案)》编制工作,选取三家单位作为中期滚动规划试点单位。推进预算编制的标准化,加强预算管理的基础信息库和项目库建设,提高预算编制的精准度。

四是加快透明预算制度建设。今年进一步扩大预决算信息公开范围,政府预算实现全口径预算公开,部门预算将政府性基金安排支出的部分纳入公开范围,在公开"三公"经费预决算的基础上,新增"会议费"和"培训费"的预决算公开。同时,对机关运行经费的安排和使用情况、政府采购等重要事项作出说明。

五是做好财政体制调整完善工作。完成省对市的财政重点工作考核;根据国家财税政策调整,做好出口退税以及消费税返还基数核定工作;配合省厅完成农业转移人口市民化成本分担机制的调研。做好《苏州市古城保护专项资金管理办法》和《苏州市古城产业转型升级基金管理办法》的制定工作,促进区域协调发展;根据省厅要求,认真梳理现行县乡财政管理体制中存在的突出矛盾和问题,加快研究苏州市建立乡镇财力保障机制的具体实施办法,为明年完成县乡财政管理体制的调整做好准备工作。

六是进一步盘活财政存量资金。根据中央、省关于盘活地方财政资金的部署,组织市、区两级财政自清自查,落实盘活存量资金定期报告制度,跟踪监控财政存量资金变动情况。全年市级累计盘活财政存量资金近一亿元。

(二)加强财政基础管理,推动预算执行规范高效。

一是加强收入组织。围绕年初确定的全市财政收入预期目标,积极组织收入,定期开展预算执行情况分析。按月汇总预算执行数据,对财政收支及全省各地区相关情况进行分析,及时报送苏州财政收支月度运行情况并提出阶段性建议供领导参考。强化收入管理,加强与国地税及各市县(区)的配合,提前谋划,精细测算,协调收入进度,努力使财政增速与预期增长目标相一致,保持在合理的增长区间内。

二是加强非税收入管理。发挥好"三捡合一"的作用,严格非税项目增减、财政票据审核;加大非税收入征缴工作考核,进一步完善奖惩分明的征收机制。加快非税收入信息化建设,开发了POS机缴费功能;建立网上收费监管系统,引入"互联网+监管"新思路,将分散在各职能部门的收费项目审批与标准审批进行融合创新;启动非税的"财库银"横向联网系统的开发,提高收费的准确率和时效性。

三是加快预算支出执行进度。认真落实国务院、省政府关于加快预算支出进度的要求,严格执行人大批准的支出预算,协调各区,充分发挥财政职能作用,统筹资金使用,加大重点领域投入,提高财政资金使用效益。

四是加强政府性债务管理。认真做好债券置换存量债务工作,按照财政部、省财政厅关于开展地方政府债券置换存量债务的有关工作要求,细致梳理存量债务,编制债务置换方案。通过统筹安排偿债准备金,有效化解了市级平台偿债风险,压缩了存量债务的规模。

五是推动政府投融资机制创新。制定了轨道1号线PPP初步方案,吸引社会资本以固定回报方式参与我市轨道建设。完成轨道3号线东、西线银团的组建工作。拟定轨道交通 5 号线融资方案供政府决策。做好虎丘综改、国际物流园等重大项目的后续银团提款协调工作。启动苏州绕城高速公司股权融资工作。

六是筹建苏州城市发展产业基金。主要投资城市建设改造、城镇化、基础设施、各级产业园及开发区建设、产业转型升级、三农、环保、园林绿化、文化旅游等重点建设领域。

（三）发挥调控引导作用，推动经济稳增快转。

一是优化完善财政稳增长政策。进一步规范商务发展扶持政策，修订完善《苏州市市级商务发展专项资金管理办法》，重点支持外贸转型升级、服务外包等产业发展。同时，加快资金拨付进度，项目提前申报、集中审核，资金提前发付，保障资金使用发挥更大实效。强化工业经济转型升级版专项资金使用管理，加大对自主品牌与创新能力建设、重大技术进步、生产性服务业发展等项目的支持力度。积极贯彻落实国家、省各项稳增长相关政策，实体经济特别是中小微企业获得扶持和减负。

二是进一步深化科技创新支持方式。调整优化科技经费项目分类，形成创业、人才、服务等五个专项，着重解决计划重复交叉、资源碎片化等问题。推动科技经费使用后补助，提高科技经费间接支持。设立科技创新券，对创业人员共享服务平台、服务机构给予奖补、贴息，推动大众创业、万众创新。继续推进科技金融深度融合，"科贷通"在市、县联动的基础上，实现了市、区联动。深入推进"新三板"挂牌企业培育计划。

三是积极推进政府购买服务工作，认真落实政府购买服务指导目录，其中20%的一级目录，45%的二级目录纳入了今年的市级政府采购目录，服务类政府采购目录由去年的 13 项增加到今年的 20 项。调整公交补贴机制，将公交成本规制改为政府购买服务模式。

四是积极推动城乡一体化引导基金扩容增效。制定出台了《苏州市城乡一体化建设引导基金管理办法》，定向投资于现代农业经营、农民安居工程、农村卫生医疗保障、"一村二楼宇"项目。

（四）加强资金使用监督，推动财政管理规范高效。

一是继续加强财政资金绩效管理。进一步扩大预算绩效管理范围，今年对128 个项目开展全过程预算绩效管理，涉及资金 46.9 亿元。对上年度 109 个项目38.8 亿元资金开展再评价。加强和规范政府向社会购买服务资金绩效管理，出台《苏州市政府向社会购买服务绩效管理办法》，建立科学合理的政府购买服务绩效管理机制。

二是加强专项资金管理。建立"苏州市财政专项资金信息管理系统"，通过申报程序和条件网上公开、企业网上申报、结果网上公示、拨款进程网上查询、绩效网上反馈，实现专项资金管理程序规范、公开透明、信息共享、动态监控的目标。修订

《苏州市市级财政专项资金管理办法》,进一步规范市级财政专项资金使用管理,堵塞漏洞、防控风险;调整合并市级财政专项资金管理目录,对部分职能相近的专项资金进行清理整合。

三是强化财政监督检查。根据上级部署,在全市范围内开展涉农资金专项整治,涉及涉农资金197亿元,严厉查处涉农资金的管理、使用不规范资金。开展部门预算编制执行财政综合检查,强化专项资金和重点项目预算执行情况监督。加强专项检查与绩效管理、投资评审的联动,进一步完善财政"大监督"体系。

六、财政面临的新任务

（一）加强预算管理,保障财政运行平稳有序

在收入组织方面,加大宏观经济形势的分析研究,积极适应经济新常态下财政发展的特点,科学确定增长区间和目标任务。严格依法治税,充分挖掘增收潜力,健全完善收入保障工作方案。完善工作协调机制,加大部门间横向合作,凝聚各方力量协税护税;拓展税收保障平台的作用,扩大税收保障信息的覆盖范围,提高税收征管效率。加强收入质量考核,进一步提升收入质量。在支出管理上,进一步抓好预算执行进度,严格按时间节点考核,强化预算的约束力。积极盘活财政存量资金,加大财政结余指标和结余结转资金盘活力度,提高财政资金使用效率。进一步加大预算资金的统筹力度,在完善"四本预算"内容的基础上,着力健全定位清晰、分工明确、有机衔接的政府预算体系。

（二）推进财税改革,加快构建现代财政制度

在财税体制改革顶层设计的框架内,按照市财税改革的计划,推进各项改革计划的全面实施。按照《市政府关于深化预算管理制度改革的通知》的要求,落实好2016年的各项改革任务。推进苏州市"营改增"进展情况跟踪调研,做好"营改增"全面铺开的各项准备工作。根据新修订的《苏州市市级财政专项资金管理办法》,进一步清理不符合管理要求的财政专项资金;依托"苏州市财政专项资金信息管理系统",实现专项资金管理程序规范、公开透明、信息共享、动态监控的目标,逐步实现项目库管理。结合中期财政规划管理,改进部门预算项目库管理,逐步将所有项目纳入项目库进行滚动管理,今后所有预算资源配置以项目为基础,项目不成熟的不予安排预算资金。加大预算信息公开力度,进一步细化公开内容。加强政府性债务管理,积极对上争取地方政府性债券的发行额度,有计划地置换现有存量债务;创新政府融资方式方法,为政府投资项目提供资金保障;完善PPP工作机制,加快更多项目落地试点。

（三）创新支持方式,持续提升经济转型成效

深入研究《创新财政资金支持方式支持全省经济健康发展的若干政策措施》等文件精神,分析政策对苏州市财税发展的影响,结合苏州实际合理把握运用空间,

全面落实政府债券、减税清费、设立政府投资基金、盘活财政存量资金、引导社会资本参与公共服务、完善基本财力保障机制等六大机制,争取政策效应的最大化。进一步发挥财政资金的引导作用,探索投资补助、设立基金等办法,在公共领域推广PPP等模式,带动社会资本投入重点项目。落实小微企业税收优惠政策,努力营造有利于大众创业、万众创新的财税环境。创新企业融资支持方式,鼓励企业走多元化、多层次的资本市场,拓宽融资渠道,破解融资难、融资贵问题,吸引资本要素向优势产业集聚。深度研究新兴产业、现代服务业引导资金的使用新方法,探索与信贷、担保、保险、创投等金融机构进行协同创新,共同为企业提供金融服务。进一步发挥财政资金的杠杆作用,推动科技、文化、农业与金融的深度结合,促进各类投资、担保、风险补偿资金(基金)更加规范、高效运转。

(四)优化资金安排,稳步提升民生保障水平

牢牢守住民生底线,进一步增强民生保障的公平性和可持续性。大力支持教育事业发展,完善教育经费保障机制,积极构建政府补贴、政府购买、助学贷款、基金奖励、捐资激励等差异化扶持政策;细化民办激励引导资金使用方案,发挥政府公共资源的导向作用,鼓励社会资源举办民办学校;结合部门预算资金与教育费附加项目的整合工作,对教育工程项目逐个清理,盘活存量资金,提高资金的使用效益。做好公立医院改革后续跟踪,健全财政保障措施,推动新机制稳定运行。适当提高养老、医疗、低保等财政补贴标准,推进社会保障体系不断完善。完善财政支农工作机制,预算安排继续向农业农村倾斜;健全财政支农资金管理制度,计划出台《苏州市财政支农项目资金管理办法》,规范财政支农资金使用;调整完善生态补偿政策,推动生态补偿标准扩面提标,加强日常考核监管力度,提升生态文明建设水平。

(五)强化绩效管理,不断提高资金使用效率

全面推进预算绩效管理,深化绩效评价结果反馈、报告、通报、公开和整改机制。进一步加大评价结果运用,强化资金支出的绩效导向,更大范围实现评价结果与预算安排的联动挂钩。深入贯彻厉行节约反对浪费各项规定,严控政府行政运行成本,确保"三公经费"低增长零增长。完善行政事业单位资产管理,提升资产配置科学化和标准水平。加强财政监督管理,完善财政"大监督"机制,提升财政监督信息化水平,在"金财工程"中开发财政监督模块,探索把财政监督嵌入财政管理的全过程;发挥好《财政监督约谈制度》的作用,将日常监督与专项监督相互融合,提升财政监督成效。

七、对策建议

一是多措并举稳定收入增长。抓好税收征管新机制下的责任体系建设,协调好各征收部门,分挖掘收入潜力,堵塞收入漏洞,培植财源税源,努力保持财政中高速增长。细致分析"营改增"税收制度改革对地方财政的影响，既要保持合理的增长区间，又要保证较高的收入质量。

二是进一步提升服务发展能力。深入研究财政支持经济转型的政策空间，制定出更加科学高效的政策。进一步发挥财政资金的引导作用，探索投资补助、设立基金等办法，在公共领域推广 PPP 等模式，带动社会资本投入重点项目。落实小微企业税收优惠政策，营造有利于"双创"的财税环境。研究新兴产业、现代服务业引导资金的使用新方法，探索与信贷、担保、保险、创投等金融机构进行协同创新，共同为企业提供金融服务，打造苏州产业科学创新高地。进一步发挥财政资金的杠杆作用，推动科技、文化、农业与金融的深度结合，提高精准度，促进各类投资、担保、风险补偿资金（基金）更加规范、高效运转。

三是进一步提升民生服务保障水平。继续优化支出结构，使更多的财力向民生领域倾斜，优先安排重大民生实事项目。选准办好民生实施项目，如城市活水工程、环古城河建身步道等，切实提高了市民普惠性和获得感。继续加大对教育事业的支持力度，完善教育经费保障制度，不断提升优质教育资源供给水平。做好公立医院改革后续跟踪，落实财政保障措施，推动新机制稳定运行。适当提高养老、医疗、就业、低保等财政补贴标准，推进社会保障体系不断完善。进一步加大对"三农"发展的投入，不断完善财政支农工作机制。

四是进一步提升财政资金使用效率。认真发挥好财政投资评审、政府采购的监管作用，从源头上减少财政资金的损失浪费。加强财政专项资金科学化管理，对功能相近的资金进行归并整合，最大程度发挥财政专项资金的政策功能，体现集中力量办大事的优势。进一步发挥财政绩效评价的作用，在更大范围内运用好评价结果，深入贯彻厉行节约反对浪费各项规定，严控政府行政运行成本，严管"三公经费"。进一步提升财政管理的信息化水平，推动资金分配规范管理、透明操作。

第五章　无锡市经济与财政运行状况分析

一、2015 年无锡市经济运行概况

2015 年,无锡市坚持稳中求进工作总基调,统筹做好稳增长、促改革、调结构、惠民生、防风险各项工作,全市经济社会发展各项事业取得了新进步。

国民经济总体平稳。全市实现地区生产总值 8518.26 亿元,按可比价格计算,比上年增长 7.1%。按常住人口计算人均生产总值达到 13.09 万元。

产业结构升级加快。全市实现第一产业增加值 137.72 亿元,比上年下降 0.1%;第二产业增加值 4197.43 亿元,比上年增长 5.0%;第三产业增加值 4183.11 亿元,比上年增长 9.6%;三次产业比例调整为 1.6:49.3:49.1。

就业和再就业有效推进。全年新增城镇就业 14.85 万人,各类城镇下岗失业人员实现就业再就业 7.42 万人,帮助就业困难人员再就业 1.99 万人。全市城镇登记失业率为 1.89%。

大众创业动力强劲。年末全市工商登记各类企业 20.83 万户,其中,国有及集体控股公司 1.54 万户;外商投资企业 0.61 万户;私营企业 18.68 万户,当年新登记各类企业 3.2 万户。年末个体户 28.23 万户,当年新增 4.9 万户。

消费品价格水平涨幅较低。全年市区居民消费价格指数(CPI)为 101.8,比上年回落 0.4 个百分点。其中,服务项目价格指数为 102.1,消费品价格指数为 101.6,商品零售价格指数为 100.0。

二、经济运行和社会事业发展

(一)产业结构调整

确立并实施产业强市战略,加快打造以"四化"为引领,以新兴产业为先导、先进制造业为主体、现代服务业为支撑的现代产业发展新高地;加快构建以市场为导向、企业为主体、高校院所为支撑的产业科技创新体系,并制定出台促进现代产业发展的系列配套政策。增强科技创新驱动力。组织实施苏南国家自主创新示范区建设三年行动计划,加快推进国家传感网创新示范区建设,加强高层次人才引进和培育,预计全社会研发投入占地区生产总值比重达 2.8%,全市科技进步贡献率达 62%。积极推进产学研资用协同创新,累计建成国家级国际科技合作基地 9 家、省

级以上工程技术研究中心502家,支持实施超级计算机等一批国家重大科技专项,华中科技大学无锡研究院、华进半导体封装技术研究所入选省产业技术研究院预备所。大力实施人才强企工程,推动开发园区引资与引智并举,一批民营企业与10位诺奖得主、11位外国院士牵手合作。高标准推进国家知识产权示范城市建设,万人有效发明专利拥有量25件,获第十七届中国专利奖5项。实施"创新之家"培育计划,开展"众创空间"建设六大行动和"智汇无锡"大学生创业系列活动,建成"众创空间"14家,新增大学生创业园10家。深入推进智慧城市建设,"一中心四平台"上线运行,成为全国首个高标准全光网城市,无锡(国家)智能交通产业园成立。推动先进制造业提质增效。大力发展"互联网+"经济,促进信息化和工业化深度融合,省级两化融合示范试点企业达249家。加快传统产业改造升级,深入实施"千企技改"工程,技改投入占工业投资比重达69%。积极推动企业兼并重组,长电科技等一批企业成功实现跨国并购。全面深化质量强市建设,支持企业品牌创建、标准创新,承担和参与制修订国内外标准93项,一汽锡柴荣获"全国质量奖",阳光集团、兴澄特钢荣获"中国质量奖提名奖"。壮大新兴产业发展规模。新增高新技术企业353家,高新技术产业产值占规模以上工业总产值比重提高到41.5%,新兴产业产值增长10%。推进现代服务业提档升级。生产性服务业加快发展,新增省级制造业服务化示范企业10家。大力发展旅游业,预计实现旅游总收入增长10%,江南古运河、翠屏山和江阴徐霞客旅游度假区获批省级旅游度假区,无锡游客满意度全省第一。加快服务业集聚区建设,无锡食品科技园建设全面启动、人力资源服务产业园开园运营,苏南快递产业园成为全国首个国家级快递示范园区,无锡国家数字电影产业园实现销售增长170%。服务业增加值占地区生产总值比重达49.1%,提高0.7个百分点。提升农业现代化水平。扎实推进国家现代农业示范区建设,新增高标准农田1万亩、高效设施农业(渔业)2.75万亩,预计农业园区化比重提高到46%。江苏无锡国家农业科技园获批,洛社尚田农庄探索建设全省首家六次产业园。

(二)全面深化改革

坚持问题导向和需求导向,扎实抓好各项改革任务落实落地。深化行政审批制度改革。协同推进简政放权、放管结合、优化服务,向社会公布政府部门责任清单,完善行政权力事项清单管理办法,集中清理涉企服务收费。"一办三中心"政务服务平台在全省率先实现行政审批、为民服务、公共资源交易一体化规范运行。全面实施"三证合一"、"一照一码"登记制度,新登记内资企业和注册资本分别增长15.3%、46.5%。加强事中事后监管,建立健全"证照联动"监管和信用约束机制。深化经济体制改革。有序推进国资国企改革,加快国有资产证券化步伐,大力发展地方金融机构,国联证券在香港联交所成功上市,三房巷集团财务公司挂牌运作,北京银行、苏州银行、常熟农商行落户无锡,"苏民投"在锡筹备工作取得阶段性进展。积极推进滨湖区省级服务业综合改革试点。加快投融资体制改革,设立产业引导股权投资基金,推进南长滨河新城等一批 PPP 项目试点。

稳妥推进农村土地确权、农村产权流转交易市场建设和家庭农场认定登记工作,开展土地确权试点村比例超过 70%,31 个镇级产权流转交易服务中心建成运行,惠山区获准农村土地经营权抵押贷款试点。天然气价格、水价及其阶梯价格改革稳妥推进。全面完成不动产登记职责整合和机构组建任务。深化社会领域改革。深化社会事业"管办分离"改革取得突破。城市公立医院改革全面启动,医药价格综合改革平稳实施,区域医疗联合体试点取得实效,明慈心血管医院、百佳妇产医院等一批民营医院落地无锡,社会资本办医格局初步形成。扎实开展国家养老服务业综合改革,在全国地级市率先出台《养老机构条例》。进一步推进户籍制度改革,落实城乡户口统一登记和大市范围户口通迁制度,全面实施居住证制度。进一步扩大对外开放。全面对接上海自贸区试验政策,复制推广 48 项改革创新事项。加快开发区提档升级,成立中韩(无锡)科技金融服务合作区,成功创建出口"两车"质量安全示范区。加强口岸功能建设,进境食用水生动物、进口肉类指定口岸获国家批准,苏南硕放国际机场引进境外航空公司 13 家,旅客吞吐量增长10.3%。抓住国家"一带一路"战略机遇,加快"走出去"步伐,完成境外协议投资17.5亿美元,增长 20%,柬埔寨西港特区建设取得新进展。成功举办第四届世界佛教论坛和第二届全球锡商大会,无锡灵山获批海峡两岸交流基地。

(三)民生改善

深入实施民生幸福工程,健全完善公共服务"六大体系",12 件 80 项为民办实事项目全面完成。完善城乡基础设施。加快太湖新城、锡东新城、惠山新城、马山国际旅游度假区等重点片区建设,完成古运河风光带核心段提升改造工程,西环线、北中路、广石路等一批城市道路建成通车,地铁 1 号线南延工程、3、4 号线一期、苏锡常南部高速公路前期工作扎实推进。统筹实施老城区更新改造,整治改造棚户区(危旧房)、旧住宅区分别达 57.7 万平方米、327 万平方米,竣二拆迁安置房244.7 万平方米。市区拆除违法建筑 17.7 万平方米,完成 14 条主要道路包装出新和 42 条背街小巷综合改造,增设 1000 余家苏邮便民服务点和快递示范门店。加大电网建设投入,中心城区、太湖新城高可靠性供电示范区建设加快推进。提升城区排水防涝能力,成功经受去年夏天超历史极值水位的考验。提高民生保障水平。实施积极的就业政策,全市新增城镇就业 14.85 万人,实现高校毕业生就业 4.19 万人,扶持自主创业 1.15 万人,帮扶就业困难人员再就业 1.99 万人。提高市区城镇最低生活保障和居民养老保险待遇标准,连续第 11 年增加企业退休人员养老金,市区 3.58 万人次获大病保险补助 7193 万元。组织实施全民参保登记,社会保障覆盖面进一步提高,"五险合一"公共服务标准化项目通过验收。完善养老服务设施建设,全市新增养老床位 2190 张,每千名老人拥有养老床位 40 张。残疾人托养服务能力不断提升。健全平价商店常态惠民机制，全市 206 家平价商店累计惠民金额超 2.1 亿元。积极推进公交优先和绿色出行，新辟、优化调整公交线路 41 条，新增插电式新能源公交车 190 辆，地铁 1、2 号线运行平稳，客流量逐步增加。推进教育事业协调发展，高标准新建、改扩建幼儿园 35 所，新增省四星级高中 2 所，无锡开放大学挂牌成立，入选全国首批现代学徒制试点城市。优化医疗服务体系结构，提档升级建设社区卫生服务中心和卫生院 18 家。加快创建国家公共文化服务体系示范区。成为全省首批公共体育服务体系示范区，成功申办 2018 年世界击剑锦标赛，成功举办无锡国际马拉松赛等一批大型国际赛事。

（四）生态建设

持续加强太湖水污染防治，加快新沟河延伸拓浚等重点工程建设，加强入湖河道整治和饮用水源保护，积极开展蓝藻打捞处置，连续第八年实现太湖安全度夏。建立大气污染防治长效机制，组织开展污染源清单编制工作，推进实施 1433 个大气污染防治重点项目，PM2.5 平均浓度较 2013 年下降 18.7%。完成原锡钢地块污染土壤修复工程。加强生活垃圾收运处置体系建设管理，加快实施桃花山生活垃圾填埋场扩建一期续建工程，有序推进锡东垃圾焚烧发电厂复工前期工作，建成区生活垃圾机械化收集率、无害化处理率 100%。强化环保执法监管，查处环境违法案件 1003 件，否决、劝退不符合环保要求项目 48 个，环保部专项督查反馈问题整改落实到位。推进节约集约发展。全面完成节能减排目标任务，预计万元 GDP 能耗下降 5% 以上，主要污染物排放总量削减完成省下达任务。无锡热电厂关停，蓝天燃机热电联产项目建成投运。深入实施"1236"节约集约用地战略，加大闲置土地处置力度，单位建设用地 GDP 产出预计达 5.81 亿元/平方公里，继续保持全省第一。加强生态环境保护。严格执行省生态红线区域保护规划，稳妥推进并落实生态补偿机制。深入推进"绿色无锡"建设，完成造林绿化 1.33 万亩，市区新增绿地 500 万平方米。加快宛山荡、贡湖湾等湿地公园建设，预计自然湿地保护率达 44%。美丽乡村建设取得新成效，宜兴市洑西村被评为 2015 年中国最美休闲乡村，宜兴市白塔村、惠山区桃源村获评"江苏最美乡村"。无锡成为国家生态保护与建设示范区试点城市，获评"全国十佳生态文明城市"，再次荣膺中国十大宜居城市。

三、2015 年无锡市财政收支概况

（一）财政收支概况

全市一般公共预算收入完成 830 亿元，增长 8.1%，完成年度预算的 100.1%；全市一般公共预算支出完成 820.8 亿元，增长 9.7%，完成年度预算的 104.5%。市本级政府性基金收入完成 34 亿元；市本级政府性基金支出完成 33.8 亿元。市本级国有资本经营预算收入完成 2.2 亿元，市本级国有资本经营预算支出完成 2.2 亿

元。市区 2015 年社会保险基金收入完成 301.4 亿元;市区 2015 年社会保险基金支出完成 257.5 亿元。

(二)财政收支的主要特点

1. 财源建设有所成效,财税收入基本实现稳定增长

积极适应经济发展新常态,综合运用财税政策工具,优化公平税负环境,促进经济财税持续健康发展。一是全面落实国家减税清费政策,大力支持实体经济发展。用好用足国家结构性减税、停征减征部分行政事业性收费、政府性基金以及降低失业保险、医疗保险、生育保险费率等各类财税优惠政策,累计取消或免征行政事业性收费项目 128 项、降低收费项目 18 项,市区降低失业保险费率 1%、基本医疗保险费率 0.8%、生育保险费率 0.4%。

二是积极创新财税增收举措,努力营造公平税负环境。认真推进"营改增"、反避税、资本性交易税收和房地产税收等增收措施的深化落实,努力促进收入稳定增长,全力以赴提高收入质量。全面清理盘活财政存量资金,集中财力支持全市重点发展战略落实和重点民生事业保障。

三是积极把握宏观政策机遇,努力促进全市均衡协调发展。积极向上争取地方政府债券资金,有力保障城市建设和还本付息资金需求;实施新一轮市对区财政体制,加大对老城区的倾斜支持力度;进一步完善事权与支出责任,推进全局性重大基础设施共建、共享、共担机制,为地铁、公交等公共交通事业的建设运营提供财力保障。

2. 财政支出保障有序,支持经济社会平稳健康发展

一是创新方式"稳增长"。按照"转变方式、注重绩效、市区联动、市场运作"原则,优化财政资源配置方式,撬动社会资本、产业资本和金融资本向实体经济集聚。安排产业发展引导资金,集中用于支持现代产业发展,重点投向物联网、拟上市新三板企业等战略性新兴产业;积极开展对上争取,与省工行合作成立小微企业创业创新发展融资基金,撬动金融信贷资金投向"两无四有"小微企业;安排中小企业转贷应急资金,综合运用风险补偿、融资增信等方式支持中小企业发展。

二是突出重点"惠民生"。不断提高社会保障水平,稳步提高企业职工养老金待遇标准,加大对基本公共卫生、基层医疗卫生服务体系和基本药物制度的重点投入,完善医保基金管理和推进市级公立医院改革;加大力度支持教育文体事业,进一步提高义务教育学校生均公用经费标准、中职免学费财政补助和助学金标准,筹措必要资金保障世界佛教论坛成功举办,支持网民公益体育大会、科学健身普及等群众喜闻乐见的文体活动;积极支持城乡统筹发展,大力推进城乡发展一体化、农业现代化和农村水利现代化建设,落实推进无锡市建立生态补偿机制,继续支持大气污染防治、太湖水生态治理项目建设。

三是多措并举"防风险"。全面加强政府性债务管理,建立动态监控和风险预

警机制,合理控制地方政府债务规模,积极争取债券置换额度,有效压降融资成本;有效盘活政府各类资金、资产、资源,合理保障城市建设重点项目资金需求;不断创新融资方式,积极落实存量贷款置换、地铁融资租赁等大型融资项目,有效加强市级平台资金余额以及融资成本的控制管理。

3.财税改革不断深化,探索建立健全现代财政制度

立足无锡发展实际,加大改革攻坚力度,深入推进各项财税改革举措,推动政府财税治理体系和治理能力提升。一是深化预算管理改革。建立完善全口径预算管理体系和跨年度预算平衡机制,将政府所有收支全部纳入预算反映,着力提高预算编制科学化、精细化水平,努力实现财政收支的动态平衡、综合平衡和长期平衡。

二是推进专项资金管理改革。建立专项资金清单管理制度,梳理整合2016年专项资金和转移支付"两项清单",积极推动专项资金因素法分配、竞争性分配方式改革。坚持"绩效导向",探索将财政绩效管理向政策绩效拓展、向项目绩效管理延伸,完善绩效指标体系,实施第三方机构参与绩效管理,强化绩效评价结果运用。

三是积极探索和推进政府与社会资本合作。研究出台PPP工作实施意见,组建PPP工作机制,全面推进PPP项目试点,组织申报首批项目16个,总投资约476亿元。其中:6个项目列入省厅PPP项目库,环城古运河风光带和宜兴养老综合体项目率先列入省级试点。

四、2015年无锡市财税改革进展情况

（一）转方式、降成本,支持现代产业创新发展

认真落实打造现代产业新高地的总体部署,转变投入方式推动产业发展。一是加大财政投入促"新"。2015年市本级科技创新与产业升级引导资金投入17.5亿元,全力支持战略新兴产业人才引育、科技创新、产业提升、市场开拓和品牌建设。

二是改善融资环境纾"困"。通过科技型中小企业贷款风险资金和中小企业转贷应急资金,切实缓解企业融资困境。2015年转贷应急资金为2000多家企业办理近3500笔转贷资金,累计使用转贷资金186.6亿元。

三是引入股权投资提"优"。着力扶持"四化"型先进制造业、科技型中小企业发展,市级财政首期出资2.5亿元设立股权引导基金,与社会资本合作成立2个子基金,重点投向物联网产业、拟上市的新三板企业。与省财政厅、工行合作成立小微企业创业创新发展融资基金,每年撬动20亿元金融信贷资金投向"两无四有"企业。

四是落实减税政策减"负"。严格执行国家和省规定,2015年累计取消、免征和降低行政事业性收费项目146项,市区降低失业保险费率1%、基本医疗保险费率0.8%、生育保险费率0.4%,为企业减负约15亿元,有力帮扶实体经济尤其是制

造业企业爬坡过坎、攻坚克难。

（二）优供给、补短板，推动经济社会平稳发展

围绕供给侧改革总体要求，结合无锡实际，推动补强发展短板，着力扩大有效供给。一是推进民生社会保障。支持就业创业促增收，全面落实创业补贴等扶持政策。完善失业保险和就业保障，全年失业保险待遇支出4亿元，社会保险就业补贴支出4.6亿元。完善普惠性质的社会保障网，居民养老保险金人均增加40元。完善医保政策体系，研究建立全科医生扶持制度，支持基层社区卫生机构发展。完善教育文体投入机制，增加投入约0.9亿元，提高义务教育、普通高中、中职学校的生均公用经费标准。优化财政支农投入结构，市本级投入资金2.7亿元，集中支持城乡一体化、农业现代化和水利现代化建设，帮扶经济薄弱村发展，支持新型农村经营主体发展，推进土地承包经营确权等农村改革。

二是加大生态治理投入。安排太湖水治理专项资金1.9亿元，重点支持生态保护与恢复、资源化利用、河网综合整治等太湖治理项目。支持环境资源体制改革，完善水环境区域补偿政策，协同制定《无锡市水环境区域补偿工作方案（试行）》，通过对补偿断面的"双向补偿"强化各区的水环境保护责任意识。建立生态补偿机制，完善生态补偿专项资金管理，安排0.7亿元生态补偿专项资金。

三是加强公共交通保障力度。全市对城市公交、出租车、农村客运等政策性补助支出近11亿元，市本级累计拨付城市轨道交通建设资本金2.9亿元、运营补贴资金4亿元、还本付息资金11.2亿元、股权融资利息1.8亿元。

（三）稳增长、守底线，多措并举加强财源建设

适应经济发展新常态，坚持"五源"齐抓，促进经济财税持续健康发展。一是科学依法组织收入。围绕年度预算收入目标，突出收入序时进度管理，按月分析收入进度，按季度组织财税联席会议，协调国地税等征管部门和各地区板块加大依法组织收入力度。

二是营造公平税负环境。持续推进"十七条"增收措施的精准落实，特别是把握房地产销售回暖契机，做好涉房涉地税收征收入库。继续推进非居民税收、反避税等征管举措的落实，挖掘增量税源。全年征收非居民企业税收突破15亿元，同比增长16%；反避税管理累计补缴企业所得税、增值税超9亿元。

三是完善非税收入征管。修订非税收入征管办法，完善征管考核乳制，规范政府性基金收支管理。落实政策要求，做好廉租住房、教育和农田水利等资金的计提以及新增建设用地土地有偿使用费的缴纳工作。加强政府性资源收益管理，做好户外广告费、公共停车泊位费的资金核算、成本返还、收益分配等工作。

（四）树理念、促改革，逐步完善现代财政制度

立足无锡发展实际，加大改革攻坚力度，深入推进各项财税改革举措，推动政府财税治理体系和治理能力提升。一是初步建立全口径预算体系。建立起一般公共预算、政府性基金预算、国资经营预算和社保基金预算等"四本"预算有效衔接的全口径预算管理体系,将政府所有收支全部纳入预算反映,政府资金统筹能力大幅提升。

二是推进专项资金管理改革。建立专项资金清单管理制度,梳理整合 2016 年专项资金和转移支付"两项清单",将 10 个专项资金中 18 个项目转列一般转移支付支出,积极推动专项资金因素法分配、竞争性分配方式改革。

三是推动预算绩效管理。探索将财政绩效管理向政策绩效拓展、向项目绩效管理延伸,实施第三方中介机构参与绩效管理工作,选择人才发展专项资金等六个重要领域政策资金委托第三方参与绩效评价,探索完善以结果为导向的预算绩效管理机制。

四是调整完善市与区财政体制。按照事权与支出责任相适应的原则,制定出台市与区财政管理体制实施细则,理顺市与区收入分配关系,建立健全一般性和均衡性转移支付制度,促进区域协调发展和基本公共服务均等化。

五是推进政府和社会资本合作。研究出台全市 PPP 工作实施意见,全面推进PPP 项目试点,首批组织申报了 16 个项目,总投资约 476.2 亿元,其中 6 个项目列入省厅 PPP 项目库,环城古运河风光带综合整治和宜兴医疗中心、九如城养老综合体项目纳入了省级试点。

(五)调结构、防风险,努力压降政府债务成本

落实债务管理工作要求,通过强化债务及投融资考核、建立例会制度、开展动态监控、组织编报债务预算和加强工作指导等系列措施,逐步构建两级联动的债务风险防控体系。围绕"稳控总量、降本减负、优化结构、盘活存量、严控风险",落实国务院要求,会同审计等部门组织开展存量债务清理甄别,在此基础上,以严格举债方案审核和债务成本置换为主抓手,有效遏制了债务规模快速上升势头和无序增长状况,成本利率进入下降通道。2015 年市本级实现了债务规模增幅不超过GDP 增幅的管控目标。把握投资概算、决算等关键环节,开展政府投资项目评审,全年累计完成概算、预算、决算及跟踪审核 164.9 亿元,核减资金 15.6 亿元。通过积极对上争取,争取到的地方政府债券资金平均成本约 3.5%,政府债务成本明显下降。

第六章　常州市经济与财政运行分析

一、2015年常州市经济运行概况

经济运行保持平稳。经初步核算,全年实现地区生产总值5273.2亿元,按可比价格计算增长9.2%,其中第一产业增加值146.6亿元,增长3.2%;第二产业增加值2516.2亿元,增长8.5%;第三产业增加值2610.4亿元,增长10.5%。全年服务业增加值占GDP比重达到49.5%,较上年提高1.5个百分点,服务业占比首次超过第二产业,经济结构实现由"二三一"向"三二一"的新格局转变。全市按常住人口计算的人均生产总值达112221元,按平均汇率折算达18018美元。

农业生产保持稳定。2015年,全市完成农林牧渔业现价总产值271.8亿元,增长5.8%。其中,农业产值147.2亿元,增长6.1%;林业产值1.9亿元,增长4.8%;牧业产值38.8亿元,增长3.5%;渔业产值68.3亿元,增长5.5%;农林牧渔服务业产值15.6亿元,增长10.7%。全年粮食播种面积214.2万亩,粮食总产量108.3万吨,与上年相比分别下降3.2%、3.4%。水稻单产643.5公斤/亩、小麦单产356.3公斤/亩,水稻单产连续13年保持全省第一。

消费市场保持稳定。2015年全市实现社会消费品零售总额1990.5亿元,增长10.3%,增幅与全省平均增幅持平,与上年相比下降2.8个百分点。按消费形态分,批发业实现零售额240.1亿元,增长9.4%;零售业实现零售额1585.7亿元,增长10.1%;餐饮业实现零售额149.9亿元,增长14.2%;住宿业实现零售额14.8亿元,增长4%。按单位经营所在地分,城镇消费品零售额1861.1亿元,增长10.6%,农村消费品零售额129.4亿元,增长5.7%。

创新能力不断提高。全年完成专利申请38559件,其中发明专利13211件;专利授权21585件,其中发明专利授权2664件;万人发明专利拥有量18.78件。全年新增高新技术企业140家,累计1126家;规模以上高新技术产业产值4975.6亿元,占规模以上工业总产值的比重达43.4%。全年争取省级以上科技项目530项,争取经费超过5.3亿元。全年新增产学研合作项目1116项。

居民收入稳定增长。2015年全市居民人均可支配收入35379元,增长8.3%,其中城镇居民人均可支配收入42710元,增长8.2%,农村居民人均可支配收入21912元,增长8.8%,城乡收入比为1.95∶1。全市居民人均消费支出22234元,增长7.9%,其中城镇居民人均消费支出25358元,增长7.5%,农村居民人均消费支出14764元,增长9.1%。2015年,城镇居民恩格尔系数28%,农村居民恩格尔系数31.7%,分别较上年下降0.3个、0.1个百分点。

生态绿城建设不断深化。年末建成区绿地面积9782.1公顷,其中公园绿地面积2478.7公顷。市区人均公园绿地13.9平方米,建成区绿化覆盖率达到43.1%。建成环高架及延伸段、丽华路、光华路、大明路生态绿道、横塘河湿地公园和白荡河绿地。扎实推进村庄规划建设示范工作,完成7个美丽乡村示范村检查验收,推进8个美丽乡村示范村建设,农村人居环境持续提升。2015年常州市获得中国人居环境奖。

民营经济增幅放缓。2015年末,全市拥有私营企业和个体工商户36.3万户,注册资本4814.7亿元。全年民营经济完成增加值3541.4亿元,按可比价计算增长9.0%,增幅较上年回落1.1个百分点,占地区生产总值的比重为67.2%,较上年降低0.3个百分点。

二、2015 年常州市财政收支概况

财政收入平稳增长。全年实现一般公共预算收入466.3亿元,增长7.5%,其中税收收入373.7亿元,增长7.3%,税收占比达到80.1%。主要税种中,增值税(含营改增)完成70.8亿元,增长6.4%;营业税完成113.8亿元,增长19.1%;企业所得税完成42.6亿元,增长1.4%。

分地区一般公共预算收入完成情况:市区完成410.09亿元,同比增收26.83亿元,增长7%,其中:金坛区完成36.15亿元,同比增收6.03亿元,增长20.03%;武进区完成140.38亿元,同比增收10.41亿元,增长8.01%;新北区完成97.59亿元,同比增收6.81亿元,增长7.5%;天宁区完成44.79亿元,同比增收2.56亿元,增长6.05%;钟楼完成35.97亿元,同比增收2.07亿元,增长6.09%。溧阳市完成56.19亿元,同比增收5.57亿元,增长11%。

全年一般公共预算支出479.2亿元,增长10.2%。一般公共预算支出中教育支出76.5亿元,增长12.2%;科学技术支出23.5亿元,增长8.4%;社会保障和就业支出53.2亿元,增长8.3%;医疗卫生与计划生育支出39.2亿元,增长22.4%。

全市一般公共预算收入加上上级补助收入、下级上解收入、地方政府债券收入、上年结余结转和调入资金,减去一般公共预算支出、上解上级支出、补助下级支出、地方政府债券支出等收支相抵后,年终结余结转39.71亿元。

三、未来财政工作重点

(一)开源节流,保持财政平稳运行

一是密切关注宏观经济和财税政策变化,尤其是针对中央及省减税降费等措

施给财政带来的影响,加强税收监测和分析。

二是重点加强税保平台建设,发挥信息化手段优势,挖掘税源信息,努力打造全市统一的信息征集、分析、利用机制,构建有利于税收征管的"大数据"信息平台。

三是优化支出结构,加强重点支出保障力度,继续严控"三公"经费支出,加大财政资金的统筹盘活力度,提高财政资金使用效益。

(二)优化配置,推动经济转型升级

发挥市场在资源配置中的决定性作用,进一步优化财政资金投向。一是支持重点产业加快发展。全力保障市委、市政府重大项目实施,积极推动苏南自主创新示范区建设,支持"三位一体"工业转型升级。进一步梳理扶持政策,六力推进"十大产业链"建设,提升产业层次和产业竞争力,促进经济结构调整优化。

二是改善经济运行环境。落实各类定向减税和降费政策,取消清单外收费,帮助企业降本增效。着力推进供给侧结构性改革,发挥财政资金激励引导作用,增强要素活力。围绕推进"大众创业、万众创新"战略,完善财政投入机制和管理办法,推动新技术、新产业、新业态、新模式发展。

三是创新财政资金使用方式。减少竞争性领域政府无偿扶持方式,更多采用基金股权、风险补偿、创业引导、贷款贴息等方式支持经济发展。发挥财政资金增信作用和乘数效应,把金融资源和各类资本引向科技创新和实体经济发展,增强财政服务经济发展的能力。

(三)统筹兼顾,促进基本公共服务均等化

按照可持续、保基本、建机制的要求,逐步建立社会公平保障体系。一是坚持民生优先。坚持统筹兼顾和量力而行,加大公共财政向民生领域的倾斜力度,支持以"三优三安两提升"为重点的民生实事工程,促进基本公共服务均等化。

二是推动城乡一体化发展。继续深化农村改革,完善强农惠农富农政策,全面提升新型城镇化和城乡一体化建设水平。继续支持教育布局优化调整,深化医药卫生体制改革,不断完善多层次养老服务体系,提升社会保障和社会救助水平,推进机关事业单位养老保险制度改革。

三是促进社会事业协调发展。统筹各类资金,支持住房保障和生态绿城建设,推进文体惠民和交通便民工程,优化公共交通补贴机制,加大社会治理创新支持力度,营造和谐稳定发展环境。

(四)深化改革,建立现代财政制度

积极贯彻新"预算法",立足补短板、激活力、增实效,加快构建匹配"新常态"的财政体制和机制。一是推进税制改革。密切关注"营改增"试点改革,积极研究房地产税、消费税、环境保护税、城建税、资源税及车辆购置税等税制改革对我市产生的影响。

二是调整完善市区财政管理体制。划分市与区政府事权和相应支出责任,建立有利于科学发展的财政体制。

三是深化预算改革。探索财政中期规划编制,加强财政资金整合,努力改变财政资金使用过程中的"碎片化"现象,更好的发挥财政资金"四两拨千斤"的作用。扩大国有资本经营收入预算范围,逐步提高收益上缴比例。

四是防范债务风险。加强债务分类管理,继续向上争取政府债券规模,妥善置换存量债务,严控新增债务,积极推进PPP省级试点项目实施,加大推广PPP模式工作力度。

五是加强财政管理。健全预算绩效管理机制,深化财政国库管理制度和政府购买公共服务改革,完善财政"大监督"机制,推进法治财政管理体系进一步完善。

第七章　南通市 2015 年经济与财政运行

一、2015 年南通市经济运行概况

2015 年,南通市国民经济总体处于稳健运行的合理区间,发展质态继续优化,转型升级成效显现,积极因素不断积累。但宏观环境仍然复杂严峻,下行压力不减。

国民经济平稳增长。初步核算,全市实现生产总值 6148.4 亿元,按可比价格计算,比上年增长 9.6%。其中:第一产业增加值 354.9 亿元,增长 2.9%;第二产业增加值 2977.5 亿元,增长 9.7%;第三产业增加值 2816.0 亿元,增长 10.5%。人均 GDP 达到 84236 元。按 2015 年平均汇率计算,人均 GDP 为 13525 美元,增长 8.1%。

就业持续增加。全年新增城镇就业人数 8.24 万人,新增转移农村劳动力 2.63 万人。全年提供就业岗位 35.9 万个。年末从业人员达 460.0 万人,其中,第一产业 97.2 万人,第二产业 214.5 万人,第三产业 148.3 万人。

产业结构继续优化。全市三次产业结构演进为 5.8:48.4:45.8。全年实现服务业增加值 2816.0 亿元,增长 10.5%,占 GDP 比重达到 45.8%。"两新"产业较快发展,完成高新技术产业产值 6202.5 亿元,增长 14.6%,占规模以上工业比重达到 45.0%,同比提高 1.4 个百分点。六大新兴产业完成产值 4552.4 亿元,增长 10.6%,占规模以上工业的比重达到 33.1%,与上年持平。

区域经济协调发展。县区实现生产总值 3883.8 亿元,增长 9.9%,快于市区增幅 0.4 个百分点;完成一般公共预算收入 353.0 亿元,增长 14.8%,快于市区增幅 2.4 个百分点,在工业应税销售收入、服务业应税销售收入、固定资产投资、社会消费品零售总额等指标方面,县区增速也快于市区。全年新登记私营企业 2.18 万家,年末累计达 17.3 万家;新登记私营企业注册资本 1674.2 亿元,年末累计注册资本 7813.5 亿元。全年新登记个体户 5.52 万户,年末累计达 46.8 万户,新登记个体工商户资金数额 58.1 亿元,年末累计资金数额 288.1 亿元。年末全市共有规模以上民营工业企业 3780 家,占全市规模以上工业企业总数的比重达 74.7%;全年民营工业增加值 1800.6 亿元,增长 13.1%,占全市规模以上工业的比重达 62.0%。

城乡居民收入稳步增加。全体居民人均可支配收入 27584 元,比上年增长

8.9%,按常住地分,城镇居民人均可支配收入36291元,比上年增长8.7%;农村居民人均可支配收入17267元,比上年增长9.1%。

全年进出口总值315.8亿美元,下降0.2%,其中,出口总值228.3亿美元,增长1.5%;进口总值87.5亿美元,下降4.5%。年末与我市建立进出口贸易关系的国家和地区209个。全市有5406家企业有进出口业务,增长6.9%。

年末全市拥有高新技术企业750家;新增省级高新技术产品836项;新建省级工程中心34家,省级企业院士工作站3家;新建市级工程技术研究中心74家,企业院士工作站1家。全年有24项科技成果获江苏省科技进步奖,其中,一等奖1项,二等奖3项,三等奖20项。年末,全市共建成科技孵化器50家,其中国家级9家、省级27家。全年专利申请量34770件,比上年增长25.6%;专利授权量25970件,增长109.6%;其中,发明专利申请量8741件,增长3.4%,发明专利授权量2217件,增长137.9%,万人发明专利拥有量15.06件,增长30.6%。全社会研发投入占GDP的比重达到2.55%,比上年提高0.05个百分点。

全年市区(含通州区)新增绿地710公顷,城市绿化覆盖率42.8%;日供水能力达到160万立方米,水质综合指标合格率100%;市区燃气普及率、用水普及率、生活垃圾无害化处理率均达到100%。全年市区新增路灯、景观灯26395盏,城市道路亮灯率达到99.5%。2015年全市环境质量保持稳定,环境空气主要污染物年平均值为:二氧化硫30微克/立方米,二氧化氮38微克/立方米,可吸入颗粒物88微克/立方米,PM2.5浓度为58微克/立方米,其中二氧化硫和二氧化氮年均值符合国家空气质量二级标准,可吸入颗粒物和PM2.5年均值超过国家空气质量二级标准;全年空气质量指数达到良好以上的天数达247天,占全年有效监测天数的67.7%。长江南通段主流水质符合国家地面水质环境质量Ⅲ类水质标准,饮用水源地水质达标率100%。区域环境噪声平均值为53.4分贝,交通干线噪声平均平均值为66.0分贝,均符合国家环境噪声质量标准。

二、2015年南通市财政收支概况

(一)一般公共预算执行情况

1. 收入预算执行情况

2015年,全市一般公共预算收入完成625.6亿元,占调整预算(以下简称预算)的101.8%,增长13.8%,税收占比83.3%。市区(含市级、通州区、崇川区、港闸区,下同)一般公共预算收入完成272.7亿元,占预算的102.5%,增长12.4%。

2015年,市级(含市本级、经济技术开发区、苏通科技产业园区、通州湾江海联动开发示范区,下同)一般公共预算收入完成75.2亿元,占预算的101.3%,增长8.8%。

2. 支出预算执行情况

在预算执行中,由于动用地方政府一般债券转贷收入 37.9 亿元、预算稳定调节基金 14.3 亿元、统筹调入的资金 7.3 亿元,当年支出预算安排共增加 59.5 亿元;债务还本 35.4 亿元、清理回收当年预算结余 2.7 亿元,当年支出预算安排共减少 38.1 亿元。市级当年一般公共预算支出预算为 134.6 亿元。加:上年结转 12.3 亿元、上级核拨专款 21.6 亿元、上级一般性转移支付 11.7 亿元,减:补助县(市)区专款 17.8 亿元、清理回收历年结余 3.9 亿元,2015 年市级一般公共预算支出总支出预算为 158.5 亿元。2015 年,市级一般公共预算支出完成 146.4 亿元,占预算的 92.4%,增长 18.2%。

3. 收支平衡情况

2015 年,市级一般公共预算总财力来源为 165.1 亿元,安排预算稳定调节基金 6.6 亿元;安排总支出预算 158.5 亿元,减当年支出 146.4 亿元,未完项目结转下年支出 12.1 亿元。实现收支平衡。

(二)政府性基金预算执行情况

1. 收入预算执行情况

2015 年污水处理费纳入政府性基金管理,调增收入预算 0.7 亿元;政府住房基金及城市基础设施配套费收入增加,调增收入预算 0.7 亿元。调整后,2015 年市级政府性基金收入预算为 35.5 亿元,较年初预算减少 11.5 亿元。

2015 年,市级政府性基金预算收入完成 41.9 亿元,占预算的 118%,同口径下降 41.3%,主要是国有土地有偿使用资金收入比上年下降 45.1%。

2. 支出预算执行情况

预算执行中,由于动用地方政府专项债券转贷收入 14.3 亿元、政府住房基金及城市基础设施配套费等收入超收财力 0.7 亿元、污水处理费纳入政府性基金管理增加财力 0.7 亿元,支出预算安排共增加 15.7 亿元;债务还本 12.4 亿元、收入短收减少支出预算安排 12.7 亿元,支出预算安排共减少 25.1 亿元。由于城市基础设施配套费、污水处理费等基金收入增收增加城建资金支出预算安排 5.8 亿元,市级当年政府性基金支出预算调整为 42.2 亿元。加:上年结转 11 亿元、上级核拨专款 2.6 亿元,减:补助县(市)区专款 0.9 亿元,清理回收历年结余并统筹调出到一般公共预算 6.7 亿元,2015 年市级政府性基金总支出预算为 48.2 亿元。2015 年,市级政府性基金支出完成 45.8 亿元,占预算的 95%,下降 33.7%,主要是国有土地有偿使用资金收入减少,支出下降 40.2%。

3. 收支平衡情况

2015 年,市级政府性基金总财力来源为 54.9 亿元,统筹调出到一般公共预算 6.7 亿元;安排总支出预算 48.2 亿元,减当年支出 45.8 亿元,未完项目结转下年支出 2.4 亿元。实现收支平衡。

（三）国有资本经营预算执行情况

1. 收入预算执行情况

由于汽运集团股东大会决议对 2008—2014 年度形成的利润暂不分配,以及城建集团 2014 年度决算调整,上缴国有资本经营收益减少。2015 年市级国有资本经营收入预算调整为 1 亿元,较年初预算减少 1.1 亿元。2015 年市级完成国有资本经营收入 1.1 亿元,占预算的 104.7％,增长 83％,主要是组织对市级行政事业单位举办企业的历年国有资产收益进行了清缴。

2. 支出预算执行情况

由于部分企业上缴国有资本经营收入预算调减,支出来源相应减少。2015 年市级国有资本经营支出预算调整为 1 亿元,较年初预算减少 1.1 亿元。2015 年市级完成国有资本经营支出 6105 万元,占预算的 58.9％,增长 2.9％。

3. 收支平衡情况

2015 年,市级国有资本经营收益财力来源为 1.1 亿元;安排总支出预算 1 亿元,减当年支出 6105 万元,结转下年 4751 万元。实现收支平衡。

（四）社会保险基金预算执行情况

1. 收入预算执行情况

年初,2015 年市级社会保险基金收入预算为 94.5 亿元,实际完成 96.3 亿元,占预算的 101.9％,增长 12％。

2. 支出预算执行情况

年初,2015 年市级社会保险基金支出预算为 101.5 亿元,实际完成 99.6 亿元,占预算的 98.2％,增长 13.5％。

3. 收支平衡情况

2015 年市级社会保险基金收支缺口 3.3 亿元,通过历年结余解决。2014 年社会保险基金结余 73.7 亿元,弥补 2015 年收支缺口后,结余 70.4 亿元。

第八章　扬州市 2015 年经济与财政运行

一、2015 年扬州市经济运行概况

全市实现地区生产总值 4016.84 亿元,可比价增长 10.3%。人均地区生产总值 89646 元,增长 10.2%。产业结构不断优化,其中,第一产业增加值 241.93 亿元,增长 3.5%;第二产业增加值 2011.97 亿元,增长 10.6%;第三产业增加值 1762.94 亿元,增长 10.8%。三次产业结构由上年的 6.1：51.0：42.9 调整为 6.0：50.1：43.9。

全市新增城镇就业 70562 人,新增转移农村劳动力 49305 人,期末城镇登记失业率 2.01%。城镇失业人员再就业 70171 人,就业困难人员再就业 6508 人。

市场物价基本稳定,市区居民消费品价格指数为 101.7。其中,消费品价格上涨 1.3%,服务项目价格上涨 2.4%。构成居民消费品价格指数的八大类指数分别是:食品类 103.3、居住类 101.9、医疗保健和个人用品类 101.3、烟酒及用品类 101.8、衣着类 100.3、家庭设备用品及维修服务类 101.0、交通和通信类 98.6、娱乐教育文化用品及服务类 101.0。商品零售价格总指数为 100.5。

粮食生产实现"十二连丰",全年粮食总产量 314.41 万吨,与去年持平略增。生猪出栏 132.72 万头,下降 2.2%。家禽出栏 4184 万只,增长 1.6%。年末生猪存栏 72.72 万头,下降 1.6%。家禽存栏 1464 万只,下降 1.9%。肉类总产量 18.16 万吨,下降 0.3%。实现农林牧渔业总产值 460.3 亿元,增长 6.6%。全市水产养殖面积 118 万亩,比上年扩大 1 万亩。特种水产养殖面积 103.4 万亩,同比扩大 1.3 万亩。实现水产品产量 39.8 万吨,比上年增加 0.15 万吨。全市种植面积在 100 亩以上的家庭农场 2005 个,其中列入市级名录的家庭农场有 349 个,经营面积 6.7 万亩。全市各级农业龙头企业达 375 家,其中国家级 4 家,省级 50 家,市级 148 家,县级 173 家。市级以上农(渔)业园区 54 家,其中:国家级 1 家、省级 8 家、市级 45 家。新增农业园区面积 10.8 万亩,总面积达 163.6 万亩,园区化率达 38.3%。江都区成为本市首家国家现代农业示范区。

全市 2762 家规模以上工业完成总产值 9822.98 亿元,增长 8.4%,工业增加值增长 10%。产值过亿元的工业企业 1463 家,比上年增加 19 家,占全部规上企业的 53.0%。亿元企业完成产值 9221.8 亿元,占全市规模以上工业的 93.9%。其中完

成产值 100 亿元以上的企业 6 家,50—100 亿元的 13 家,30—50 亿元的 21 家,10—30 亿元的 131 家,5—10 亿元的 233 家,1—5 亿元的 1059 家。

新兴产业完成产值 2895.8 亿元,增长 10.1%。"三新"产业完成产值 1137.8 亿元,占全市的 11.6%,增长 11.6%,其中,80 家新材料企业完成产值 476.6 亿元,增长 5.3%;93 家新光源企业完成产值 309.7 亿元,增长 13.5%;44 家新能源企业完成产值 361.9 亿元,增长 19.1%。

五大千亿级产业累计完成产值 6791.6 亿元,增长 8.6%,其中,汽车产业 1326.1 亿元,增长 16.5%;机械装备产业 3398.8 亿元,增长 8.1%;新能源和新光源产业 671.6 亿元,增长 16.5%;石化产业 1076.4 亿元,下降 3.4%;船舶产业 318.7 亿元,增长 6.9%。

规模以上工业企业实现主营业务收入 9383.1 亿元,增长 7.6%;实现利税 1085.8 亿元,增长 7.1%;利润 624.4 亿元,增长 6.4%。

全市完成固定资产投资 2856.82 亿元,增长 18.2%,其中,建设项目投资 2478.65 亿元,增长 20.5%;房地产开发投资 378.18 亿元,增长 4.9%。从产业来看,第一产业投资 16.15 亿元,增长 6.6%;第二产业投资 1511.17 亿元,增长 13.6%;第三产业投资 1329.50 亿元,增长 24.2%。一、二、三产业投资占投资的比重为 0.6:52.9:46.5。全市房地产开发投资 378.18 亿元,增长 4.9%,其中,住宅投资 298.51 亿元,增长 4.0%;商业营业用房投资 43.58 亿元,增长 13.7%;办公楼投资 13 亿元,增长 17.8%。商品房施工面积 2726.99 万平方米,增长 3.9%,其中,新开工面积 629.94 万平方米,下降 21.7%;商品房竣工面积 643.55 万平方米,增长 6.1%;商品房销售面积 638.30 万平方米,增长 0.5%。

基础设施建设加快推进,连淮扬镇铁路扬州段全线开工,宁启铁路复线电气化改造全面完成。文昌路西延、新万福路及万福大桥建成通车。352 省道江都段、宿扬和江广高速加快建设。西部交通客运枢纽建成启用。城市南部快速通道、金湾路、611 省道沿湖大道、芒稻船闸扩建工程、界首运河大桥等开工建设。高邮运东船闸扩建工程建成通航,长江六圩弯道应急护岸工程、淮河入江水道整治主体工程完工。

全市社会消费品零售总额 1236.96 亿元,增长 9.7%,其中,批发业 166.50 亿元,增长 11.3%;零售业 930.19 亿元,增长 7.3%;住宿业 19.10 亿元,增长 27.2%;餐饮业 121.17 亿元,增长 23.1%。城镇消费品零售额 1147.82 亿元,增长 9.7%;乡村消费品零售额 89.14 亿元,增长 8.8%。限额以上批发和零售企业中,粮油、食品类零售额 26.34 亿元,增长 3.6%;饮料类零售额 3.32 亿元,增长 1%;烟酒类 10.86 亿元,增长 14.7%;服装、鞋帽、针纺织品类零售额 34.55 亿元,下降 0.9%;日用品类零售额 11.12 亿元,下降 0.9%;化妆品类零售额 6.1 亿元,增长 4.8%;金银珠宝类零售额 13.52 亿元,下降 10.8%;家用电器和音像器材类零售额 32.45 亿元,增长

0.5%；汽车类零售额 145.16 亿元,增长 8.7%。

大力实施"科教合作新长征"和"科技产业合作远征"计划,签订产学研合作协议 669 项,落户校企研创中心 56 家。新开发高新技术产品 1509 项,创历史新高,获批省高新技术产品数达 838 项;民营科技型企业达 8931 家;22 个科技产业综合体已建成 309 万平方米,投入使用 219.5 万平方米,其中产业用房 190.5 万平方米,累计入驻企业达 741 家;新增西安交大扬州科技创业园、江苏红旗光电科技创业园 2 家省级科技企业孵化器,30 家"众创空间"启动建设,投入使用面积 15.5 万平方米;省级以上"三站三中心"达 462 家。全市高新技术企业总数达 640 家,实现高新技术产业产值 4922.52 亿元,增长 10.1%,占规上工业总产值的比重 44.5%;全市共申请专利 24814 件,增长 9.27%;全市专利授权 13948 件,增长 17.8%,其中发明专利授权 754 件,增长 61.5%。全市新增国家级博士后工作站 10 家。引进高层次领军人才 188 名、产业急需的专业技术人才 1631 名。入选省创新团队 2 个、创新人才 28 名和省"双创博士"83 名。

全体居民人均可支配收入 26253 元,增长 8.7%,其中,城镇常住居民人均可支配收入 32946 元,增长 8.7%;农村常住居民人均可支配收入 16619 元,增长 8.7%。全体居民人均生活消费支出 16720 元,增长 8.0%,其中,城镇常住居民人均生活消费支出 19780 元,增长 7.4%;农村常住居民人均生活消费支出 12316 元,增长 9.3%。

市区三区社会保险和民政福利实现"同城同步同标"。年末企业职工基本养老保险、城镇职工基本医疗保险、失业保险参保人数分别达 106.00 万人、120.51 万人和 63.69 万人。年末城乡居民基本养老保险参保人数 94.65 万人,基础养老金发放率达 100%。年末城镇基本医疗保险参保人数为 203.83 万人。全面实施城镇居民大病保险制度,推进全市社会保险"一卡通"。全市企业退休人员养老金连续 11 年提高标准,2015 年末人均养老金 2152 元/月,市区 2332 元/月。

社会福利事业不断提升,城乡居民最低生活保障对象 71987 人,累计资金支出 18202.82 万元;临时救助 27756 户,支出 1442.2 万元;城乡医疗救助 336275 人次,累计支出 7319.26 万元。市区城乡低保标准统一提高至每月 575 元。

二、2015 年扬州市财政收支概况

全市财政总收入 515.18 亿元,增长 10%。公共财政预算收入 336.75 亿元,增长 14.1%,其中,税收收入 274.67 亿元,增长 13.4%。主体税种中,增值税、营业税、企业所得税、个人所得税合计完成 177.82 亿元,增长 11.1%。其中,增值税 42.64 亿元,增长 7.1%;营业税 100.96 亿元,增长 19.2%;企业所得税 25.01 亿元,下降 1.2%;个人所得税 9.21 亿元,下降 10.1%。

全市公共财政预算支出 435.28 亿元,增长 16.2%,其中一般公共服务支出

54.36亿元,增长6.7％;教育支出74.96亿元,增长10.8％;科学技术支出12.94亿元,增长31.8％;社会保障和就业支出33.40亿元,增长17.2％;医疗卫生与计划生育支出32.60亿元,增长30.2％;节能环保支出14.58亿元,增长111.3％。

三、2015年财政工作特点

(一)保持财政收入平稳增长

全市经济平稳增长,重大项目建设有力推进,汽车、机械、旅游、建筑、软件和信息服务业等基本产业较快发展,为财政增收奠定了基础。上汽仪征公司在高基数上实现稳增长,完美日用品、宝胜集团、扬农化工等企业税收较快增长,重点税源企业继续发挥重要支撑作用。重点政府工程建设步伐加快,连淮扬镇高铁全面开工建设,宁启铁路复线电气化改造竣工,江六高速、新万福路和万福大桥等建成通车,带动了房地产和建筑业税收较快增长。各级财税部门以增收节支作为全年工作的主线,增加财政可用财力和稳定有效的现金流。出台营改增激励政策,推进企业二、三产分离工作。清理债权债务和对外投资基金,完善投资基金收益收缴办法。完善收入结构分析制度,健全各项收入统计基础工作。受土地市场影响,政府性基金中的土地出让金收支下降较多,"十二五"期间全市一般公共预算收入年均增幅15％,2015年比2010年实现总量翻番。

(二)加强财政支出管理

一般公共预算和政府性基金预算的城乡社区事务支出大幅增长,城乡区域供水、"八老"改造、城市公园体系、清水活水等一大批与老百姓生活相关的重大基础设施相继建成。医疗卫生与计划生育支出326043万元,增长25％;社会保障和就业支出333981万元,增长17.6％,有力保障被征地农民参加城保、市区社会保险和民政福利"同城同步同标"等民生政策的落地。教育支出749636万元,增长14.7％,科学技术支出129362万元,增长14.4％,支持科学、教育、文化等各项事业协调发展,人才政策成效显现,预计全市人才总量突破70万人,比2010年增加25万人,市科技馆、市民广场等一批民生设施建成运行。优化财政支出结构,厉行节约,勤俭办事,严格执行各项费用支出审批制度,从严从紧控制"三公"经费支出,完成了"运转性支出在上年基础上统一削减5％,'三公'经费下降10％"的政府工作目标。

(三)推进财税体制改革

按照深化财税体制改革的工作部署,推进财政管理各项改革。深入宣传落实新预算法,建立全口径预算编制体系,规范预算调整制度,市本级及各功能区进一步细化预算编制,社保基金预算实现了市区统筹,国有资本经营预算编制范围全覆盖。推进预决算公开,除涉密部门外,全市部门预算、"三公"经费预算全部公开。梳理竞争性领域的政府专项资金情况,建立专项资金清单管理制度。规范政府性基金管理,建立了将政府性基金预算应统筹部分列入一般公共预算的机制。加强结转结余资金清理,盘活财政存量资金,市本级将 166900 万元财政资金收回总预算统筹使用。完善定员定额标准体系,强化部门预算编制和执行的主体地位。加强政府债务管理,有序做好存量债务置换工作,全市政府债务成本当年节约 70000 万元,并建立全口径政府性债务管理机制。着力构建新型市区财政关系,着手理顺市区的事权与支出责任,完善生态转移支付制度。深化财政绩效管理和监督,对财政安排的项目资金全面实行绩效目标管理,重点政府专项资金绩效目标和预评估情况主动接受人大监督。强化财政"大监督"机制,开展了"小金库"专项治理行动。

第九章 泰州市 2015 年经济与财政运行

一、2015 年泰州市经济运行概况

2015 年,泰州市在生产、需求、供给、效益方面精准发力,"三大主题"工作成效显著,全年经济运行总体平稳,尤其下半年以来经济发展呈现稳中有进、稳中攀升的良好势头。

经济发展稳中有进。全市实现地区生产总值 3655.53 亿元,比上年增长 10.2%。其中,第一产业增加值 218.93 亿元,增长 3.4%;第二产业增加值 1793.04 亿元,增长 10.2%;第三产业增加值 1643.56 亿元,增长 11.2%。三次产业结构调整为 6.0∶49.0∶45.0。按常住人口计算,全年人均地区生产总值 78756 元,增长 10.1%,人均地区生产总值按当年汇率折算达 12645 美元。

人口平稳增长。年末 167.92 万户,户籍总人口 507.85 万人,其中市区 163.54 万人,其中女性 248.93 万人,性别比 104.01。当年出生人口 4.67 万人,人口出生率 9.20‰;死亡人口 4.25 万人,人口死亡率 8.36‰;人口自然增长率 0.84‰。年末全市常住人口 464.16 万人,其中市区 162.25 万人。新型城镇化扎实推进。年末常住人口城镇化率为 61.55%,比上年提高 1.4 个百分点。

居民生活持续改善。全年城镇常住居民人均可支配收入 34092 元,农村常住居民人均可支配收入 16410 元,均比上年增长 8.8%,剔除价格因素,实际均增长 7.0%。城镇常住居民、农村常住居民人均生活消费支出分别为 21008 元和 11844 元,分别增长 7.6% 和 9.2%。

就业形势整体良好。积极推进城乡统筹就业,着力解决困难群众就业问题。全年新增城镇就业 9.95 万人,农村劳动力转移 1.23 万人,城镇失业人员再就业 5.60 万人,就业困难人员就业 5799 人,城镇登记失业率 1.89%。

服务业发展加快。全年实现服务业增加值 1643.56 亿元,增长 11.2%,占 GDP 比重达 45.0%,比上年提高 1.6 个百分点。服务业税收收入稳步提升。全年完成服务业税收收入 216.30 亿元,比上年增长 13.9%,服务业税收收入占全部税收的比重为 47.5%,比上年提升 1.6 个百分点。

居民消费价格温和上涨。全年市区居民消费价格指数(CPI)比上年上涨 1.7%,涨幅较上年回落 0.4 个百分点。从调查类别看,构成总指数的八大类商品和

服务价格分别呈"七涨一跌"走势,其中食品类价格上涨 3.4%、烟酒类价格上涨 1.9%、衣着类价格上涨 2.1%、家庭设备用品及维修服务价格上涨 1.8%、医疗保健和个人用品价格上涨 1.0%、娱乐教育文化用品及服务类价格上涨 1.9%、居住类价格上涨 0.6%;交通和通信类价格下降 2.0%。工业生产者价格持续下跌。全年工业生产者出厂价格指数(PPI)为 96.0,跌幅较上年扩大 2.9 个百分点;工业生产者购进价格指数(IPI)为 90.6,跌幅较上年扩大 7.1 个百分点,PPI、IPI 双创"十二五"新低。

农业生产形势较好。粮食生产十二连增,全年总产量达 329.35 万吨,比上年增产 0.8 万吨,增长 0.3%。其中,夏粮 123.17 万吨,比上年下降 0.8%;秋粮 206.19 万吨,比上年增长 0.9%。粮食播种面积为 656.2 万亩,比上年减少 1.3 万亩,下降 0.3%。其中,棉花播种面积 5.6 万亩,比上年减少 7.6 万亩;油料播种面积 69.2 万亩,比上年增加 2.5 万亩;蔬菜播种面积 129.3 万亩,比上年增加 4.3 万亩。粮食单产 501.9 公斤/亩,比上年每亩增加 2.6 公斤,增长 0.5%。

工业增长稳中趋缓。全年规模以上工业增加值比上年增长 11.0%,比上年回落 0.5 个百分点;规模以上工业总产值 11173.68 亿元,增长 14.9%。分轻重工业看,轻工业产值 2952.85 亿元,增长 11.9%;重工业产值 8220.83 亿元,增长 16.0%。分经济类型看,国有、集体、股份制、外商和港澳台投资企业分别完成产值 89.06 亿元、152.92 亿元、7867.42 亿元、2484.96 亿元,分别增长 -9.9%、29.6%、17.2%、7.1%。分企业规模看,大中型、小微型企业分别完成产值 5411.26 亿元、5762.42 亿元,分别增长 10.4%、19.4%。分重点行业看,金属制品、通用设备制造、船舶及相关装置制造、电气机械和器材制造、专用设备制造业分别实现产值 1085.14、715.77、1033.12、1470.44、615.40 亿元,分别增长 16.1%、20.3%、9.7%、11.1%、15.6%;食品、纺织、医药、建材、冶金分别实现产值 813.48、579.72、720.86、180.09、687.08 亿元,分别增长 10.6%、13.8%、8.0%、7.1%、9.4%。

消费品市场运行平稳。全年社会消费品零售总额 1001.64 亿元,比上年增长 10.9%。从城乡市场看,城镇消费品零售额 928.45 亿元,增长 10.7%;乡村消费品零售额 73.19 亿元,增长 12.4%。从消费形态看,批发和零售业 863.59 亿元,增长 11.5%,住宿和餐饮业 138.05 亿元,增长 6.8%。从限额以上单位看,全年限额以上社会消费品零售总额 392.0 亿元,增长 8.0%;其中,限额以上批发零售业零售额 373.0 亿元,增长 8.2%;限额以上住宿餐饮业零售额 19.0 亿元,增长 3.6%。

科技创新能力不断提升。全市科技进步贡献率达 59.2%,比上年提高 0.5 个百分点。全年新增高新技术企业数(新标准)137 家,新增省级以上工程技术研究中心 13 家、企业技术中心 3 家、工程中心 4 家。加强知识产权保护,新获专利授权 13484 件,其中发明专利 651 件。积极打造人才高地,全年引进高层次人才 2095 人,新引进长期外国专家 62 人,新增高技能人才 19384 人。全市获国家科技奖 5

项,自然科学奖 6 项,发明奖 7 项。新认定的省级高新技术产品 10 项,组织实施的省重大科技成果转化专项资金项目 11 项,认定国家重点新产品项数 12 项。新增省科技创新团队 3 个,省双创博士企业创新类 3 名,新增中国驰名商标 11 件。高新技术产业化步伐加快。全年实现高新技术产业产值 4751.99 亿元,比上年增长 16.0%,快于规模以上工业 1.1 个百分点,高新技术产业产值占规模以上工业的比重为 42.5%,比上年提高 1.3 个百分点;高新技术产业完成投资 472.17 亿元,增长 20.6%。

生事业加快发展。年末拥有各类卫生机构 1970 家,其中医院、卫生院 175 家,卫生防疫防治机构 12 个,妇幼卫生保健机构 6 个;各类卫生机构拥有病床 21874 张,其中医院、卫生院 21500 张;拥有卫生技术人员 31000 人,其中执业(助理)医师 11300 人、注册护士 8769 人。其中乡镇卫生院 151 个,床位 7204 张,卫生技术人员 7198 人;乡村医生和卫生员 3959 人。新型农村合作医疗人口覆盖率 100%。

生态文明建设成效显著。市本级通过省级生态市考核验收,姜堰、海陵、高港通过国家级生态区考核验收,泰兴、靖江分别通过国家级生态市考核验收和技术评估,兴化通过省级生态市考核验收,新增 4 个国家级生态镇。实施大气环境监测和重污染天气预警,狠抓重点流域水污染防治和饮用水源地专项整治,城市空气质量达到及好于二级标准天数比例达到 71.2%,环境污染治理项目 1316 个;地表水好于Ⅲ类水质比例达到 84.2%;城镇污水达标处理率达 85.5%,生活垃圾无害化处理率达 80.8%,村庄环境整治达标率 100%。加强绿色泰州建设,城镇建成区绿化覆盖率 33.4%。

保障水平不断提高。城乡基本社会保险覆盖率达 98.0%,年末全市城镇职工基本养老保险参保人数达 83.78 万人,城乡居民社会养老保险参保人数达 120.34 万人,基本医疗保险参保人数达 470.57 万人,失业保险参保人数达 63.78 万人,工伤保险参保人数达 82.52 万人。城乡低保户数分别为 8119 户、47861 户,低保人数分别为 12987、73593 人。全年累计投入低保资金 2.2 亿元,城市居民最低生活保障标准提高到 570 元/月/人,农村提高到不低于 420 元/月/人,靖江市、海陵区、高港区、医药高新区实现城乡低保标准一体化。医疗救助比例提高到 70%,全年救助城乡困难群众 22.4 万人次,累计支出资金 8664.2 万元。发挥临时救助应急救难功能,对因病、因灾及子女就学等原因造成基本生活出现暂时困难的家庭发放一次性生活补助金,累计投入资金 2573 万元,救助困难家庭 8 万户次。

二、2015 年泰州市财政收支概况

财政收支平稳增长。全年完成公共财政预算收入 322.22 亿元,比上年增长 13.9%,其中,税收收入完成 262.09 亿元,增长 13.7%,税收收入占公共财政预算收入的比重为81.3%。全年公共财政预算支出 432.30 亿元,比上年增长 16.5%,公共

财政预算支出中,公共安全支出 25.10 亿元,增长 10.5%;教育支出 68.66 亿元,增长 15.9%;科学技术支出 8.03 亿元,增长 4.9%;文化体育与传媒支出 6.72 亿元,下降 7.4%;社会保障和就业支出 36.94 亿元,增长 17.3%;医疗卫生支出 39.87 亿元,增长 26.5%;节能环保支出 9.46 亿元,下降 6.2%;城乡社区事务支出 59.08 亿元,增长 27.8%;交通运输支出 10.11 亿元,增长 6.6%。

三、2015 年泰州市财政工作成效

(一)推进发展力度进一步体现

积极应对经济下行压力,集中财力支持经济发展转型升级。加大财政上争力度,获得医疗卫生体系建设和生态修复工程一次性补助 1 亿元,对泰州学院连续四年、每年 3000 万元的补助。市财政预算安排转型升级发展专项资金 2.5 亿元,支持传统产业加大技术改造力度,加快实现提档升级。安排服务业发展专项资金 6740 万元、文化产业发展专项资金 5644 万元、农业发展专项资金 1.03 亿元、科技进步资金 4400 万元、人才资金 9160 万元,大力支持产业结构调整,促进新兴产业加快发展。安排区域经济发展专项资金 1 亿元,支持凤城河风景区、新能源产业园、核心港区等功能园区建设,努力培植新的经济增长点。

(二)组织收入水平进一步提升

面对"收入增幅下滑、收支矛盾加剧、债务风险加大"为特征的财政发展"新常态",市财政部门及时调整完善财政收入征收考核奖励办法,促进财政收入稳步增长、质量同步提升。在对征管地区实施考核的同时,要求各地区加强对乡镇(街道)和功能园区的考核,共同促进征管,在此基础上,严格考核,按季兑现。开展了建筑业企业和微税企业等税收贡献度提升调查。充分发挥综合治税平台对实现依法征收、应收尽收的保障作用,不断扩大覆盖范围、完善治税功能、提高管理水平。目前,综合治税平台已实现市区全覆盖,平台数据做到市区共享,平台运转三年多来累计查补税款 31 亿元,其中 2015 年排查税款 10.5 亿元。

(三)保障民生重点进一步突出

按比例进一步压缩行政运行成本,用于及时兑现各项民生普惠政策的提标、提档、提补需求,2015 年,全市财政民生类支出占一般公共预算支出的 76.8%。市财政预算安排各类民生资金 3.2 亿元,专项用于发展教育、引导就业、社会养老、公共卫生、医疗救助、公共交通等。安排城市建设和维护资金 1.6 亿元、生态市建设专项资金 2739 万元,支持文明城市、卫生城市和生态城市建设,加强节能减排,改善投资环境,美化人居环境。支持深化医药卫生体制改革,全市 11 家公立医院改革稳步推进,积极探索多元化办医格局,促进公立医疗机构与非公立医疗机构共同发展。认真做好机关事业单位养老保险和职业年金改革、公务用车改革的相关工作。

（四）债务管控机制进一步完善

完成了 2014 年地方政府存量债务清理甄别情况上报和 2015 年土地储备融资规模控制卡申报，市土地开发储备中心获批 2015 年可融资规模 9.2 亿元。充分运用地方政府债券工具，加大上争地方政府债券力度，2015 年市区共获得省转贷地方政府债券资金 115.4 亿元。加强对政府投融资平台公司政府债务数据的收集，强化融资平台融资和担保审核，控制市级融资平台直接债务和担保债务增长。创新市级平台投融资渠道，积极探索通过建立基金方式优化债务结构、压降负债成本。积极推进 PPP(政府与社会资本合作)模式推广运用，3 个项目通过省试点，总投资规模将达 36 亿元。

第十章　连云港市 2015 年经济与财政运行

一、2015 年连云港市经济运行概况

2015 年连云港市坚持稳中求进的工作总基调,以改革创新促发展,以扩大开放求突破,着力加快转型升级,促进经济提质增效。全市经济运行稳中有进,战略地位不断提升,综合实力日益增强,产业发展、城乡面貌、港口建设、人民生活发生显著变化。

综合实力明显增强。经济总量不断扩大,2015 年全市地区生产总值 2160.64 亿元,较上年增长(下同)10.8%;总量迈上 2000 亿元新台阶,较上年增加 194.75 亿元,增速较上年快 0.6 个百分点。人均地区生产总值 48416 元,增长 10.3%,较上年增加 4139 元;固定资产投资 2077.35 亿元,增长 21.0%;社会消费品零售总额 830.71 亿元,增长 12.4%;一般公共预算收入 291.77 亿元,增长 11.5%。

人口规模有序扩大。2015 年末户籍总人口 530.56 万人,比上年末增加 4.04 万人,其中市区 220.72 万人。常住总人口 447.37 万人,较上年末增加 2.20 万人,其中市区 207.73 万人。常住人口出生率 11.92‰,自然增长率 4.93‰。

居民收入增长较快。2015 年全市居民人均可支配收入 19418 元,增长 9.1%。城镇居民人均可支配收入 25728 元,增长 9.0%。其中工资性收入 14018 元,增长 8.7%;经营净收入 5125 元,增长 6.1%;财产性收入 2033 元,增长 10.1%;转移性收入 4552 元,增长 13.2%。城镇居民人均消费 17259 元,增长 7.8%。农村居民人均可支配收入 12778 元,增长 9.2%。其中工资性收入 5908 元,增长 9.6%;家庭经营收入 4528 元,增长 6.9%;财产性收入 164 元,增长 12.6%;转移性收入 2177 元,增长 13.1%。农村居民人均消费支出 9052 元,增长 9.3%。

产业基础不断夯实。2015 年装备制造、石化产业产值均达千亿规模,新医药、新材料、新能源共实现工业总产值 1935.02 亿元。全市工业百亿特色产业 12 个,产值过百亿企业 7 家。开发园区集约化开发水平不断提升。现代农业稳步发展,主要粮食作物生产基本实现机械化,粮食实现"十二连丰"。物流、金融、旅游等服务业加快发展。新增国家 4A 级旅游景区 1 个,接待国内外游客 2684.77 万人次,增长 11.1%;实现旅游收入 343.92 亿元,增长 13.7%。

结构调整不断加快。全市三次产业结构由上年的 13.3∶45.3∶41.4 调整为

2015 年的 13.1∶44.4∶42.5,第一产业增加值占 GDP 的比重下降 0.2 个百分点,第二产业占比下降 0.9 个百分点,第三产业占比提高 1.1 个百分点。港产城融合发展步伐加快。以港口为龙头的航道建设、码头建设持续推进;以提升城市功能为重点的功能新区、公共交通、城市道路建设取得新进展。

工业经济运行平稳。2015 年规模以上工业总产值 5574.55 亿元,增长 13.2%;增加值 1156.50 亿元,增长 12.9%;销售收入 5416.66 亿元,增长 12.2%;利税总额 678.33 亿元,增长 10.9%;利润总额 420.87 亿元,增长 13.0%;资产负债率为 52.3%。高新产业快速发展。2015 年高新技术产业产值 2181.15 亿元,增长 19.0%;总量占全市规模以上工业总产值的 39.1%,增幅高出 5.8 个百分点,对全市工业总产值增长的贡献率达 53.4%,拉动全市工业总产值增长 7.1 个百分点。临港产业平稳发展。产业集中程度不断提高,2015 年石化产业和装备制造业产值均超过千亿,分别达到 1201.53 亿元、1053.72 亿元;冶金业产值接近千亿,为 974.19 亿元。以上三大产业产值占全市规模以上工业总产值的 57.9%。工业产值过亿元企业 854 家,较上年增加 110 个;亿元以上企业占规模以上工业企业的比重为 52.2%,较上年高 3.6 个百分点。

港口支撑作用提升。2015 年港口货物吞吐量 2.11 亿吨,增长 0.3%,其中内贸吞吐量首次跨上亿吨台阶,达到 1.11 亿吨,增长 11.1 %,增幅较上年高 6.9 个百分点;集装箱运量 501 万标箱。依托港口优势,全市石油化工、钢铁冶金、机械装备等临港产业不断发展,三大产业的支撑作用不断增强。全市 20 强企业中,16 个企业是与港口有关的产业,前四大企业均为近几年投产的百亿元以上临港石化、钢铁企业。

科技创新取得较大进展。创新能力提升,全社会 R&D 投入占 GDP 的比重 1.7%左右,科技进步贡献率达到 53%,获评"全国科技进步先进市"。连云港高新区升格为国家级高新区;新获批建设国家级农业科技园区、省级东海高新区;重点产业领域突破一批关键核心技术,荣获国家科技进步一等奖 1 项、二等奖 6 项;荣获中国专利奖金奖 3 项;恒瑞医药成功向美国市场转让创新药品,康缘药业智能制造经验全国推广,正大天晴、豪森药业等 4 家企业跻身全国医药企业创新力 20 强。

社会保障体系取得新发展。覆盖城乡居民的社保体系基本形成,职工"五险"覆盖率稳定在 95%以上;在苏北率先实现城乡居民养老保险制度一体化,参保覆盖率达 99.9%。完成企业退休人员基本养老金"十一连"调和城乡居保基础养老金"四连"调工作,启动实施职工大病保险制度,截止到 2015 末累计。在全省率先实现机关事业单位离退休人员养老金社会化发放。大病保险制度实现参保人群全覆盖。

教育事业健康快速发展。教育现代化发展水平不断提高。全市中小学国家教育信息化达标率 80%,学校光纤接入率 100%,公共资源平台和公共管理平台覆率 100%。职业教育特色创新发展。职业教育招生 2.03 万人,创建省高水平现代化学校 3 所,省高水平示范性实训基地 2 个、省级品牌和特色专业 7 个,新增五年制高职专业 1 个。高等教育发展层次提升。淮海工学院启动博士联合培养工作,国家级博士后科研工作站获批。新增本专科教学基地 10 个、研究生实践基地 8 个、省级品牌专业 4 个,申报双创人才项目 12 个。教师队伍优质资源实现共享。开展"百位名师百乡行"47 场,创建农村中小学自主发展示范校 40 所,选派农村教师出国培训 55 人。培养乡村骨干班主任和骨干教师 1350 名。

文化事业繁荣发展。"一带一路"文化交流取得新成绩。女子民乐团参加乌兹别克斯坦"东方旋律"艺术节并荣获最高奖。组织江苏女子民族乐团"中国梦·丝路情"沿海城市巡演,参加"江苏文化产业伊犁行活动周"并演出 5 场;举办第二届丝绸之路艺术摄影大展,首届丝路摄影大展佳作亮相首都机场"文化国门"。承办 2015 西游记文化节系列活动 50 余项。举办第七届文化产品博览会,招展 400 多家企业、8000 余种文化产品,吸引 10 万人次参观,交易额达 8000 余万元。举办首届西游记文化与创意产业论坛。推进海上丝绸之路申遗,连云港成为《中国世界文化遗产预备名单》中"海上丝绸之路中国段"的申遗点之一。实施《连云港山海文化生态保护试验区总体规划》,认定连云港市第五批非物质遗产名录传承基地 24 家,命名 13 个优秀非物质遗产传承人。

生态文明建设取得新成绩。落实 166 项生态文明建设工程。东海县建成国家级生态县,赣榆区通过国家级生态区技术评估。国家级、省级生态乡镇覆盖率分别为 25%、75%,建成国家级生态村 7 个,省级生态村 60 个。推进农村环境综合整治,76 个涉农乡镇(街道)农村环境综合整治全覆盖。建成大气环境监测超级站,实现对空气中挥发性有机物、离子组分等实时解析。2015 年全市优良天数累计 260 天,优良率 71.2%,与上年相比优良天数增加 10 天,优良率上升 1.8%。市区 PM2.5 浓度均值 55ug/m³,比上年下降 9.8%;PM10 浓度均值 94ug/m³,比上年下降 15.3%。全市 86 个水质监测断面达标率 69.8%,水质达到 III 类及以上断面占 52.3%,IV 类水比例 24.4%,V 类水比例 1.2%,劣 V 类水比 22.1%。其中 42 个省控断面中水质达到 III 类及以上断面占 45.2%,劣 V 类占 28.6%。

二、2015 年连云港市财政收支概况

2015 年一般公共预算收入 291.77 亿元,较上年增加 30 亿元,增长 11.5%。其中,税收收入 237.55 亿元,占一般公共预算收入的 81.4%。分县区完成情况如下:东海县完成 41 亿元,增长 10.3%;灌云县完成 39.3 亿元,增长 10.5%;灌南县完成 38.8 亿元,增长 10.4%;赣榆区完成 44.5 亿元,增长 10.8%;市区(不含赣榆区,下同)完成 128.2 亿元,增长 12.9%。

一般公共预算支出 429.78 亿元,增长 14.5%。分县区完成情况如下:东海县

完成 69 亿元,增长 11.8%;灌云县完成 64.3 亿元,增长 15.4%;灌南县完成 60.1 亿元,增长 14.5%;赣榆区完成 75.1 亿元,增长 12.9%;市区完成 161.3 亿元,增长 15.6%。用于民生支出超过七成,其中教育支出 72.48 亿元,增长 7.6%;社会保障和就业 35.52 亿元,增长 21.1%;医疗卫生 28.65 亿元,增长 23.5%;城乡社区事务 87.12 亿元,增长 17.5%。

三、2015 年连云港市财政运行特点

(一)财政收入平稳增长

扎实开展"企业服务年"活动,做好与企业的政策、信息和服务对接。健全国税地税财政部门联席会议制度,加强财税收入形势分析研判。深入推进综合治税体系建设,加强对重点行业、领域税源监管,防止"跑冒滴漏"。加强非税收入征收管理,落实国家和省出台的各项非税收入征缴政策,确保非税收入及时足额缴库。

(二)提振经济积极有效

争取"连新亚"国际出口班列、连盐铁路建设、徐圩港区防波堤工程等各类资金 42 亿元,争取地方政府债券资金 30.86 亿元。推进"三一三互"、中小企业培育等公共创新平台建设,引导创新资源和创新要素向企业集聚。设立"苏科贷"等融资风险补偿资金池,助力中小企业做大做强。落实"营改增"、小微企业所得税优惠等政策,清理行政事业性收费项目 137 项,其中取消 65 项、暂停征收 16 项、免征 39 项、降低收费标准 17 项,激发市场活力。

(三)财政支出凸显民生

保障群众基本生活,城市低保标准提高至 490 元,农村低保标准提高至 380 元。企业离退休人员养老金实现"十一连调",城乡居民社会养老保险基础养老金实现"五连调",城乡居民基本医疗保险参保人员补助标准实现"五连调"。完善公共教育体系,提高教育事业保障水平,学前教育生均公用经费提高至每年 350 元,高中助学金标准提高至每人 2000 元,促进学前教育、义务教育、特殊教育均衡发展。深入推进医药卫生体制综合改革,落实政府对医疗卫生投入政策,健全医疗卫生体系,提升医疗保障水平。筹集 3600 万元,支持常规公交和 BRT 快速公交运营。促进城乡协调发展,完善强农惠农富农补贴和扶持政策。筹集 3.49 亿元,加快保障性安居工程建设。

(四)财税改革不断深入

出台《关于全面深化财税体制改革加快建立现代财政制度的实施意见》,发挥财税体制改革在全面深化改革中的基础性和支撑性作用。健全政府全口径预算体系,将所有政府资金纳入预算统一管理,加强各类财政资金统筹使用。做好预决算信息公开,有序推进所有预算单位部门预算公开和 52 家试点单位部门决算公开,同步推进各部门"三公"经费预算公开,积极打造阳光透明财政。贯彻落实国家盘

活财政存量资金要求,有效盘活存量资金 2.7 亿元。

(五)财政管理突出规范

严格预算执行,从严控制预算追加。健全绩效管理机制,细化绩效评价内容,切实提高财政资金使用效益。严守财经纪律,对 55 家市级机关及直属事业单位开展部门预算执行情况检查,对各县区执行财经纪律情况和全市机关事业单位津贴补贴和奖金发放情况进行检查。对地方政府债务实施限额管理,规范财政对外借款管理,压缩垫付资金和控制政府性债务规模。积极推广政府与社会资本合作(PPP)模式,认购江苏省 PPP 融资支持基金 5000 万元。

第十一章　徐州市财政收支运行情况

一、2015 年财政预算执行情况

2015 年积极应对经济发展"新常态",发挥财政职能作用,深入实施"八项工程",全力支持"三重一大",着力促进"四个转型"。全市财政运行良好,收入质量进一步提升,重点支出得到有力保障,财税体制改革有序推进,圆满完成了预期任务。

全市一般公共预算收入 530.68 亿元,完成年度预算 102.1%,增长 12.4%,其中:税收收入 429.13 亿元,增长 11%;非税收入 101.55 亿元,增长 18.2%。

全市一般公共预算支出 752.42 亿元(预计,下同),完成调整预算 96.8%,增长 13.7%。其中:教育支出 148.07 亿元,增长 12.2%;农林水支出 130.95 亿元,增长 18.3%;城乡社区支出 107.21 亿元,增长 10.2%;社会保障和就业支出 67.51 亿元,增长 4.7%;一般公共服务支出 61.69 亿元,增长 7.6%;医疗卫生与计划生育支出 58.62 亿元,增长 11.9%;公共安全支出 35.24 亿元,增长 5.4%;科学技术支出 19.18 亿元,增长 9.7%。市本级一般公共预算收入 109.6 亿元(含徐州经济技术开发区 35.11 亿元,以下简称"开发区",下同),超收 14.6 亿元,增长 18.6%;加上中央和省补助收入、下级上解收入和上年结转资金,收入合计 156.47 亿元。市十五届人大四次会议审查批准的市本级全口径一般公共预算支出预算 128.63 亿元;市十五届人大常委会第二十八次会议调整为 156.47 亿元。市本级一般公共预算支出 138.64 亿元(含 3 开发区 22.84 亿元),完成调整预算 88.6%,增长 3.8%。收支相抵实现收支平衡。市本级政府性基金收入 109.9 亿元(含开发区 31.6 亿元),完成调整预算 124.5%,下降 37.4%,主要是国有土地使用权出让收入减收;加上中央和省补助收入、下级上解收入和上年结转资金,收入合计 118.56 亿元。市本级政府性基金支出 113.07 亿元(含开发区 31.63 亿元),完成调整预算 95.4%,下降 36.4%。收支相抵实现收支平衡。市本级国有资本经营预算收入 1.8 亿元完成年度预算 137.4%,下降 36.5%,主要是徐工集团亏损。市本级国有资本经营预算支出 1.8 亿元,完成调整预算 100%,其中统筹国有资本经营预算调入一般公共预算支出 0.43 亿元。收支相抵实现收支平衡。市本级社会保险基金收入完成 125.13 亿元,完成年度预算 96.2%,增长 12.2%。市本级社会保险基金支出 123.07 亿元,完成年度预算 98.6%,增长 14.9%。收支相抵,社会保险基金本年结余 2.06 亿元,年末累计结余 71.05 亿元。

二、2015 年财政运行分析

(一)取得的成效

1. 财政综合实力跃上新台阶

2015 年,面对宏观经济环境偏紧、传统动力明显减弱、经济下行压力加大的复杂形势,通过加强重点税源变化的动态分析,依法组织收入,超额完成年度收入任务。一是收入总量跃上 500 亿元。一般公共财政预算收入 530.68 亿元,首次突破五百亿元,超额完成收入目标,总量稳居全省第 5 位。二是收入增速稳定在合理区间。一般公共预算收入增长 12.4%,连续 10 年高于全省平均增幅。三是收入质量稳步提升。税收收入完成 429.13 亿元,税收占比 80.9%,量质齐升。四是政策资金争取成效显著。主动对接上级政策,结合徐州实际,评估分析财政承担能力,梳理政策清单,建立项目库,积极争政策、争资金、争项目、争示范,全年争取上级专项资金 109.59 亿元,提升本市的综合竞争力。

2. 创新支持方式,经济转型升级取得新成效

主动适应经济发展新常态,创新财政支持经济发展方式,更多依靠市场力量,更多运用改革办法,推动经济平稳运行。一是落实减税清费政策。推动"营改增"等结构性减税政策顺利实施;加大收费清理力度,全年取消 7 项、暂停征收 8 项、小微企业免征 43 项行政事业性收费,切实减轻企业负担。二是支持调结构促转型。统筹安排财政资金,大力支持科技创新,全年科技投入 19.18 亿元,增长 9.7%。发挥财政资金杠杆作用,市财政设立产业发展基金 10 亿元,引导 90 亿元社会资本投入,重点支持千亿元产业转型升级、新兴产业加快发展、初创期和成长期科技企业成长壮大。采取"拨改投"办法投资 10650 万元,带动社会资本 6 亿元。三是支持重大项目建设。编制《徐州市城 6 建重点工程三年(2015—2017 年)滚动预算》,通过"直接投入+政府债券+社会资本"投融资方式,优化资源资金配置。2015 年市财政筹集、拨付市城建重点工程资金 55.96 亿元,增长 58.4%。提高固定资产投资在经济增长中的贡献率。四是加快 PPP 模式推广应用。通过 PPP 解决公益性和功能性项目投融资问题。建立 PPP 项目库,入库项目 45 个、总投资 1420 亿元。通过推广应用 PPP 模式,有效解决项目投资、建设、营运、全周期管理问题,实现公共服务的"合作供给"和"有效供给",有效防控债务风险。五是促进区域经济协调发展。积极推进徐州经济技术开发区提档升级、支持铜山跨越、突破睢宁和丰县崛起,推动徐州高新区加快发展、贾汪区转型发展,加快两区全面融入主城区,推进城乡一体化进程。

3. 优化支出结构,保障和改善民生取得新进展

全市一般公共预算支出中,用于民生及社会事业发展方面支出 604.65 亿元,

占比 80.4％,较上年提高 2.4 个百分点,有力保障了市委、市政府重大决策部署落实和民生实事实施。一是着力支持教育优先发展。全市教育投入 148.07 亿元,增长 12.2％,重点支持基础教育均衡发展、职业教育提质发展、高等教育转型发展,促进教育公平。二是着力完善社会保障体系。全市社会保障投入 67.51 亿元,及时足额落实各项社保提标、提档、提补政策,实施机关事业单位养老保险制度改革,统筹城乡居民养老保险体系建设。三是着力深化医疗卫生体制改革。全市医疗卫生事业投入 58.62 亿元,重点支持基本药物制度改革和公立医院综合改革,使老百姓享受到更高水平的医疗服务保障。四是着力支持农业现代化。全市"三农"投入 130.95 亿元,重点用于新型农业经营体系、黄河故道综合开发、水利现代化工程等方面。五是着力推进住房保障体系建设。市财政筹集拨付保障房建设资金 3.52 亿元,支持棚户区改造和公共租赁住房建设,市区保障性安居工程新开工 17654 套,基本建成 16717 套。

4. 深化预算改革,财政管理水平实现新突破

一是统筹管理。健全预算体系,统筹编制一般公共预算、政府性基金预算、国有资本经营预算、社会保险基金预算,将政府债务纳入预算编制范围,做到应编尽编。按规定收缴国有资本收益,加大国有资本经营预算资金调入一般公共预算力度。加大政府性基金预算与一般公共预算统筹力度,将地方教育费附加等 11 项政府性基金转列一般公共预算。编制中期财政规划,建立跨年度预算平衡机制。二是规范管理。认真执行市人代会批准的收支预算,在《预算法》规定时限内批复市本级部门预算,严格控制预算调整,完善支出进度考核办法,增强预算支出执行的时效性和均衡性。建立财政结余结转资金定期清理机制,市区一般公共预算年度结余压缩至 8％以内。全面清理财政沉淀资金,盘活存量资金。

5. 有效防控风险,构建政府债务管理新机制

一是实行计划管理。按照"统筹存量、控制增量、盘活续贷"原则,合理配置政府资源,统筹平台公司投融资进度,保障资金接续及重大项目建设需求。二是控降融资成本。市级融资平台公司平均融资综合成本控制在 6％左右,较上年初下降 2.46 个百分点,融资成本全省最低。三是发行地方政府债券。市区到账地方政府债券资金 73.92 亿元,成本在 4％以下。四是创新投融资方式。及时跟进国家重大投融资政策,主动对接政策性金融机构、资本市场,有效利用多种金融工具,拓展投融资渠道,控减投融资成本。

（二）面临的任务

保持稳速提质增效,实现财政收入稳定增长;优化财政支出结构,提升民生幸福保障水平;贯彻积极财政政策,激发市场主体发展活力。推动体制机制创新,建立健全现代财政制度;加强政府债务管理,有效防控化解债务风险。

第十二章　镇江市 2015 年财政收支运行情况

一、2015 年全市财政总决算情况

2015 年全市一般公共财政收入预算预期增幅为 9%,总量 3000000 万元。2015 年全市一般公共预算收入 3028468 万元,同比增长 9%,完成年度预算的 100.9%,合计上级补助收入、上解上级支出、调入资金等,当年可用总财力 3507234 万元。2015 年全市一般公共预算支出 3487276 万元,市本级及各辖市区均实现财政收支平衡。

二、2015 年市本级财政总决算情况

(一)市本级一般公共预算收支决算

1. 市本级一般公共预算收入

2015 年市本级(含市直和新区,下同)一般公共财政收入预算为 1122889 万元,调整后收入预算为 1145189 万元。2015 年市本级完成一般公共预算收入 1214415 万元,同比增长 9.4%,完成收入预算的 106%。其中,市直完成一般公共预算收入 714329 万元(其中,直属收入 375691 万元,与辖区共享收入 338638 万元),同比增长 15%,完成收入预算的 110.7%;新区完成一般公共预算收入 500086 万元,同比增长 2.2%,完成收入预算的 100%。

2. 市本级一般公共预算支出

2015 年市本级一般公共财政支出预算为 1099107 万元,调整后的支出预算为 1151881 万元,合计上年结转支出、上级补助支出以及补助下级支出等,市本级财政总支出预算为 1553719 万元。2015 年市本级一般公共预算支出 1310628 万元,同比增长 11.9%,完成支出预算的 84.4%。其中,市直一般公共预算支出 908693 万元,同比增长 17%,完成支出预算的 81.3%;新区一般公共预算支出 401935 万元,同比增长 1.8%,完成支出预算的 92.3%。

(1)市直一般公共预算主要支出分科目执行情况(含上年结转、上级补助等)

一般公共服务支出 97730 万元,完成年度调整预算的 90.2%,增长 20.4%,增幅较大主要是 2015 年实施机关事业单位养老保险改革,机关人员工资政策调整、养老保险缴费政策调整等因素导致政策性增支较多。公共安全支出 82497 万元,完成

年度调整预算的 88.6%,增长 12.2%。教育支出 99766 万元,完成年度调整预算的
83.2%,增长 28.8%。科学技术支出 34582 万元,完成年度调整预算的 92.9%,下
降 1.8%,主要原因是中央、省、市对区县级转移支付较 2014 年减少 1378 万元。剔
除上述因素,支出实际增长 5.2%。文化体育与传媒支出 25582 万元,完成年度调
整预算的 94.1%,增长 4.3%。社会保障和就业支出 84795 万元,完成年度调整预
算的 91.9%,增长 11.4%。医疗卫生与计划生育支出 63111 万元,完成年度调整预
算的 97.6%,增长 16.8%。节能环保支出 95866 万元,完成年度调整预算的
69.4%,增长 149.7%,增幅较高的原因:一是贯彻市委、市政府"生态立市"战略部
署,大幅增加了生态环保领域投入;二是中央下达 4 亿元的"海绵城市"专项补助资
金在当年全部列支,形成较大的增量支出。城乡社区支出 97369 万元,完成年度调
整预算的 81%,下降 3%,主要原因是 2015 年污水处理费收入 1.45 亿元,按规定由
一般公共预算转列政府性基金预算,对应支出科目进行调整。剔除上述因素,支出
实际增长 13.4%。

农林水支出 58622 万元,完成年度调整预算的 60.1%,增长 20.5%。交通运输
支出 21150 万元,完成年度调整预算的 81%,下降 51.5%,降幅较大的主要原因:一
是 2015 年以后对市区重点交通设施建设投入,主要通过政府债券支持,不再安排
项目补助;二是对城市公交的专项补助从"交通运输支出"调整为"城乡社区支出"。
剔除上述因素,支出实际增长 7.7%。资源勘探信息支出 45061 万元,完成年度调
整预算的 87.9%,同比下降 20.1%,主要原因是 2014 年基数中包含国有资本经营
收益支出,2015 年按全口径预算要求国有资本经营收益预算已单独编制。剔除上
述因素,支出实际增长 14.4%。商业服务业支出 11914 万元,完成年度调整预算的
80.9%,下降 8.3%,主要原因是中央、省、市对区县级转移支付较 2014 年减少了
1074 万元。剔除上述因素,支出与 2014 年持平。国土海洋气象支出 11928 万元,
完成年度调整预算的 42.5%,增长 20.8%,完成预算比例较低主要原因是省专项转
移支付下达较晚及预算单位项目支出进度较慢。住房保障支出 41381 万元,完成
年度调整预算的 92%,增长 47.6%,增长较快主要原因是中央、省级下达的"保障
性安居工程专项资金"与"棚户区改造专项资金"分别较 2014 年增加了 5500 万元
和 4434 万元。

(2)新区一般公共预算主要支出分科目执行情况(含上结转和上级补助等)一
般公共服务支出 24221 万元,完成年度调整预算的 93.2%,下降 6%。公共安全支
出 10423 万元,完成年度调整预算的 96.9%,下降 3.5%,剔除交通设施建设、应急
物资购路等一次性投入减少 1117 万元,支出实际增长 7.6%。教育支出 44938 万
元,完成年度调整预算的 98.8%,增长 23.1%。科学技术支出 26853 万元,完成年
度调整预算的 88.1%,下降 4.7%,主要原因是上级专项转移支付减少 1326 万元。
剔除上述因素,支出与 2014 年基本持平。文化体育与传媒支出 7021 万元,完成年

度调整预算的 98.6%,增长 40%,主要是新区体育设施建设投入增加了 1693 万元。社会保障和就业支出 5962 万元,完成年度调整预算的 77.6%,增长 0.5%。医疗卫生与计划生育支出 8320 万元,完成年度调整预算的 86.5%,增长 18.1%,主要是新型农村合作医疗提标增支 825 万元。节能环保支出 9414 万元,完成年度调整预算的 44.8%,增长 0.1%。城乡社区支出 210946 万元,完成年度调整预算的 99.9%,增长 4.1%。农林水支出 14575 万元,完成年度调整预算的 78.5%,增长 3.9%。交通运输支出 166 万元,完成年度调整预算的 49.7%,下降 76.1%,主要是上级专项转移支付较 2014 年减少了 529 万元。资源勘探信息支出 16723 万元,完成年度调整预算的 73.2%,下降 25.3%,主要是兑现各项优惠政策资金较 2014 年减少了 4449 万元。商业服务业支出 3628 万元,完成年度调整预算的 90%,下降 69.7%,主要是上级专项转移支付较 2014 年减少了 1783 万元。住房保障支出 14329 万元,完成年度调整预算的 88.8%,增长 242.1%,主要是上级专项转移支付较 2014 年增加了 7524 万元。

3. 市本级一般公共预算收支平衡情况

根据现行财政体制,2015 年市本级一般公共预算收入 1214415 万元,合计上级补助收入、下级上解收入、债券转贷收入、调入资金、上年结余等,预算总收入 2550342 万元。其中:市直预算总收入 1678942 万元,新区预算总收入 871400 万元。各项收入全部安排支出,收支相抵当年财政预算收支平衡。

(二)市本级政府性基金收支决算

2015 年市本级政府性基金收入预算为 881105 万元,受土地市场低迷、土地出让收入低于预期影响,收入预算调整为 665500 万元。2015 年市本级完成政府性基金收入 745975 万元,同比增长 7.8%,完成收入预算的 112.1%。其中,市直政府性基金收入 258618 万元,同比下降 29.4%,完成收入预算的 143.7%,降幅较大主要是国有土地使用权出让收入比上年减收 6 亿元。新区政府性基金收入 487357 万元,同比增长 49.5%,完成收入预算的 100.4%。市七届人大四次会议通过的 2015 年市本级政府性基金支出预算为 881105 万元,调整后支出预算 676399 万元,合计上年结转、上级补助等,市本级政府性基金支出总预算 1211026 万元。2015 年市本级政府性基金支出 830500 万元,同比增长 27.5%,完成支出预算的 68.6%。其中,市直政府性基金支出 357514 万元,增长 10.6%,完成支出预算的 49.1%。支出预算完成比例较低,主要是按现行土地核算办法,部分土地出让收入对应的支出需结转下年。新区政府性基金支出 472986 万元,增长 44.1%,完成支出预算的 98%。

(三)市本级社保基金收支决算

市七届人大四次会议通过的 2015 年市本级社保基金收入预算为 576139 万元,调整后收入预算为 638695 万元。2015 年市本级社保基金收入合计 647846 万元,同口径增长 14.6%,完成收入预算的 101.4%。市七届人大四次会议通过的 2015 年市本级社保基金支出预算为 557644 万元,调整后支出预算为 620200 万元,2015 年市本级社保基金支出 610962 万元,同比增长 16.7%,完成支出预算的 98.5%。由于城市人口老龄化程度加快,近年市区社保基金收支结构发生较大变化,特别是企业职工养老保险连续 11 年提高发放标准后,养老保险基金收入增长已难以满足日益加大的刚性增支需求,2015 年市区养老保险基金当年收支已出现缺口,总量超过 4 亿元。为确保企业职工养老金及时足额发放,各级各部门采取加大扩面征缴力度、争取省补资金支持、调入往年结余以及财政本级兜底安排等措施,扩宽养老保险基金筹集渠道,2015 年市本级养老保险实现总收入 429084 万元,完成支出 427812 万元,实现基金收支平衡。

（四）市本级国有资本经营收支决算

市七届人大四次会议通过的 2015 年市本级国有资本经营收入预算为 20000 万元,调整后收入预算为 16720 万元。2015 年市本级国有资本经营收入 16749 万元,完成收入预算的 100.2%。其中,市直国有资本经营收入 13029 万元,完成收入预算的 100.2%;新区国有资本经营收入 3720 万元,完成收入预算的 100%。市七届人大四次会议通过的 2015 年市本级国有资本经营支出预算为 20000 万元,调整后支出预算为 16720 万元。2015 年市本级国有资本经营支出 15720 万元,完成支出预算的 94%。其中,市直国有资本经营支出 12000 万元,完成支出预算的 92.3%;新区完成国有资本经营支出 3720 万元,完成支出预算的 100%。

（五）市本级地方政府债券资金转列预算情况

2015 年市本级获得省代发的地方政府债券 801700 万元,其中置换债 718700 万元、新增债 83000 万元。置换债全部用于置换和消化地方存量债务,安排对应偿债支出。新增债全部用于安排市区公益性市政设施建设,其中,用于五凤口高架工程 45000 万元,用于 312 国道南移工程 38000 万元;按债券类别分列列支市直一般公共预算支出 26000 万元,政府性基金支出 57000 万元。需要说明的是,按照现行财政体制,"三山"景区 2015 年 1—8 月份完成一般公共预算收入 2840 万元,一般公共预算支出 2139 万元。市委深改组镇委改〔2015〕1 号文明确撤并原"三山"景区管委会,不再保留原三山景区管委会的财税职能。"三山"景区预算收支核算截至 2015 年 8 月底,今后预算年度不再反映,结余资金全部按规定统筹收回使用。

第十三章　淮安市财政收支运行情况

2015 年淮安市各级财政部门紧紧围绕"上水平"之年总体部署,牢牢把握稳中求进工作总基调,积极应对错综复杂的宏观环境变化,不畏压力和挑战,纾解困难和风险。几项核心指标考核均在全省名列前茅,加强制度建设,完善内部科学管理,不断增强财政服务大局的能力,不断提升财政服务发展的水平,为全面完成"十二五"规划和全市经济社会健康发展做出贡献。

一、2015 年财政收支情况

(一)一般公共预算收支决算情况

全市情况:2015 年全市一般公共预算收入实现 350.3 亿元,增长 13.5%。一般公共预算收入加上上级补助收入 166.1 亿元、债务转贷收入 143.1 亿元、上年结余结转 40.2 亿元、调入预算稳定调节基金 4.9 亿元、调入资金 32.6 亿元,收入方合计 737.2 亿元。2015 年全市一般公共预算支出完成 512.5 亿元,增长 18.7%。一般公共预算支出加上上解上级支出 44.7 亿元、债务还本支出 129.2 亿元、安排预算稳定调节基金 12.1 亿元、年终结余结转 38.7 亿元,支出方合计 737.2 亿元。收支相抵保持平衡。

市本级情况:2015 年市本级一般公共预算收入实现 30.7 亿元,增长 6.1%,完成预算的 104.1%。一般公共预算收入加上上级补助收入 89.3 亿元、下级上解收入 43.3 亿元、债务转贷收入 73.9 亿元、上年结余结转 6.3 亿元、调入预算稳定调节基金 4.9 亿元、调入资金 6.3 亿元,收入方合计 254.7 亿元。一般公共预算支出完成 66.8 亿元,增长 20.1%,加上专项补助下级支出,完成调整预算的 94%,比上年提高了 1.2 个百分点,超过省规定要求 2 个百分点。一般公共预算支出加上上解上级支出 30.1 亿元、补助下级支出 71.8 亿元、债券转贷支出 51.1 亿元、债务还本支出 20.6 亿元、安排预算稳定调节基金 8 亿元、年终结余结转 6.3 亿元,支出方合计 254.7 亿元。收支相抵保持平衡。

(二)政府性基金收支决算情况

全市情况:2015 年全市政府性基金收入 133.8 亿元(含国有土地出让金 121.7 亿元),增长 2%。基金收入加上上级补助收入 8.8 亿元、债务转贷收入 20.2 亿元、上年结余结转及调入资金 44.2 亿元,收入方合计 207 亿元。政府性基金支出 148

亿元,增长 14.4％。基金支出加上债务还本支出 17.6 亿元、上解上级支出 0.8 亿元、调出资金 12.6 亿元、年终结余结转 28 亿元,支出方合计 207 亿元。

市本级情况:2015 年市本级政府性基金收入 21.1 亿元(含国有土地出让金 17.8 亿元),下降 42.6％(主要是国有土地出让收入减少 13.8 亿元)。基金收入加上上级补助收入 4.3 亿元、一4一债务转贷收入 13.4 亿元、上年结余结转及下级上解收入 24 亿元、调入资金 0.3 亿元,收入方合计 63.1 亿元。2015 年市本级政府性基金支出 28.9 亿元,下降 15.8％。基金支出加上上解上级支出 0.4 亿元、补助下级支出 1.2 亿元、债务还本支出 5 亿元、债务转贷支出 8.5 亿元、调出资金 5 亿元、年终结余结转 14.1 亿元,支出方合计 63.1 亿元。

（三）社会保险基金收支决算情况

全市情况:2015 年全市社保基金收入 85.1 亿元,下降 6.8％。社保基金收入加上以前年度结余结转资金 91.5 亿元,收入方合计 176.6 亿元。2015 年全市社保基金支出 79.3 亿元,增长 19.6％。社保基金支出加上年终结余结转资金 97.3 亿元,支出方合计 176.6 亿元。

市本级情况:2015 年市本级社保基金收入 31.9 亿元,下降 17.6％(主要是 2014 年开发区和生态新城征地农民一次性缴费等增加了本级收入预算)。社保基金收入加上上年结余结转资金 33 亿元,收入方合计 64.9 亿元。2015 年市本级社保基金支出 30.6 亿元,增长 21.9％。社保基金支出加上年终结余结转资金 34.3 亿元,支出方合计 64.9 亿元。

（四）国有资本经营收支情况

2015 年市本级国有资本经营收入 1.3 亿元(主要包括从土地出让收入中统筹的收益以及企业上缴的利润等),支出 1.3 亿元,完成预算的 46％,主要是本级土地统筹收益少。

（五）部门收支决算情况

2015 年市本级部门预算单位收入合计 107.9 亿元,其中财政拨款资金 56.4 亿元、财政专户管理资金 2.6 亿元、其他资金 37.4 亿元、上年结余结转资金 11.5 亿元。支出合计 90.5 亿元,其中基本支出 59.6 亿元、项目支出 29.6 亿元,其他支出 1.3 亿元。年末结余结转资金 17.4 亿元,剔除年终拨付的机关事业单位在职人员养老保险等新增支出以及部分下划单位等,同比上年略有减少。

二、面临的新任务

全面深化财税体制改革,不断加强财政收支管理,统筹保运转、惠民生、促发展、调结构、防风险等各项工作。抢抓政策机遇,助推企业转型升级,有效组织收入,优化支出结构,支持城乡统筹发展,确保调资、民生等重点支出需要,加强制度建设,完善内部科学管理。

第十四章　盐城市财政收支运行情况

一、2015 年财政预算执收支情况

（一）一般公共预算

2015 年,全市实现一般公共预算收入 4774995 万元,完成预算（调整预算,下同）的 102％,比上年增收 594764 万元,增长 14.2％。一般公共预算支出 7460871 万元,完成预算的 93.8％,比上年增支 1428807 万元,增长 23.7％。2015 年,市本级实现一般公共预算收入 758546 万元,完成预算的 98.7％,比上年增收 78492 万元,增长 11.5％。

主要支出科目完成情况是:一般公共服务支出 120381 万元,增长 10.6％;公共安全支出 79126 万元,增长 18.3％;教育支出 160154 万元,增长 32.4％;科学技术支出 31580 万元,增长 1.19 倍;文化体育与传媒支出 21131 万元,增长 16.6％;社会保障和就业支出 61090 万元,增长 27.5％;医疗卫生与计划生育支出 57593 万元,增长 75.8％;节能环保支出 25843 万元,增长 1.64 倍;城乡社区支出 212882 万元,增长 26.9％;农林水支出 94279 万元,增长 26.5％;交通运输支出 104124 万元,增长 96.8％;资源勘探电力信息等支出 87085 万元,增长 47.1％;商业服务业等支出 14506 万元,增长 8.8％;住房保障支出 31672 万元,增长 8.4％。市本级当年财政收支平衡。

（二）政府性基金预算

2015 年,全市实现政府性基金收入 1054221 万元,完成预算的 90.3％,比上年减收 1239988 万元,下降 54％,主要是受宏观形势影响,土地成交量减少,国有土地使用权出让收入减收较多。政府性基金支出 1208488 万元,完成预算的 72.5％,比上年减支 1173355 万元,下降 49.3％,主要是国有土地使用权出让收入安排的支出减少。2015 年,市本级实现政府性基金收入 510533 万元,完成预算的 73.2％,比上年减收 193014 万元,下降 27.4％,其中城南新区完成预算的 36.6％,主要是城南新区国有土地使用权出让收入减收较多。政府性基金支出 487295 万元,完成预算的 65.1％,比上年减支 156219 万元,下降 24.3％,主要是国有土地使用权出让收入安排的支出减少。

（三）国有资本经营预算

2015 年,全市实现国有资本经营收入 12999 万元,完成预算的 86.3％。国有资本经营支出 10246 万元,完成预算的 78.2％。2015 年,市本级实现国有资本经营收入 6542 万元,完成预算的 86.7％,其中市开发区完成预算的 66.7％。国有资本经营支出 5602 万元,完成预算的 82.4％。

（四）社会保险基金预算

2015 年,全市实现社会保险基金收入 1818122 万元,完成预算的 110.2％,比上年增收 284941 万元,增长 18.6％。社会保险基金支出 1673710 万元,完成预算的 96.6％,比上年增支 255279 万元,增长 18％。2015 年,市本级实现社会保险基金收入 389182 万元,完成预算的 106.7％,比上年增收 52149 万元,增长 15.5％。社会保险基金支出 320955 万元,完成预算的 97％,比上年增支 52296 万元,增长 19.5％。

二、2015 年财政收支运行分析

2015 年盐城财政收支工作主要突出了以下重点:

一是始终突出稳增长,助力经济平稳较快发展。积极发挥财政新常态稳定器和逆周期调节器作用,精准发力,全力推进稳增长、调结构、促转型。重"谋划"促"引导"。抓"三金"促"三贷"。利用财政性资金存款,撬动银行贷款;做优财政担保资金,激活银行贷款;做大财政过桥资金,放大银行贷款。设"基金"促"转型"。采取市场化运作模式,通过设立产业基金、股权投资等方式,充分发挥财政资金引导作用和乘数效应,带动社会资本投向战略性新兴产业和重点发展产业,不断增强经济发展后劲。强"整合"促"支出"。大力清理、归并、整合、规范财政专项资金,对 45 个 35 亿元的市级专项资金出台了新的管理办法,建立专项资金支出,促进了专项资金引导效应的提前释放。

二是始终突出严征管,保持财政收入稳中有进。积极应对经济下行带来的增收压力,全力挖潜增收。总量持续攀升。在 2014 年全市一般公共预算收入突破 400 亿元的基础上,2015 年继续保持稳步增长态势,全市完成一般公共预算收入 477.5 亿元,增长 14.2％,增幅全省第一,规模在全省进一位。

三是始终突出惠民生,促进社会事业全面进步。坚持守住底线、补齐短板的原则,按照预算足额安排、资金足额筹措、补贴足额兑现"三个足额"要求,全面落实各项民生政策。2015 年全市财政用于教育、城乡社区事务、农林水利、社会保障、政府为民办实事等涉及民生方面的支出达 548 亿元,占一般公共支出的 73.5％,同比增长 33.5％。1.5％。

四是始终突出重改革,激发财政体制机制活力。实行全口径预算编制。政府收支全部纳入预算管理,全面编制一般公共、政府性基金、国有资本经营和社会保险基金四本预算。突出收入预算"编全编足"、支出预算"编细编准","政府审批"的债务管理程序,纳入预算管理,严控债务举借成本。

三、存在的问题

财政运行中仍存在一些需要研究和解决的问题:一是财政收入下行压力大,收入质量还需进一步提高;二是财政刚性支出项目增多,平衡压力进一步加大,增收节支工作仍需加强;三是政府性债务负担不容忽视,管理还有薄弱环节;四是财政管理水平与新预算法规定、与深化财税改革要求相比还有一定差距,专项资金管理仍需加强,财政监督检查力度需进一步加大等。

对此,必须高度重视这些问题,切实采取有效措施,认真加以解决。

第十五章 宿迁市 2015 年财政收支运行情况

一、2015 年财政决算情况

(一)一般公共预算收支决算情况

1. 全市一般公共预算收支决算情况

全市一般公共预算收入 235.67 亿元,完成年度预算的 101.1%,增长 12.2%;一般公共预算支出 405.78 亿元,完成调整预算的 97.2%,增长 17.4%。

全市一般公共预算总来源 570.66 亿元,其中:一般公共预算收入 235.67 亿元、上级补助收入 178.05 亿元、债务转贷收入 124.82 亿元、上年结转 19.4 亿元、调入资金 12.72 亿元。全市一般公共预算总支出 559.18 亿元,其中:一般公共预算支出 405.78 亿元、上解上级支出 31.39 亿元、债务还本支出 111.51 亿元、安排预算稳定调节基金 10.19 亿元、调出资金 0.31 亿元。收支相抵,结转下年 11.48 亿元。

2. 市本级一般公共预算收支决算情况

(1)收入情况:市本级(含市直、市经济技术开发区、湖滨新区、苏州宿迁工业园区、软件与服务外包产业园、洋河新区,下同)一般公共预算收入 50.73 亿元,完成预算的 107.9%,增长 17.2%。其中,税收收入 42.18 亿元,增长 9.1%,税收占比 83.1%;非税收入 8.55 亿元,增长 84.2%,主要是受 7 项政府性基金转列一般公共预算以及部分非税集中入库较多影响,增长较快。主要项目完成情况:增值税 7.6 亿元,增长 13.6%,剔除营改增 1.32 亿元,同比增长 12.3%;营业税 9.78 亿元,增长 21.4%;企业所得税 10.83 亿元,下降 3.6%,主要是受宏观经济形势影响,企业利润下降;个人所得税 1.42 亿元,增长 16.4%;城市维护建设税 3.48 亿元,增长 12.7%;契税 3.15 亿元,下降 14.8%,主要是受商品房销售形势影响较大;专项收入 3.18 亿元,增长 92.9%。

(2)支出情况:市本级一般公共预算支出 78.02 亿元,完成调整预算(以下简称占预算)的 91.9%,增长 18.5%。主要项目完成情况:一般公共服务支出 8.16 亿元,占预算 97.9%,增长 20.5%;公共安全支出 4.74 亿元,占预算 98.2%,增长 31.5%,主要是公安警衔津贴进一步提高;教育支出 11.12 亿元,占预算 93.8%,增长 23.1%;科学技术支出 1.66 亿元,占预算 86.3%,剔除苏北工业技术研究院等项目建设周期性因素后,同比增长 18.9%;社会保障和就业支出 5.79 亿元,占预算

97.4%,同比增长 19.6%;医疗卫生与计划生育支出 8.05 亿元,占预算 98%,增长 56.5%,主要是安排市第一人民医院建设支出较多;节能环保支出 1.9 亿元,占预算 72.2%,同比增长 19.2%;城乡社区支出 9.88 亿元,占预算 91.7%,增长 17.9%;农林水支出 8.81 亿元,占预算 92.3%,增长 46.3%,主要是古黄河干流治理等项目当年支出较多;交通运输支出 3.2 亿元,占预算 75.5%,增长 1.3%,增幅偏低主要是由于本年发展大道南延至洋河段 BT 工程回购款等项目支出,通过置换债券资金安排,未计入一般公共预算支出;资源勘探信息等支出 7.43 亿元,占预算 84.5%,增长 19.3%。

（3）平衡情况:市本级一般公共预算总来源 215.47 亿元,其中:一般公共预算收入 50.73 亿元、上级补助收入 64.01 亿元、下级上解收入 10.58 亿元、债务转贷收入 77.3 亿元、上年结转 10.61 亿元、调入资金 2.24 亿元。市本级一般公共预算总支出 208.62 亿元,其中:一般公共预算支出 78.02 亿元、补助下级支出 35.97 亿元、上解上级支出 15.36 亿元、债务还本支出 41.18 亿元、债务转贷支出 31.27 亿元、安排预算稳定调节基金 6.81 亿元、调出资金 125 万元。收支相抵,结转下年 6.85 亿元。

（二）政府性基金收支决算情况

1. 全市政府性基金收支决算情况

政府性基金收入 80.33 亿元,剔除 7 项政府性基金转列一般公共预算后同比（下同）下降 27.3%,其中土地出让收入（含国有土地收益基金、农业土地开发资金、国有土地使用权出让收入,下同）76.24 亿元,下降 30.3%;政府性基金支出 89.82 亿元,同比下降 23.4%。全市征收的政府性基金收入,加上级补助收入 8.85 亿元、债务转贷收入 8.62 亿元、上年结转 11.91 亿元、调入资金 0.31 亿元,政府性基金收入总来源 110.02 亿元;根据"以收定支、专款专用"的原则,全市安排支出 89.82 亿元、上解上级支出 0.37 亿元、债务还本支出 7.52 亿元、调出资金 2.73 亿元,政府性基金总支出 100.44 亿元;收支相抵,结转下年 9.58 亿元。

2. 市本级政府性基金收支决算情况

政府性基金收入 18.33 亿元,同比下降 26.6%,其中土地出让收入 17.67 亿元,下降 28.3%;政府性基金支出 22.58 亿元,同比下降 15.4%,主要是土地出让收入安排的支出减少。市本级征收的政府性基金收入,加上级补助收入 4.88 亿元、债务转贷收入 6.61 亿元、上年结转 7.9 亿元、下级上解收入 670 万元、调入资金 125 万元,收入总来源 37.8 亿元;根据"以收定支、专款专用"的原则,市本级安排支出 22.58 亿元、补助下级支出 1.07 亿元、上解上级支出 785 万元、债务还本支出 5.21 亿元、债务转贷支出 0.3 亿元、调出资金 2 亿元,政府性基金总支出 31.24 亿元;收支相抵,结转下年 6.56 亿元。

（三）国有资本经营收支决算情况

1. 全市国有资本经营收支决算情况

国有资本经营收入总来源 12.92 亿元，其中：当年国有资本经营收入 7.44 亿元，上年结转收入 5.48 亿元。当年安排支出 10.71 亿元，结转下年支出 2.21 亿元。

2. 市本级国有资本经营收支决算情况

国有资本经营收入总来源 12.84 亿元，其中：当年国有资本经营收入 7.36 亿元，上年结转收入 5.48 亿元。当年安排支出 10.63 亿元，结转下年支出 2.21 亿元。

（四）社会保险基金收支决算情况

1. 全市社会保险基金收支决算情况

社会保险基金（包括企业职工基本养老保险基金、失业保险基金、城镇职工基本医疗保险基金、工伤保险基金、生育保险基金、城乡居民基本养老保险基金、新型农村合作医疗基金、城镇居民基本医疗保险基金）收入 86.82 亿元，增长 22.3%；社会保险基金支出 67.21 亿元，增长 18.2%；当年结余 19.61 亿元。

2. 市区社会保险基金收支决算情况

社会保险基金收入 33.34 亿元，增长 19.8%；社会保险基金支出 22.65 亿元，增长 15.7%；当年结余 10.69 亿元。

（五）部门决算情况

根据汇总的 2015 年市级部门决算反映，市级部门预算单位收入合计 70.94 亿元，其中财政拨款 58.68 亿元。支出合计 66.45 亿元，其中基本支出 32.49 亿元，项目支出 33.96 亿元。

二、2015 年财政运行分析

（一）取得的成效

2015 年，加大投入力度，深化改革创新，政府财政在稳增长、促改革、调结构、惠民生、防风险等各项工作中发挥了积极作用。

一是支持经济发展成效显著。加大专项资金投入力度，安排市级产业发展引导资金 3.62 亿元，聚焦支持兼并重组、技术改造、科技创新等项目 225 个，有力推进了"双新一特"产业发展和"511"工程实施。设立规模 1 亿元的小微创业融资基金，为 147 家"两无四有"企业提供 5.02 亿元低息贷款支持。引导企业加大技术研发投入，兑现 232 家企业创新券资金 1687 万元，带动科技投入 1.04 亿元，全年新增省级企业研发机构 61 个，全市高新技术企业突破 180 家。

二是民生保障水平持续提升。全市民生支出达 314 亿元，增长 19.1%，占一般公共预算支出的 77.4%。教育投入力度持续加大，落实社会保障自然增长机制，健全医疗保障体系，提高城镇居民医保和新农合财政补助标准。

三是财政管理更加科学规范。进一步加大一般公共预算对政府性基金预算和国有资本经营预算的统筹力度,集中财力支持重点领域发展;积极探索中期财政规划管理,市环保局等 3 个部门试编三年滚动预算。融资平台公司实体化运营;以一般债务率、专项债务率、新增债务率、偿债率、逾期率等指标,对县区实施政府债务管控考核,进一步增强债务风险意识。

(二) 面临的新任务

结合本市的实际情况,今后的财政任务依然艰巨。

一是依法加强收入征管,实现收入平稳增长。

二是围绕产业转型升级,加快扶持政策落地。

三是统筹安排财政资金,保障重点项目支出。有效整合政府资金,优化支出安排,确保将有限的财力用在"刀刃"上。从严把关支出审核,从紧控制"三公"经费、会议费、培训费等一般性支出。集中有限财力支持群众最期盼、最急迫的"医教水住行"等民生实事项目建设。

四是扎实推进各项改革,提升财税服务效能。在预算改革方面,严格按照所有收支全部纳入预算管理的要求,完整编制"四本预算"并向人大报告。完善财政专项资金清单管理制度,推动专项资金规范透明管理。在税制改革方面,做好全面营改增跟踪分析工作,深入开展政策落实情况调研,掌握试点企业在税制转换过程中遇到的实际困难和政策诉求。

五是健全全过程绩效管理体系,完善第三方评价制度,提高绩效评价指标体系科学性和评价结果的公信力,将监督检查、绩效评价结果与预算安排挂钩。

第三篇　民生支出

第十六章 2015 年江苏省医疗卫生支出分析

一、医疗卫生状况

(一)卫生资源

1. 医疗卫生机构总数

2015 年末,全省医疗卫生机构总数 31925 个,比上年减少 75 个。其中:医院 1581 个,基层医疗卫生机构 28841 个,专业公共卫生机构 1244 个。与上年比较,医院增加 57 个,基层医疗卫生机构减少 80 个,专业公共卫生机构减少 5□ 个。

全省医疗机构 30657 个,其中:非营利性医疗机构 24605 个,占医疗机构总数的80.26%;营利性医疗机构 6052 个,占医疗机构总数的 19.74%。医疗机构按经济类型分,国有 3926 个,占 12.81%;集体 17329 个,占 56.52%;联营 646 个,占 2.11%;私营医疗机构 6930 个,占 22.6%;其他机构 1826 个,占 5.96%。

医疗机构中,公立医疗机构 21255 个,占 69.33%;非公医疗机构 9402 个,占 30.67%。医疗机构中,三级医疗机构 147 个,二级医疗机构 361 个,一级医疗机构 670 个。医院中,公立医院 525 个,民营医院 1056 个。医院按床位数分:100 张床位以下医院 960 个,100—199 张的医院 227 个,200—499 张的医院 2□7 个,500—799 张的医院 77 个,800 张及以上的医院 110 个。800 张及以上床位医院较上年增加 2 个。

基层医疗卫生机构中,社区卫生服务中心(站)2782 个,乡镇卫生院 1033 个,诊所、卫生所和医务室 8533 个,村卫生室 15391 个。政府办基层医疗卫生机构 2991 个。

妇幼健康服务机构中,三级妇幼保健院(妇产医院)10 个,二级妇幼保健院(妇产医院)18 个。

专业公共卫生机构中,疾病预防控制中心 120 个,卫生监督机构 1□8 个。

2. 卫生人员总量

2015 年末,全省卫生人员总数达 618945 人(包括村卫生室人员数,下同),与上年比较,增加 29347 人(增长 4.98%)。卫生人员中:卫生技术人员 487005 人,其他技术人员 20824 人,管理人员 27128 人,工勤技能人员 49373 人。与上年比较,卫生技术人员增加 28471 人(增长 6.21%),其他技术人员增加 847 人,管理人员增加 1045 人,工勤技能人员增加 2165 人。卫生技术人员中:在岗执业(助理)医师 189216 人(其中执业医师 157369 人),较上年增加 10665 人(增长 5.97%),在岗注册护士 203998 人,较上年增加 15231 人(增长 8.07%),在岗药师 26454 人,较上年增加 933 人(增长 3.66%),在岗技师 24241 人,较上年增加 1178 人(增长 5.11%)。2015 年末卫生人员机构分布:医院 371366 人(占 60%),基层医疗卫生机构 204340 人(占 33.01%),专业公共卫生机构 37295 人(占 6.03%)。2015 年,每千人口执业(助理)医师 237 人,每千人口注册护士 256 人。

3. 医疗机构床位数

2015 年末,全省医疗机构床位 413612 张,其中:医院床位 328500 张(内:公立医院 236127 张,民营医院床位数 92373 张),占床位总数的 79.42%;基层医疗卫生机构床位 76133 张,占床位总数的 18.41%。与上年比较,全省医疗机构床位增加 21319 张,增长 5.43%,其中:医院床位增加 19199 张,基层医疗卫生机构床位增加 1330 张。全省每千人口床位数由 2014 年的 493 张增加到 2015 年的 519 张。

(二)医疗服务

1. 门诊工作量

2015 年,全省医疗卫生机构总诊疗人次达 54628.18 万人次,比上年增加 1959.32 万人次(增长 3.72%)。2015 年,居民到医疗卫生机构平均就诊 6.85 次。

2015 年总诊疗人次中,医院 24121.83 万人次(占 44.16%),基层医疗卫生机构 29201.6 万人次(占 53.46%),其他医疗机构 1304.75 万人次(占 2.39%)。与上年比较,医院诊疗人次增加 1118.7 万人次,基层医疗卫生机构诊疗人次增加 745.99 万人次。2015 年,基层医疗卫生机构(含一级及以下医院)提供 32584.03 万次诊疗服务,占全省总诊疗人次的 59.65%。2015 年,公立医院诊疗人次 19370.84 万人次(占医院总诊疗人次的 80.3%),民营医院 4750.99 万人次(占医院总诊疗人次的 19.7%)。2015 年,乡镇卫生院和社区卫生服务中心(站)诊疗人次达 16081.75 万人次,比上年增加 644.86 万人次。乡镇卫生院和社区卫生服务中心(站)诊疗人次占诊疗总量的 29.44%。

2. 住院工作量

2015 年,全省医疗卫生机构入院人数 1217.58 万人,比上年增加 65.54 万人(增长 5.69%),年住院率为 12.56%。2015 年入院人数中,医院 998.07 万人(占 81.97%),基层医疗卫生机构 190.48 万人(占 15.64%),其他医疗机构 29.03 万人(占 2.38%)。与上年比较,医院入院增加 55.49 万人,基层医疗卫生机构入院增加 7.04 万人,其他医疗机构入院增加 3 万人。2015 年,公立医院入院人数 772.76 万人(占医院入院人数的 77.43%),民营医院 225.3 万人(占医院入院人数的 22.57%)。

3. 医师工作负荷

据卫生部门综合医院统计，2015 年医师日均担负诊疗 9.9 人次，比上年减少 0.2 人次；平均每个医师每天担负住院 2.8 床日，比上年减少 0.1 床日。不同级别医院医师工作负荷有所不同。

4. 病床使用

2015 年，全省医疗机构病床使用率为 83.07%，其中：医院 88.6%，乡镇卫生院 63.45%，社区卫生服务中心 50.29%。与上年比较，医疗机构病床使用率降低 0.96 个百分点，医院降低 1.68 个百分点，乡镇卫生院提高 1.88 个百分点，社区卫生服务中心提高 0.21 个百分点。2015 年，医疗机构出院者平均住院日为 9.5 日，其中：医院 9.8 日，乡镇卫生院 7.6 日，社区卫生服务中心 9.3 日。与上年比较，医疗机构出院者平均住院日比去年少 0.2 日，其中：医院比去年少 0.3 日，乡镇卫生院与去年持平，社区卫生服务中心比去年少 0.1 日。

（三）基层卫生

1. 社区卫生服务体系建设

2015 年末，全省已设立社区卫生服务中心（站）2782 个，其中：社区卫生服务中心 548 个，社区卫生服务站 2234 个。与上年相比，社区卫生服务中心增加 5 个，社区卫生服务站减少 26 个。社区卫生服务中心人员 36891 人，平均每个中心 67 人；社区卫生服务站人员 7414 人，平均每站 3.32 人。社区卫生服务中心（站）人员数比上年增加 810 人，增长 1.86%。

2. 社区医疗服务

2015 年，全省社区卫生服务中心提供诊疗 6462.61 万人次，住院 33.37 万人；平均每个中心诊疗 11.79 万人次，住院 608.85 人；医师日均担负 19.7 诊疗人次和 0.7 住院床日。社区卫生服务站提供诊疗 1402.51 万人次，平均每站年诊疗 6278.02 人次。

3. 农村卫生服务网

2015 年末，全省共设乡镇卫生院 1033 个，床位 56396 张，卫生人员 74704 人（其中卫生技术人员 62733 人）。与上年比较，乡镇卫生院减少 11 个（区划调整及乡镇撤并），床位增加 845 张，卫生人员增加 2337 人。2015 年末，全省共设 15391 个村卫生室。村卫生室中，执业（助理）医师 13943 人，乡村医生和卫生员 34615 人，其中乡村医生 33008 人。与上年比较，执业（助理）医师增加 1326 人，村卫生室数、乡村医生和卫生员数都有所减少。

4. 农村医疗服务

2015 年，乡镇卫生院诊疗人次、住院人数均有所增加。诊疗人次由 2014 年的 8065.62 万人次增加到 2015 年的 8216.63 万人次，住院人数 2014 年为 150.58 万人，2015 年为 156.89 万人；医师日均担负 11.7 诊疗人次和 1.2 个住院床日；病床使用率63.45％,出院者平均住院日7.6天。2015年,村卫生室诊疗量达9357.6万人次,比上年增加10.56万人次,平均每个村卫生室年诊疗量6080人次。

5. 新型农村合作医疗

2015年末,全省有71个统筹地区开展了新型农村合作医疗,参合人口数达3997万人,参合率为99.93％。全省人均筹资达到516元,其中政府补助人均404元。2015年,基本医疗补偿人次17029.43万人次,其中20类重大疾病保障年内补偿17.03万人次。所有新农合统筹地区全面建立大病保险制度,共有25.01万人次获得补偿。

(四) 中医医疗服务

1. 中医类机构、床位及人员数

2015年末,全省共有104所中医医院,25所中西医结合医院,其中,三级35所(中西医结合医院4所),二级59所(中西医结合医院7所),一级18所(中西医结合医院6所);公立88所,民营41所;全省共有中医类门诊部113所,中医类诊所1098所。全省中医类医疗机构1340个,较上年增加78个,占全省医疗机构总数的4.2％。2015年末,全省中医类医院房屋建筑面积376.18万平方米,较上年增长3.52％,其中业务用房面积321.63万平方米,较上年增长3.89％。2015年末,全省中医类医院实有床位46874张,较上年增加1824张,其他医疗机构中医类临床科室床位4730张,较上年增加383张,占全省实有床位数的12.48％。全省每万人口中医床位数6.47张。2015年末,全省中医药人员数达27908人,比上年增加1533人(增长5.81％)。其中中医类别执业(助理)医师21472人,中药师5841人。全省每万人口中医类别执业(助理)医师2.69人。

2. 中医医疗服务

2015年,全省中医类医院提供4516.44万诊疗人次,较上年增长4.35％;中医门诊部提供99.14万诊疗人次,较上年减少5.65％;中医诊所提供335.11万诊疗人次,较上年增长1.03％;其他医疗机构中医类临床科室提供1603万诊疗人次,较上年增长6.31％。2015年,全省中医类医院入院人数152.05万人,较上年增长5.8％,占全省医院总入院人数15.23％。2015年,全省中医类医院出院人数151.85万人,较上年增长5.61％;其他医疗机构中医类临床科室出院人数10.45万人,较上年增长13.71％。2015年,全省中医医院医师日均担负门诊人次10.3个,中西医结合医院8.7个;医师日均负担住院床日中医医院2.3床日,中西医结合医院1.9床日。2015年,全省中医医院病床使用率为89.71％,中西医结合医院为79.04％。2015年,全省中医医院出院者平均住院日为9.55日,较上年减少0.27日;中西医结合医院为9.35日,较上年增加0.08日。

2015年,全省中医医院患者门诊次均费用237.1元,中西医结合医院为249.6元;住院病人人均医疗费用中医医院8922.6元,中西医结合医院为10399.6元。

(五)疾病控制与公共卫生

1. 疾病预防控制体系建设

2015年末,全省有疾病预防控制中心120个,其中:省级1个、市级13个、县(市、区)级101个;有疾病预防控制中心人员8116人,其中:省级485人、市级中心平均147.08人、县(市、区)级中心平均55.42人。2015年末,全省有专科疾病防治院(所、站)44个,有卫生人员1503人。2015年末,全省每千人口疾病预防控制人员数为0.12人(不含非疾控机构人员)。

2. 传染病报告发病和死亡

2015年,全省甲乙类传染病共报告发病98899例,死亡339人。报告发病数居前5位的病种依次为肺结核、梅毒、病毒性肝炎、淋病、麻疹,占甲乙类传染病报告发病总数的90.18%;报告死亡数居前三位的病种依次为艾滋病、肺结核、狂犬病,占甲乙类传染病报告死亡总数的91.45%。2015年,全省甲乙类传染病报告发病率为124.24/10万,死亡率为0.43/10万。2015年,全省丙类传染病共报告发病12.13万例,死亡1人。报告发病数居前5位的病种依次为手足口病、其他感染性腹泻病、流行性腮腺炎、流行性感冒、风疹,占丙类传染病报告发病总数的99.66%。报告发病数最多的病种为手足口病,占丙类传染病报告发病总数的78.35%。2015年,全省丙类传染病报告发病率为152.43/10万,死亡率为0.001/10万。

3. 突发公共卫生事件报告和死亡

2015年,全省累计报告突发公共卫生事件84起,报告病例2532人,死亡8人。与2014年相比,报告突发公共卫生事件数和病例数分别增加18.31%和7.47%。

4. 预防接种和预防接种异常反应

2015年,全省共报告接种疫苗2450万剂次,共报告预防接种异常反应1242例,报告发生率5.07/10万剂次,以过敏性皮疹为主,其中属于严重异常反应的有17例(报告发生率为0.07/10万剂次);偶合症34例;接种事故0例;心性反应0例。全省未监测到群体性疑似预防接种异常反应事件,也未发现疫苗质量事故。

5. 血吸虫病防治

2015年末,全省血吸虫病防治工作县(市、区)66个;累计达到血吸虫病传播阻断标准的县(市、区)59个,达到血吸虫病传播控制标准的县(市、区)7个;年底实有病人2763人,比上年减少141人;年内治疗病人705人次,扩大化疗5483人次。

6. 疟疾防治

2015年末,全省疟疾防治工作县(市、区)98个,累计达到消除疟疾标准的县(市、区)90个;全省已连续4年无本地感染疟疾病例,年内报告境外输入性疟疾病例405例,无死亡病例。

7. 地方病防治

2015年末,全省碘缺乏病防治工作县(市、区)96个,居民合格碘盐食用率

96.68%,现症病人5人(Ⅱ度以上甲肿)。地方性氟中毒(饮水型)防治工作县(市、区)27个,氟斑牙病人19万人,氟骨症病人15.46万人。

8. 居民死因顺位

2015年,全省居民前十位的死因为:恶性肿瘤、脑血管病、心脏病、呼吸系统疾病、损伤及中毒、内分泌营养和代谢疾病、消化系统疾病、神经系统疾病、泌尿生殖系统疾病、精神和行为障碍,前十位死因合计占死亡总数的95.41%,其中由慢性非传染性疾病导致的死亡占死亡总数的87.9%。

9. 严重精神障碍防治

2015年末,全省累计登记严重精神障碍患者308539人,除去死亡者后的登记在册患者为295929人,在册患者检出率为3.73‰;按照《严重精神障碍管理治疗工作规范(2012年版)》和国家基本公共卫生服务严重精神障碍患者管理项目的要求,同意接受社区随访管理的患者282788人,实际在管患者277545人,患者管理率为93.79%。

10. 基本公共卫生服务项目

2015年,国家基本公共卫生服务项目人均补助标准提高到40元以上,全省平均达到44.6元,服务内容扩大到12类45项,新增老年人腹部B超检查和结核病患者健康管理服务,基本公共卫生服务的公平性和可及性明显提高。

(六)爱国卫生

1. 农村改厕

2015年末,全省建成农村卫生户厕1520.57万座,卫生户厕普及率96.61%;其中建成农村无害化卫生户厕1377.57万座,无害化卫生户厕普及率87.52%。2015年新增农村无害化卫生户厕34.78万座。

2. 生活饮用水卫生监测

2015年全省水质监测覆盖所有集中供水城乡地区,共监测集中供水水厂3694座,其中城市水厂155座,农村水厂3539座。城乡生活饮用水总合格率82%其中,城市生活饮用水合格率89.5%,农村生活饮用水合格率80.2%。

3. 卫生创建

2015年末,全省已建成国家卫生城市30个、国家卫生县城(乡镇)124个、江苏省卫生县城13个、江苏省卫生乡镇236个、江苏省卫生村6140个。与上年比较,新增国家卫生城市9个、江苏省卫生县城1个、江苏省卫生乡镇17个、江苏省卫生村632个。

4. 健康教育与促进

2015年全省居民健康素养水平14.95%。其中健康知识知晓率70.18%,行为形成率58.11%。全省建成健康主题公园345个,健康小屋1331个,健康一条街198条,健康步道852条,健康食堂1047个,健康餐厅1211个,健康促进学校

2922 座。

（七）妇幼卫生

1. 妇幼保健服务

2015 年,孕产妇产前检查率和产后访视率分别为 99.84％和 98.29％,与上年比较,产前检查率和产后访视率均稳定在 99％和 98％以上;住院分娩率为 100％（城市 100％,农村 100％）,与上年比较,稳定在 100％;孕产妇系统管理率达96.92％,与上年比较,稳定在 96％以上;3 岁以下儿童系统管理率 97.44％,与上年比较,稳定在 97％以上。

2. 5 岁以下儿童死亡率

2015 年,5 岁以下儿童死亡率 4.33‰,其中城市 4.65‰、农村 3.54‰;婴儿死亡率 3.3‰,其中城市 3.6‰、农村 2.54‰;新生儿死亡率 1.95‰,其中城市 2.09‰、农村1.61‰。与上年相比,全省 5 岁以下儿童死亡率、婴儿死亡率、新生儿死亡率分别下降了1.37％、1.79％和 1.52％。

3. 孕产妇死亡率

2015 年,孕产妇死亡率为 4.64/10 万,其中城市 5.8/10 万、农村 1.69/10 万。与上年相比,全省孕产妇死亡率下降了 0.22％。全省孕产妇前五位主要死因为羊水栓塞、产科出血、妊娠期高血压疾病、妊娠合并心脏病和妊娠期急性脂肪肝。

4. 国家免费孕前优生项目

全省所有县（市、区）全部进入国家级试点。2015 年,全省共为 58.8 万名计划怀孕夫妇提供免费孕前优生健康检查服务,目标人群覆盖率达到 100％。筛查出的高风险人群全部获得针对性的咨询指导和治疗转诊等服务,落实了孕前预防措施,有效降低了出生缺陷的发生风险。

（八）食品安全与卫生监督

1. 食品安全风险监测

2015 年,全省食品安全风险监测已覆盖 100％县级行政区域。食品污染及食品中有害因素监测食品包括粮食、蔬菜、水果、肉与肉制品等 20 大类,总样本 9722份,监测项目包括食品中有害元素、生物毒素、农药残留、有机污染物、食品添加剂、致病菌、寄生虫、病毒以及加工过程产生的有害物质等 190 个项目。食品放射性污染监测食品包括生鲜牛乳、蔬菜、茶叶、粮食作物、家畜肉类、水产品、干果炒货等 7大类,总样本 507 份。全省设置食源性疾病监测哨点医院 137 家,采集并检测病例标本 8660 份。

2. 公共场所卫生监督

2015 年,全省公共场所 11.59 万个,从业人员 69.65 万人,持健康合格证明人数占99.15％。各地卫生行政部门和监督机构共对公共场所进行经常性卫生监督13.29 万户次,检查合格率为 100％。依法查处案件 1021 件,结案 621 件。

3. 生活饮用水卫生监督

2015 年,全省生活饮用水供水单位 3698 个,从业人员 2.46 万人,持健康合格证明的人数占 87.55％。开展生活饮用水经常性卫生监督 3877 户次,合格率为 100％。对 513 家涉及饮用水卫生产品的生产企业实施监督检查。

4. 消毒产品卫生监督

2015 年,全省消毒产品生产企业 294 个,从业人员 3092 人。开展消毒产品经常性卫生监督 1630 户次。对 273 件消毒产品进行监测,合格率为 97.07％。

5. 学校卫生监督

2015 年,全省共监督检查学校共 6739 所,97.94％的学校建立突发公共卫生事件应急预案。

6. 职业卫生和放射卫生监督

2015 年,全省职业卫生技术机构 193 个,医疗卫生机构中涉及放射卫生的单位 3465 个,放射工作人员 37.04 万人,放射工作人员持证上岗率 94.4％。依法查处案件 98 件,结案 97 件。

7. 医疗服务和传染病防治监督

2015 年,共依法对医疗机构或医务人员作出卫生行政处罚并结案 224 件。依法查处无证行医案件 939 件,其中取缔 27 件。依法对传染病防治作出查处案件 508 件,结案 215 件。

(九) 无偿献血及采供血

2015 年末,全省一般血站 14 个,其中血液中心 2 个、中心血站 12 个,中心血站分站 13 个。单采血浆站 2 个。2015 年,全省接受无偿献全血 91.3 万人次,较去年同期下降 8.56％;无偿献机采血小板 8.24 万人次,较去年同期增长 6.74％;采集全血总量 1352523 单位,较去年同期下降 0.26％;采集机采血小板 134096 治疗量,较去年同期增长 8.42％。常住人口每千人献血率为 11.5。基本满足医疗用血需求,继续保持了无偿献血占临床用血 100％,自愿无偿献血 100％,无偿捐献采血小板 100％。

(十) 医疗卫生机构支出与资产

1. 支出

2015 年,全省医疗卫生机构总支出达到 2158.83 亿元,比 2014 年增加 247.61 亿元,增长 12.96％。

2. 资产总额

2015 年,全省各类医疗卫生机构总资产 2633.88 亿元,比 2014 年增加 396.22 亿元,增长 17.71％。其中,卫生行政部门所属的医疗卫生机构资产 2066.39 亿元。

(十一) 病人医药费用

1. 门诊和住院病人人均医疗费用

据卫生部门综合医院统计,2015 年,门诊病人人均医疗费用 248 元,比上年增加 15.1 元,增长 6.48%;住院病人人均医疗费用 11830.8 元,比上年增加 595.2 元,增长 5.3%。

2. 药费占医疗费用比重

据卫生部门综合医院统计,2015 年,门诊病人人均医疗费中,药费为 114.6 元,占 46.21%;与上年相比,药费增加 4.8 元,占比降低 0.93 个百分点。住院病人人均医疗费中,药费为 4750 元,占 40.15%;与上年相比,药费增加 123.7 元,占比降低 1.03 个百分点。

（十二）计划生育

1. 单独二孩政策

2014 年 3 月 28 日,单独二孩政策在全省全面实施。截至 2015 年 12 月 31 日,全省共受理符合单独二孩新政再生育申请 76271 例,发放生育证 74415 本。政策实施情况平稳。单独二孩政策的平稳实施,为进一步调整完善生育政策奠定了坚实基础。

2. 流动人口计划生育基本公共服务均等化

2015 年,全省发放《流动人口婚育证明》41.6 万人次,查验 151.1 万人次;全省为流动人口办理第一个子女生育服务登记 1.95 万人次,为流入已婚育龄妇女提供免费计划生育基本公共服务（技术）109.5 万人次,投入流动人口计划生育基本公共服务经费 2971.6 万元。

3. 计划生育惠民政策

2015 年,全省共为 7.8 万名群众发放计划生育特别扶助金 42776.64 万元;为 126.7 万名群众发放计划生育奖励扶助金 121598.21 万元。

二、2015 年医疗卫生支出分析

几年来江苏省的医疗卫生支出虽然在绝对数上呈现出不断上升的态势,占总支出的比重也在不断增加,但就其增长速度而言,其增长速度趋势上是在慢慢降低,并有小幅度的变化浮动(见表 1、图 1 和图 2)。

表 1　2007—2015 江苏省医疗卫生支出情况　　　　　　　　单位:亿元

年份	医疗卫生支出	增长率	占总支出比重
2007	115.29	22.82%	4.51%
2008	148.61	28.90%	4.58%
2009	198.21	33.38%	4.93%
2010	249.69	25.97%	5.08%
2011	349.86	40.12%	5.62%
2012	418.14	19.52%	5.95%

续　表

年份	医疗卫生支出	增长率	占总支出比重
2013	475.86	13.80%	6.10%
2014	560.93	17.88%	6.62%
2015	649.31	15.76%	6.70%

数据来源:2008—2016 年《江苏统计年鉴》。

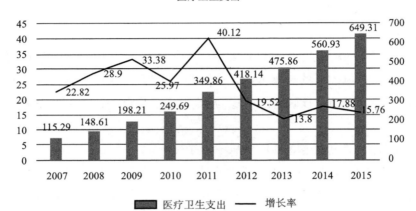

图 1　2007—2015 年江苏省医疗卫生支出以及增长率

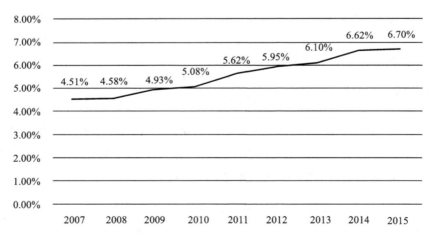

图 2　2007—2015 年江苏省医疗卫生支出占总支出的比重

图 1、图 2 数据来源:2008—2016 年《江苏统计年鉴》。

表 2　2008—2015 年国家医疗卫生支出情况

年份	医疗卫生支出	增长率	占总支出的比重
2008	2757.04	38.55%	4.40%
2009	3994.19	44.87%	5.23%

年份	医疗卫生支出	增长率	占总支出的比重
2010	4804.18	20.28%	5.35%
2011	6429.51	33.83%	5.89%
2012	7245.11	12.69%	5.75%
2013	8279.9	14.28%	5.91%
2014	10176.81	22.91%	6.70%
2015	11953.18	17.46%	6.80%

数据来源:2009—2016 年《中国统计年鉴》。

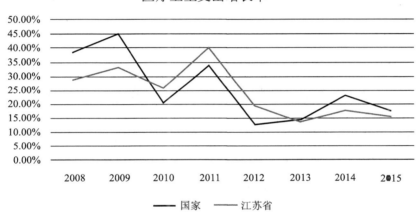

图 3　2008—2015 年国家和江苏省医疗卫生支出增长率对比图

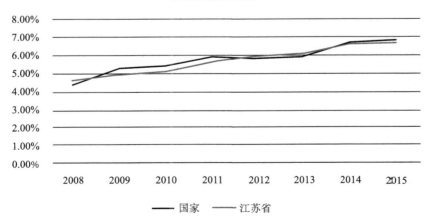

图 4　2008—2015 国家和江苏省医疗卫生支出占总支出的比重对比图

图 3、图 4 数据来源:2009—2016 年《中国统计年鉴》和《江苏统计年鉴》。

由图 3 可以看出,2013—2015 年江苏省的医疗卫生支出增长率要低于国家医疗卫生支出增长率。由图 4 可以看出,江苏省的医疗卫生支出占总支出的比重与国家医疗卫生支出占总支出的比重相差无几,近两年要略低于国家的医疗卫生支出占比。可见,虽然江苏省医疗卫生支出在绝对数上一直呈现上升的趋势,但是在医疗卫生方面的支出仍然需要加大力度。

三、2015 年度主要工作完成情况

2015 年 1 月,国务院医改领导小组确定在江苏等 4 省开展省级综合医改试点。江苏省委省政府高度重视,成立由书记、省长任组长的领导小组,省委、省政府印发《关于深化医药卫生体制改革建设现代医疗卫生体系的意见》、省医改领导小组下发《江苏省综合医改试点方案》,先后两次召开大会研究部署综合医改试点工作。江苏省各地、各有关部门认真贯彻习近平总书记系列重要讲话特别是对江苏工作的重要指示精神,按照省委省政府的决策部署,以建设"健康江苏"为抓手,加强组织领导,坚持问题导向,强化顶层设计,创新政策举措,出台省级医改配套文件 47 个,实现城市公立医院综合改革重大突破,全省综合医改试点工作取得明显成效。截至 2015 年末,全省医疗卫生机构总数 3.19 万个(含村卫生室)其中,医疗机构 30657 个;卫生人员总数 61.89 万人,其中,执业(助理)医师 18.92 万人,注册护士 20.40 万人;全省医疗机构实有床位总数为 41.36 万张;全省每千人口床位数、每千人口执业(助理)医师数和每千人口注册护士数分别为 5.19 张、2.37 人和 2.56 人。全省总诊疗人次 5.46 亿人次、住院 1217.58 万人次,同比分别增长 3.72% 和 5.69%。全省孕产妇死亡率 4.64/10 万,婴儿死亡率 3.30‰,连续 6 年保持稳中有降的良好态势。2015 年全省人口自然增长率 2.02‰,稳定在较低的出生水平。

城市公立医院综合改革取得关键突破。以破除"以药补医"为关键,全面推进城市公立医院综合改革,2015 年 10 月底,全省所有城市公立医院全部实行药品零差率销售,同步调整医疗服务价格,加大政府投入。到年底,改革呈现"两降、两升、两持平"的良好态势。

基层卫生工作进一步加强。全面推进县级医院标准化和规范化建设,全省每个县(市、区)级医院均达到二级甲等以上水平。全省村卫生室覆盖率和乡村卫生机构建设达标率均达到 100%,以街道为单位的社区卫生服务机构实现全覆盖。强化基层人才培养,开展农村订单定向医学生免费培养工作。全省所有政府办乡镇卫生院实施健康管理团队服务,80% 社区卫生服务中心开展家庭医生服务,804.4 万农村居民与乡村医生签订个性化服务协议。

公共卫生保障更加有力。提高基本公共卫生服务水平。全省基本公共卫生服务补助人均达到 44.6 元,服务内容扩大到 12 类 45 项。深入实施流动人口基本公

共卫生计生服务均等化工程,服务可及性和均等化水平进一步提升。切实做好重大疾病预防,全面完成血吸虫病、艾滋病、结核病等重大疾病防治"十二五"专项规划确定的目标和指标,传染病防控保持平稳态势。创新开展卫生应急工作规范化建设、全民自救互救素养提升工程,圆满完成国家援塞抗疫和大型活动医疗卫生保障工作任务。新增农村无害化卫生户厕34万座,继续保持城乡饮用水卫生监测全覆盖。

药品供应保障进一步强化。制定发布《江苏省基本药物增补目录(2015年版)》,调整基本药物配备使用政策,组织基层医疗卫生机构有序开展基本药物目录外药品申报采购,推动二级以上医疗机构优先配备使用基本药物。加强短缺药品动态监测,通过定点储备、询价采购等措施保障短缺药品供应。

计划生育工作平稳推进。稳妥有序实施单独二孩政策,加大出生人口性别比综合治理工作力度,全面落实计划生育奖励扶助政策,制定《关于进一步做好计划生育特殊困难家庭扶助工作的意见》,将60周岁以上独生子女死亡、伤残家庭特别扶助金分别提高到每人每月不低于700元、600元,加大扶助力度。孕前优生健康检查以及避孕药具管理和不良反应监测等技术服务工作成效突出。

科技人才建设显著加强。医学重点学科建设和人才战略深入推进,全省获国家自然科学基金671项,省部级项目414项,发表SCI收录论文4823篇,获省政府一等奖11项、二等奖25项,获发明专利137项。

中医药事业快速发展。全面完成基层中医药服务能力提升工程既定目标,全省95%的社区卫生服务中心、乡镇卫生院,90%的社区卫生服务站、村卫生室能够提供中医药服务。新增全国基层老中医药专家传承工作室9个、全国中药特色技术传承人才培养对象15名、国家中药炮制技术传承基地3个,29人获得全国优秀中医临床人才称号。

智慧健康建设迈出坚实步伐。下发《江苏省实施人口健康信息管理办法细则》等6个文件,推进平台和"一网五库"建设。建成并启用全省智慧健康信息传输主干网,一期接入246个点,涵盖95家市县级卫生计生数据中心和151家三级医院,省平台二期项目进入实施建设阶段。

卫生计生监督执法和食品安全工作扎实开展。组织开展以医院消毒隔离、人类辅助生殖技术服务等为重点的专项监督检查。出动执法人员1万余人次、执法车辆2500余车次,发放宣传资料万余份。深入开展打击代孕专项行动,对22万个网站备案信息进行审核,注销、清理空壳网站5万多个。

综合保障服务能力得到新提升。扎实开展"十二五"规划执行情况评估,认真研究"十三五"事业发展规划。依法行政工作,《江苏省实施〈中华人民共和国母婴保健法〉办法》顺利审议通过,积极推进《江苏省医疗纠纷处理条例》立法工作。宣传工作,以深化医改为主题,多形式、多角度展示医改进展和成效。开展对外交流与国际合作工作,积极参与国家外交和省对外开放战略建设,对外合作更加开放和务实。圆满完成援外医疗任务,1 名援外队员获得全国十大"最美援外医生"称号。狠抓行风建设"九不准"规定落实,培育推送全国十大医德楷模、百名医德之星等先进典型。

第十七章 2015年江苏省文化事业支出分析

一、2015年文化事业状况

2015年末,纳入统计范围的各类文化(文物)单位20263个,比上年末增加1790个;从业人员167883人,增加16305人。

年末全省共有群众文化机构1396个,比上年末增加1个。其中乡镇综合文化站1281个,增加362个。年末全省共有文化馆、群众艺术馆287个,全年全省群众文化机构共组织开展各类文化活动86490场次,比上年增长25.7%。年末全省群众文化机构共有馆办文艺团体416个。由文化馆(站)指导的群众业余文艺团体19140个,馆办老年大学49个。

年末全省共有公共图书馆114个,其中少儿图书馆9个,减少1个。图书总藏量6846.93万册,阅览室座席数50707个,全年全省公共图书馆发放借书证1107.32万个,书刊文献外借册次4979.84万,外借人次2881.75万,增长1.5%。全年共组织各类讲座次数3007次,参加人数60.85万人,举办展览1127次,参加人数282.42万人次,举办培训班1809个,参加人数8.63万人次。

博物馆301个,美术馆23个,综合档案馆118个,向社会开放档案43.1万件。年末全省共有艺术表演团体369个,比上年末增加82个,从业人员10529人,增加2206人。年末全省共有艺术表演场馆207个。

年末全省共有文物机构423个,比上年末增加6个。其中,文物保护管理机构51个,占12.06%,博物馆312个,占73.76%。年末全省文物机构从业人员7406人,比上年末增加291人。

年末全省有6434个文化及相关产业法人单位,比上年增加541个。其中文化制造业2698个,比上年增加192个;文化批发和零售业1003个,比上年减少26个;文化服务业2733个,比上年增加375个。文化制造业2015年的营业利润达到454.64亿元;文化批发和零售业的营业利润是40.62亿元,文化服务业的营业利润是165.13亿元。

年末全省共有广播电台14座,中短波广播发射台和转播台21座,电视台14座,广播综合人口覆盖率和电视综合人口覆盖率均为100%。有线电视用户

2285.5万户,与上年基本持平。生产故事影剧片19部。全年报纸出版26.8亿份,杂志出版1.2亿册,图书出版5.5亿册。

2015年全省财政支出中,文化体育传媒经费196.06亿元,比上年增长2.72%,占财政支出的2.02%,比重比上年下降0.23个百分点。

二、2015年文化事业支出分析

表1 2007—2015年文化体育与传媒支出情况

年份	文化体育与传媒支出	增长率	占总支出比重
2007	48.16	11.04	1.89%
2008	66.74	38.58	2.06%
2009	77.18	15.64	1.92%
2010	88.67	14.89	1.80%
2011	116.86	31.79	1.88%
2012	150.9	29.13	2.15%
2013	173.54	15	2.23%
2014	190.86	9.98	2.25%
2015	196.06	2.72	2.02%

数据来源:2008—2016年《江苏统计年鉴》。

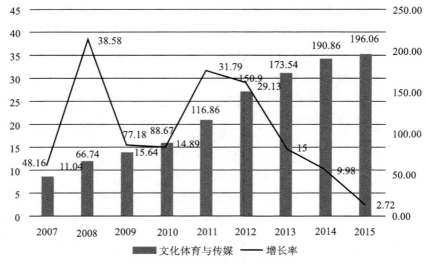

图1 2007—2015年江苏省文化体育与传媒支出以及增长率

图 2 2007—2015 年江苏省文化事业支出占总支出的比重

图 1、图 2 数据来源:2008—2016 年《江苏统计年鉴》。

由上述数据可以看出江苏省的文化事业支出绝对数一直呈现上升的趋势,但增长的速度却越来越慢,并且速度减少的幅度很大。2012 年的增长速度是29.12％一直下降到 2015 年的 2.72％,下降的幅度还是很大的。从文化事业的支出占总支出的比重来看,近年来一直处于上升的态势,2015 年比 2014 年略有下降,但是一直维持在 2％以上的比重。

表 2 2008—2015 年国家文化体育与传媒支出情况

年份	文化体育与传媒支出	增长率	占总支出的比重
2008	1095.74	21.93％	2.75％
2009	1393.07	27.14％	2.83％
2010	1542.7	10.74％	2.72％
2011	1893.36	22.73％	2.73％
2012	2268.35	19.81％	2.80％
2013	2544.39	12.17％	1.81％
2014	2691.48	5.78％	1.77％
2015	3076.64	14.31％	1.75％

数据来源:2009—2016 年各年《中国统计年鉴》。

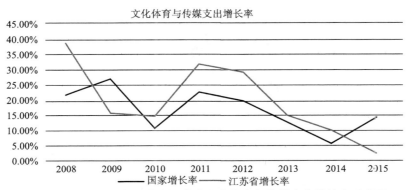

图 3 2008—2015 年国家和江苏省文化体育与传媒支出增长率对比图

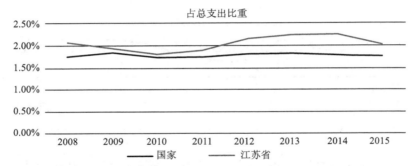

占总支出比重

图4 2008—2015年国家和江苏省文化体育与传媒支出占总支出的比重对比图

图3、图4数据来源：2009—2015年《中国统计年鉴》和《江苏统计年鉴》。

由图3可以看出江苏省2010—2014年文化支出增长率都是高于国家的支出增长率的，2015年的增长率2.72％要远低于国家文化支出增长率14.31％。由图4可以看出江苏省文化体育与传媒支出占总支出的比重一直高于国家文化体育与传媒占总支出的比重。

三、文化事业支出存在的问题

（一）支出规模不足

2015年，江苏省文化事业支出的绝对量增长缓慢，近几年的增长速度持续下降，并且2015年文化事业支出占总支出的比重也有所下降。这与我国近些年来提出的"提升国家软实力"的目标不相符合，在一定程度上也不利于一个省份经济的发展和人民生活的丰富度。

（二）区域性差异

以2015年江苏省各地区的文化事业支出数据为例，由下图可以发现，2015年苏州市的文化事业支出占全省18.58％，南京市占全省16.88％，而诸如淮安、盐城、宿迁、连云港、镇江、泰州一类城市2015年的文化事业支出只占全省的5％—6％。文化事业支出最大的苏州与文化事业支出最小的淮安之间相差14.55个百分点，可以明显看出，江苏省各地区之间的差异是非常大的。

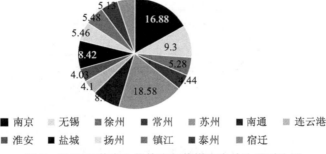

图5 2015江苏省文化体育与传媒支出的比重对比图

图5数据来源：2016年《江苏统计年鉴》。

四、政策建议

（一）加大文化事业支出

江苏省应当认真贯彻政府十七大会议精神,增加对文化的投入推动我国文化大发展大繁荣。提高预算内文化经费占财政支出的比例。文化支出占 GDP 的比重是国际公认的评价文化投入的主要指标。江苏省应依据各省和其他国家的经验,在此基础上,设立一个文化事业支出占 GDP 比重的衡量线,对于未达到标准的情况进行相应的调整。

（二）平衡地区间差异

江苏省要加大对于不发达城市的文化事业支出,尤其是以连云港、镇江、扬州等为代表的七个城市,平衡地区间的文化事业支出,均衡文化事业的发展,同步推动各地区的文化事业的繁荣。

第十八章 2015年江苏省环境保护支出研究

一、江苏省环境环保事业发展现状

1. 环保优先政策不断强化

2010年,江苏省委、省政府召开生态省建设大会,出台《关于加快推进生态省建设全面提升生态文明水平的意见》。2011年,江苏省委、省政府召开全省城乡建设暨生态文明建设工作会议,出台《关于推进生态文明建设工程的行动计划》。2012年,江苏省委、省政府举行生态文明建设工程启动仪式,下达生态文明建设工程"五年任务书",生态文明建设有序推进。2015年,江苏省委办公厅、省政府办公厅联合印发《关于建立网格化环境监管体系的指导意见》,要求建立党委组织领导、政府具体实施、部门各司其职、社会广泛参与的环境监管格局,进一步理清环境监管事权,明确监管责任,落实差异化监管措施,加强基层环境监管队伍建设,着力提升监管效能和水平。江苏将以"党政同责、齐抓共管"为主要原则,建立起"属地管理、分级负责、全面覆盖、无缝对接、责任到人"的网格化环境监管体系,确保排污单位得到有效监管、环境违法行为得到及时查处、突出环境问题得到稳妥解决、环境秩序得到有力维护。

2. 生态文明建设不断推进

推动经济绿色转型。产业结构实现"三二一"的标志性转变,战略性新兴产业和高新技术产业规模和占比加速扩大,超额完成化解过剩产能、淘汰落后产能任务,节能环保产业主营收入超过8000亿元。与2010年相比,全省单位GDP能耗下降22%,单位GDP建设用地规模下降33%。

加强生态空间管控。启动省级生态红线区域优化调整,各省辖市均制定辖区生态红线保护规划以及管控办法、补偿政策。对省级生态红线监督管理情况实施严格考核,并与生态补偿资金分配挂钩,拨付年度省级生态补偿资金15亿元。江苏省被环保部列为国家首批生态红线管控试点省份。

深化环境综合整治。累计完成5.18万个城市环境综合整治项目、18万个村庄环境整治任务,建制镇污水处理设施覆盖率达90.4%,城乡生活垃圾转运体系实现全覆盖。推进生态保护与修复,全省林木覆盖率提高到22.5%,自然湿地保护率达42.7%。

推进生态示范创建。新增 11 个地区达到国家级生态县市考核标准,新建国家级生态镇 94 个,生态村 44 个。武进高新技术产业开发区等 3 家园区通过环保部、商务部、科技部组织的国家生态工业示范园区考核验收,泗阳经济开发区等 7 家开发区建成省级生态工业园区。

3. 主要污染物总量减排

继续加大结构减排、工程减排、管理减排力度,进一步削减主要污染物排放总量。全省化学需氧量、氨氮、二氧化硫、氮氧化物排放总量分别为 105.46 万吨、13.77 万吨、83.51 万吨、106.76 万吨,较 2014 年分别削减 4.13％、3.43％、7.70％、13.38％,均超额完成年度目标。"十二五"期间,上述四项主要污染物排放总量分别削减 17.62％、14.59％、23.07％、27.46％,全面超额完成国家下达的约束性指标。

组织实施重点减排工程 3628 个。城镇污水处理厂尾水再生利用率达 13％,污泥无害化处理设施基本实现全覆盖;建设规模化畜禽养殖场沼气治理工程 4600 余处,商品有机肥年生产能力约 210 万吨;30 万千瓦及以上燃煤机组均完成脱硫、脱硝技术改造,62 台、3008 万千瓦大型燃煤机组完成超低排放改造,占全省总装机容量的 40％。154 台钢铁烧结机和 45 条水泥熟料生产线均建成脱硫脱硝设施。

4. 环境执法监督力度加强

加大环境执法力度。认真贯彻落实新修订的《环境保护法》和国务院办公厅关于加强环境监管执法的通知要求,深入开展环境保护大检查,依法严厉打击各类环境违法问题。江苏省委、省政府出台《关于建立网格化环境监管体系的指导意见》,明确提出党政同责,形成党委组织领导、政府具体实施、部门各司其职、社会广泛参与的环境监管格局。全省环保部门累计出动执法人员 60.9 万人次,现场检查企业 23.6 万厂次,立案查处环境违法行为 8033 起、处罚总额近 4.2 亿元;利用新法赋予的手段办案 875 起,其中按日计罚 97 起,限产停产 340 起,查封扣押 362 起,行政拘留 76 起。全年征收排污费 22.18 亿元,连续 15 年居全国第一。在媒体公开曝光 33 起典型环境违法案件,社会反响强烈。

推进环境行政执法和刑事司法联动。省高级人民法院、省人民检察院、省公安厅和省环保厅联合出台《关于规范全省环境污染犯罪案件检测鉴定等有关事项的通知》,进一步明确监测数据认可、危险废物认定等相关事项。省环保厅、省公安厅联合开展专项行动,重点打击偷排直排、数据造假等恶意环境违法行为。全省公安部门共立案侦办环境污染犯罪案件 207 件,抓获犯罪嫌疑人 425 人,案件数同比上升 49％。

加强环境信访问题调处。开展"及时就地解决环境信访突出问题"专项行动,组织第七次全省环保局长大接访。全省环保部门共受理群众环境投诉 10.2 万次,主动排查重点环境矛盾纠纷 930 件,已化解 889 件。省环保厅领导接待群众上访 24 批、135 人次,带案下访 32 人次;县市环保局领导接访 1467 人次,带案下访 1931

人次,推进解决了一批群众反映强烈的环境问题。

妥善处置突发环境事件。省环保厅全年接报突发环境事件信息 44 条,均得到妥善处置,未造成严重的环境和社会影响,其中被环保部认定为一般突发环境事件 8 起,无较大以上级别突发环境事件。启动区域突发环境事件风险评估试点。联合举办"携手江浙沪共保太浦河"长三角跨界突发环境事件应急演练,协调沿江八市完善长江饮用水源地环境安全联席会议制度。

5. 环境监测预警与信息化

提升环境自动监测预警能力。落实国家生态环境监测网络建设方案,加密布设全省土壤、近岸海域、地表水等监测点位,初步形成要素全覆盖的环境监测网络。充分发挥水环境自动监测系统作用,完善水质异常快速调查处置机制,共及时捕获、果断处置水质异常情况 79 起,有效防止水质大幅波动。加强太湖蓝藻监测预警,安全度夏期间共编制监测预警日报 214 期,为太湖水质安全提供保障。

强化监测数据质量管理。开展全省环境监测质量管理大检查,在各市自查的基础上,省级层面组织了飞行检查、网络检查和交叉检查。根据简政放权要求,将社会环境检测机构的事前认定改为登记制,建成社会环境检测机构登记与服务平台,加强事中事后监管。

推进环境信息化建设。完善江苏省生态环境监控系统,加快建设污染源"一企一档"动态管理系统。开展企业环境自动监控设施现场端规范化整治,国控重点监控企业数据传输有效率达 97.36%,同比上升 13 个百分点。

6. 环保制度与科技创新

积极推进生态环境保护制度综合改革。制定《江苏省生态环境保护制度综合改革方案》,获环保部批复同意。完善经济社会发展绿色评估制度,将"绿评"范围逐步拓展到县(市、区)及重点工业园区。出台《江苏省排污许可证发放管理办法(试行)》,进一步扩大排污权交易试点的污染物种类、地域及行业范围。完善水环境资源上下游"双向补偿"政策,全年区域补偿资金近 4 亿元。制定《江苏省环保信用体系建设规划纲要(2015—2020)》,组织全省 2 万多家企业开展环保信用评价,落实环保"黑名单"联合惩戒制度。出台建设项目环评分级审批管理办法,将省投资主管部门核准或备案的项目环评审批权限全部下放至市县,彻底取消环评报告评估收费和试生产环保核准。

加大科技创新力度。省环保厅设立省级环保科研课题 69 项,下达资助经费 1900 万元,有 3 项成果获环保部科学技术一等奖,6 项获二等奖,6 项获三等奖,1 项成果获省科学技术二等奖。开展生物制药、铅蓄电池等重点行业污染物排放地方标准研究,出台《表面涂装(汽车制造业)挥发性有机物排放标准》。连续六年举办环保新技术交流洽谈会,吸引 10 余个国家、近 300 家企业参加,集中展示了一批先进环保技术和装备。

7. 环境宣传教育与国际交流合作

加大环境宣传教育力度。开展第三届全省环境宣传教育周,举办"全省大学生环保知识大赛"、"百名主播带你领略环境美"等大型宣教活动。电子废弃物微信回收平台正式上线,命名第十四批 111 所省级绿色学校。建设"e 环保"等多个自媒体平台。江苏省生态环保体验中心向社会开放,入选全国中小学环境教育社会实践基地。全省环境宣教工作获得第九届中华环境奖和江苏宣传思想文化创新奖。

加强环境信息公开。认真落实《国务院办公厅 2015 年政府信息公开工作要点》,主动公开环境质量、污染源监管、建设项目环境影响评价等环境信息,"江苏环保"网站全年对外发布各类信息 8233 篇,年访问量达 890 万人次。加大环保政策解读力度,组织新闻发布会 64 场。督促国控重点监控企业发布自行监测信息,平台运行稳定。

同时,江苏环保事业发展也存在一些问题,主要问题如下:

1. 环保技术创新能力仍需加强

科技是第一生产力,环保技术的创新发展可以促进环保产业的发展,以及环保产业结构的优化。随着江苏省环保产业集聚程度不断提高,环保产业的技术创新能力也在不断提升中。江苏省在发展环保技术方面有着得天独厚的优势:科教资源丰富,有 121 所高等学校和 331 家科学研究所;政府对环保科研的支持,投入大量的科研经费;人力资本雄厚,环保科技人员数量不断增多;环保产业的体系还在不断扩展,环保技术发展的可能性大。随着环保技术的不断发展,与环保相关的环保产品种类也在不断增多,只是在这些环保产品中绝大多数属于末端治理设备,环保药剂材料、洁净产品(低毒低害产品、低排放产品、可生物降解产品、有机食品)方面的科技创新能力仍有待加强。

2. 环保融资机制不完善

虽然注重环保产业的发展,但是对环保产业的总体投入不足,环保产业处于成熟阶段的发达国家的环保投资占 GDP 比重一般为 2%—3%,近 9 年来江苏省环保投资占 GDP 比重在 1.07%—1.61%,仅为发达国家投入水平一半。这是由于环保市场机制不健全、融资渠道单一,绝大部分是依靠政府的财政支持。以环保投入中的污染治理投资来源为例,江苏省污染治理项目投资来源的构成,包括了排污费补助、政府其他补助以及企业自筹,其中企业自筹中包含了一部分的银行贷款。其中有关排污费补助是源于《排污费征收使用管理条例》中第十八条规定:排污费必须纳入财政预算,列入环境保护专项资金进行管理,主要用于重点污染源防治、区域性污染防治、污染防治新技术新工艺的开发和应用、国务院规定的其他污染防治项目。2014 年 9 月国家发改委通知上调废气中的二氧化硫、氮氧化物和污水中的化学需氧量、氨氮化物以及 5 项重金属的排污费,征收标准分别为不得低于每污染当量 1.2 元和 1.4 元,但是仅仅依靠调动排污费并不能解决环保投入资金力度不够的问题。在其他污染较重的产业上并无相关的税收制度,如生态税等;也没有很好的利用外资的融资方式;没有相关的商业银行进行融资、多层次资本市场的融资和基础性环保产业项目融资,也缺少相应的环保融资机构来吸收环保资金。

3. 环保产业结构有待深度优化

江苏省的环保产业主要由环保产品、资源综合利用以及环保服务构成,其中环保产品包括环境环境污染防治专用设备(水污染治理成套设备、大气污染治理成套设备、固体废物处理设备、噪声控制设备、环境保护药剂和试剂等)和环境监测专用仪器仪表,资源综合利用包括废弃资源和废旧材料回收加工业,环保服务包括污水处理及其再生利用。江苏省 2008 年环保企业的主营业务收入为 3663.70 亿元,其中环保产品生产的主营业务收入为 2013.81 亿元,占总主营业务收入的 54.97%;资源综合利用的主营业收入为 1498.05 亿元,占 40.89%;环保服务业的主营业务收入为 151.84 亿元,仅占 4.14%。2012 年,规模以上的环保企业主营业务收入达 4690.50 亿元,其中环保产品生产的主营业务收入为 4015.6 亿元,占总主营业务收入的 85.62%;资源综合利用的主营业收入为 551.4 亿元,占 11.76%;环保服务业的主营业务收入为 123.5 亿元,仅占 2.63%,这些数据表明江苏省在发展环保产业的过程中以环保产品的生产和资源综合利用为主要方向,环保服务业在环保产业中所占的比重非常小,而在环保产业发展成熟的发达国家,环保服务业占环保产业的比重在 60% 以上,可见江苏省环保产业结构存在着一定的问题,仅仅依靠环保产品的生产和废弃资源的回收利用无法从根本上解决工业污染和城镇化带来的污染。

二、江苏财政支持环境保护的理论依据

(一)公共物品理论

所谓公共物品,是指能满足社会公共需要的产品,具有非排他性和非竞争性。非排他性是指消费某物品时,很难排除其他消费者从消费该物品中获利。非竞争性是消费者消费某物品,并不影响其他消费者从该物品中获得利益。通常,私人物品由市场提供,公共物品由政府提供,且 1973 年马斯格雷夫在《财政理论与实践》中提出了以受益范围来划分公共物品由中央还是地方负责。

环境资源是一种具有非排他性和一定程度非竞争性的准公共物品。环境资源具有完全的非排他性,不归某一人独有,向任何人开放,任何人的消费不能将他人排除在获得环境资源的利益之外;环境资源具有不完全的非竞争性,虽然起初增加消费的额外成本为零,但因其总量既定,一旦超过使用限度,将会导致资源短缺、集体竞争。

环境资源的提供主体应为政府,市场承担次要责任。由于环境资源的公共物

品属性,消费者不自愿购买,而是等待别人购买后顺便享用,企业因排他成本高、排他收益有限,不会主动采取改善环境的行动,因此极易产生"免费搭车"现象,且受供给不足和信息不对称等因素的影响,也很易遭"公地悲剧"的困扰。政府在环保领域进行适当干预,即利用节能环保支出防治环境污染和资源浪费,并通过税收制度、排污费制度等管制污染者,通过财政补贴来引导企业节能减排,以保障环境公共物品的供给。合理调配地方、中央和市场三方的投入,也是保证环境资源供给合理化的重要前提。

(二)外部性理论

所谓外部性,是指经济行为人的经济活动对其他经济行为人产生了有善或有利的影响,却未花费相应的代价或取得应有的报酬的现象。经济行为人只按自己的边际收益等于边际成本来行事,不考虑社会边际收益和社会边际成本的关系。外部性的存在,使人们进行经济决策时所依据的价格信号失真,资源配置无法达到有效状态。

环境污染是一种典型的负外部经济,消费者或生产者按自身利益最大化行事,严重偏离社会利益最大时的消费量或产量,给他人施加成本而未付出代价,导致资源配置低效率,完全依靠市场自身无法解决;而环境保护是正外部经济,任何人均可免费享受环境带来的利益,因此市场投资缺乏动力,环境利益的滥用也会影响资源配置效率。由此发挥政府调配资源的作用、合理使用财政支出来规避外部性带来的弊端表现出极强的重要性。外部性理论认为,人类一直把环境资源看作一种可免费无限使用的公共物品,弱化了环境资源的价值,且不把它的投入归入经济核算体系,由此造成环境的日益恶化和资源的不可持续。环境资源有着不可替代的经济学价值,节能环保的财政投入不仅会促进经济的同向发展,更能使整个人类的生存和发展持续且长久。

(三)可持续发展理论

1987年,世界环境与发展委员会(WCED)在《我们共同的未来》报告中指出:可持续发展是既满足当代人的需要,又不对后代人满足其需要的能力构成危害的发展。可持续发展理论要求:一方面,人类在空间上应遵循互惠互利原则,既注重各地区之间的均衡发展,又注重经济与环境的和谐发展;另一方面,人类在时间上应遵循代际理性分配原则,当代人必须对后代人的生存和发展承担责任,为后代人提供自己从前辈那里继承的一样多甚至更多的资源和财富,实现代际之间的协调发展。可持续发展理论还要求运用包括财税政策在内的各种政策实现人类与自然双方的协同进化,互利共生,改变传统的以牺牲资源与环境为代价的粗放式经济增长,寻求不破坏自然资源和环境的经济发展,使经济与社会发展不超出资源与环境的承载能力,从而实现经济与环境的协调和可持续发展。

三、江苏财政支持环境保护的现状

1. 加大财政对环保的投入

"十二五"以来,江苏省各级财政不断调整优化财政支出结构,将环境保护和生态建设列为公共财政支出的重点,加大对环境保护和生态文明建设的投入力度,确保财政用于环境保护和生态建设支出的增幅高于经济增长速度、高于财政支出增长幅度。2013年全省财政节能环保支出229.18亿元,比2010年增长63.83%,年均增长17.89%。2014年全省财政节能环保支出237.78亿元,比2013年增长3.75%。2015年全省财政节能环保支出308.45亿元,比2014年增长29.72%。针对人民群众关心的难点热点环境问题,省财政进行重点投入。

(1)加强大气污染防治,努力改善空气质量。根据国务院办公厅印发的《2014—2015年节能减排低碳发展行动方案》,为充分调动各地老旧机动车淘汰的积极性,2015年省财政将老旧机动车淘汰省补标准在原来基础上提高1.5倍,并按照全省计划基本淘汰33.89万辆黄标车的淘汰任务,上半年已下达省补资金5.53亿元。为了支持氮氧化物减排,江苏财政多措并举:一是促进电力企业超低排放改造。为加快推进超低排放工程推进力度,上半年省财政下达补助资金2.3亿元,主要支持17个项目开展超低排放改造,项目建成后预计将形成 NO_x 削减能力13432吨/年, SO_2 削减能力14592吨/年,烟尘削减能力4459吨/年。二是支持非电行业除尘提标改造。上半年省财政下达补助资金1.6亿元,支持非电行业脱硝除尘示范工程项目52个,按照核定基准投资额的一定比例给予补助。加快更新改造燃煤锅炉。今年省财政预算安排锅炉整治项目资金1亿元,对列入《江苏省燃煤锅炉大气污染整治工作方案》中各地集中供热以及城市建成区等范围内的6658个高污染锅炉清洁能源替代、淘汰或提标改造项目进行补助。为促进秸秆资源有效利用,省财政整合秸秆机械化还田作业补助资金和秸秆综合利用资金,设立农作物秸秆综合利用专项资金,预算安排9.2亿元。同时,改革资金分配方式,省财政会同有关主管部门依据各地农作物种植面积、秸秆还田省定目标任务、秸秆多种形式利用面积、秸秆多种形式利用主体数量、财力状况、2014年度工作开展情况及资金结算情况(包括实际还田情况和秸秆多种形式利用项目实施情况、资金使用及兑付情况、火点数等)因素,实行因素法分配。资金已于2015年3月底下达。

(2)支持水环境污染治理工程,确保饮用水安全。从2007年起设立省级太湖水污染治理专项资金,每年安排20亿元支持调水引流、污水处理设施建设、湖体清淤、农村环境整治等太湖流域重点治污工程项目建设,确保饮用水安全,确保不发生大面积湖泛。加大对南水北调治污工程的支持力度,2013年下达省补资金4亿元,对截污导流工程、水质断面达标工程和南水北调水质自动监控系统项目给予支持,保证了14个控制断面水质基本达标。支持农村饮水安全,2013年省财政先行拨付60％奖补资金计9328万元,与城乡统筹区域供水省级奖补资金捆绑下达,有力地保障了新一轮农村饮水安全工程与城乡统筹区域供水工程顺利实施。

（3）支持城市及农村环境整治,努力改善城乡面貌。推进村庄环境整治,2011—2013年安排省级村庄环境整治引导资金20.1亿元,整合省财政预算安排及中央财政专项资金约64.36亿元,支持12.8万个村庄完成整治任务,占全省村庄总数的67.7％;安排京沪高铁沿线村庄环境整治和绿化奖补资金1.2亿元,支持京沪高铁改善沿线生态绿化环境。实施农村环境连片整治示范工程,2010—2012年中央财政三年支持江苏省8.5亿元,江苏省按1∶1.5配套安排12.75亿元,选取20个县（市、区）作为示范片区,全面开展以农村生活污水、生活垃圾、畜禽粪便治理为主要内容的连片整治示范,完工率连续三年全国第一。扎实开展城市环境综合整治,设立省级城市环境综合整治引导资金,2013—2015年共安排15亿元对直接开展城市综合环境整治的市、县人民政府实行奖补,并对整治成效显著且获得省政府命名的"江苏省优秀管理城市"给予适当奖励。

（4）推进绿色江苏建设,设立绿色江苏专项资金。2013年省财政下达资金3.49亿元,重点支持全省绿化造林、抚育中幼林、绿化示范村和生态示范村建设等,共完成造林68万亩、中幼林抚育152万亩、绿化村庄1050个,超额完成年初建设任务。实施生态公益林管护,2013年省以上财政安排生态公益林补偿基金1.38亿万元,对省级以上重点生态公益林539.68万亩实施管护,每亩补助标准由2012年的20元提高到25元。

2. 全面深化环境收费价格改革

（1）完善排污收费政策。为贯彻落实《中共中央国务院关于推进价格机制改革的若干意见》,2015年底,江苏省明确了排污费征收相关问题。一是制定石油化工、包装印刷等试点行业挥发性有机物（VOCs）排污费征收标准。2016年1月1日至2017年12月31日,VOCs排污费征收标准为每污染当量3.6元;2018年1月1日起,VOCs排污费征收标准为每污染当量4.8元。二是制定太湖流域总氮、总磷排污费征收标准。2016年1月1日至2017年12月31日,太湖流域总氮、总磷排污费征收标准为每污染当量4.2元;2018年1月1日起,太湖流域总氮、总磷排污费征收标准为每污染当量5.6元。三是进一步明晰排污费调整范围。废气、污水中主要污染物排污费征收标准按照省物价局、省财政厅、省环境保护厅《关于调整排污费征收标准等有关问题的通知》规定执行。未予明确的污染因子中,废气污染因子排污费征收标准为每污染当量1.2元,污水污染因子排污费征收标准为每污染当量1.4元,且不实行差别化征收。四是深入实施差别化征收政策。石油化工、包装印刷等试点行业挥发性有机物排污收费、太湖流域总氮、总磷排污收费差别化收费政策按照省物价局、省财政厅、省环境保护厅《关于调整排污费征收标准等有关问题的通知》文件规定的差别化收费政策执行。五是太湖流域污水排放口,对五项主要重金属污染物(铅、汞、铬、镉、类金属砷)、总氮或氨氮(二选一,按当量数大者计征)、总磷均须征收排污费;除上述污染因子之外,其他污染物按照污染当量数从多到少排序,对最多不超过 3 项污染物征收排污费。其他区域污水排放口,对五项主要重金属污染物(铅、汞、铬、镉、类金属砷)均须征收排污费;其他污染物按照污染当量数从多到少排序,对最多不超过 3 项污染物征收排污费。

(2)积极推行差别水价。2016 年底前,县级城市应全面实施居民阶梯水价制度,具备条件的建制镇也要积极推进。2020 年底前,全面实行非居民用水超定额、超计划累进加价收费制度,引导全社会合理用水、节约用水。严格执行差别化水资源费征收标准。充分发挥价格政策的引导作用,建立健全水资源费差别化征收体系,对地表水水资源费、地下水超采地区和非超采地区水资源费实施差别化征收政策。对易于造成水资源浪费的行业执行较高的征收标准,形成倒逼高耗水产能退出的机制。

(3)合理制定"绿色电力"价格。为促进可再生能源的开发利用,销售电价每千瓦时提高 0.001 元,专项用于鼓励垃圾发电、风力发电、秸秆发电等可再生能源的发展。对实施烟气脱硫改造的统调燃煤机组,上网电价每千瓦时提高 0.015 元。执行脱硫电价的发电企业,要求脱硫设施必须正常运行,否则不得享受脱硫加价政策。

3. 完善环境制度建设

(1)建立生态补偿财政转移支付制度。2013 年起设立省级生态补偿转移支付资金,根据《江苏省生态红线区域保护规划》,对生态红线内的重要自然保护区、重要湿地、重要林地和公益林地等,因实施生态保护而形成的贡献给予生态补偿,增强各地改善环境质量、维护生态安全的能力。该转移支付资金由保护地政府全部用于生态红线区域内的环境保护、生态修复和生态补偿,2013 年下达资金 9.88 亿元。

(2)建立水环境区域补偿制度,强化水环境保护责任。会同省主管部门在总结太湖流域和通榆河流域水环境质量区域补偿经验的基础上,按照"双向补偿"原则,建立覆盖全省主要流域水环境区域补偿制度。按照"谁达标、谁受益,谁超标、谁补偿"的原则,建立上下游双向补(赔)偿制度,强化水环境保护责任,改善水环境质量。

(3)开展排污权有偿使用和交易试点。会同省环保厅等部门积极探索、创新,在全国率先开展了排污权有偿使用和交易试点。截至 2013 年底,太湖流域试点企业缴纳水污染物排污权有偿使用费 6363 笔共计 2.41 亿元;完成水污染物排污权交易 2031 笔,交易总额 6829.51 万元;完成全省主要大气污染物排污权交易 24 笔,交易总额 9356.61 万元。今后将通过逐年积累的经验研究不断完善排污权有偿使用和交易制度,逐步扩大排污指标范围,形成能够反映环境稀缺程度、供求关系的环境资源价格。

4. 改革资金分配方式,提高资金使用效益

(1) 整合专项资金,集中投入,形成合力。按照专项资金性质不变、安排渠道不变、监督管理不变原则,将现有省级用于生态文明建设的 30 多个专项资金整合为省级生态文明建设专项资金,并逐年大幅度增长,到 2014 年该专项资金规模达到 100 亿元。集中解决大气、水、土壤污染等突出问题。每年整合省以上用于农村环境投入的资金 45 亿元用于农村环境综合整治,整合后的专项资金要严格按照规定的支持范围和支持重点使用,力争通过三到五年的努力,全面改善农村生态环境面貌。

(2) 切块分配专项资金。将部分省级专项资金按照因素法切块分配到市县,由市县根据地方实际情况统筹安排项目,减少过程成本,加快预算执行,提高资金使用效益。如为整合和规范省级环境保护专项引导资金的管理,省财政厅会同省环保厅改变过去以项目申报为主的资金分配方式,除省级环保重点项目外,其他资金采用按因素法切块到市县,使专项资金更好地与地方治污任务相结合,充分发挥财政专项资金引导作用。

(3) 实行以奖代补。对省级城镇基础设施的区域供水、污水管网、垃圾处理、农村饮用水安全、城市环境综合整治等专项资金采用以奖代补方式给予补助,建立以结果为导向的补助机制,引导地方政府及社会资金的投入。

5. 拓宽融资渠道,为生态文明建设提供金融支持

(1) 积极利用亚行贷款。为策应江苏沿海地区发展战略的实施,强化生物多样性保护,维护生态系统稳定,提高区域可持续发展能力,2009 年 6 月,省政府决定利用亚洲开发银行贷款实施江苏盐城湿地保护项目,该项目总投资 4.92 亿元人民币,其中利用亚行贷款 3690 万美元,省财政分年度安排 2 亿元,其余由地方筹措。目前,该项目已启动实施,预计 2017 年结束。

(2) 积极利用清洁发展委托贷款支持省内节能减排项目。清洁发展委托贷款主要用于支持有利于控制和减少温室气体排放的项目。自中国清洁发展机制基金开始发放贷款以来,省财政厅认真规范项目申报评审程序,甄选优秀项目,为鼓励各地积极申报项目,省财政对申报成功的项目给予 50% 的贴息。截至 2013 年底,江苏省已有 13 个项目获得近 6.37 亿元优惠贷款。

四、江苏财政环保投入存在的主要问题

1. 环保投入总量偏少,环保投资所占比重不高

江苏省在环境污染治理上的投资总额以及占 GDP 的比重一直处于偏低状态,现阶段的环境污染状况相比发达国家在工业化中期的环境污染状况要严峻和复杂得多,面对污染程度严重、污染覆盖范围广、污染源种类繁多且分布广泛,污染防治

治理等配套设施欠缺等诸多问题，目前江苏省在环境污染治理上的投资仍远远不足，还需要更大量的资金投入，否则环境质量将很难得到有效改善，甚至难以控制环境污染的恶化趋势。

根据国际经验，当环境保护投资占 GDP 的比例达到 1％—1.5％时，可以控制环境污染恶化的趋势；当该比例达到 2％—3％时，环境质量可以有所改善，基本保证环境与经济社会的协调发展。发达国家在 20 世纪 70 年代环境保护投资已经占到 GDP 的 1％—2％，其中美国为 2％，日本为 2％—3％，德国为 2.1％。2013 年和 2014 年，江苏环境污染治理投资分别为 881.0 亿元和 880.6 亿元，占 GDP 比重分别为 1.49％和 1.35％，环境污染治理投资占 GDP 比重偏低，且增长不快，从而制约着江苏环境质量的明显改善。

2. 环境保护财政资金使用的监督机制不健全，使用效率低下

环境资源的公共物品属性使市场机制不能很好地发挥作用，存在着无市场、弱市场和市场竞争不足的缺陷：一方面，很多资源的市场还没有发育起来或根本不存在，在此种背景下，这些资源的价格十分低廉，从而导致其过度使用而日益稀缺；另一方面，有些资源市场虽然存在，但资源产品价格只体现了劳动和资源成本，并没有反映出生产中资源的耗费而产生的机会成本，致使该价格不能正确的体现其价值；此外，环境资源的市场配置中存在着竞争不足现象。由环境外部性问题引发的"市场失灵"在社会经济生活中不难寻见，市场机制无法保障社会经济系统的平衡与稳定协调，更难以实现环境正义。因此，当市场机制在环境领域内不能正常运作时，政府应当站出来进行干预以弥补市场失灵。自开展环境保护的工作以来，环境污染的治理工作取得了很多成效，但是环境污染的治理工作没有达到预期的效果，究其原因主要是资金的使用效率低下，而且环境保护财政资金使用的监管机制不健全。具体来说，主要存在以下三方面问题：

（1）资金筹措不力。我国的相关政策和法律规定了环保资金的使用应是专款专用，由于管理和监督体制的不健全，环保财政预算范围内的使用资金绝大部分得到了保障，但是预算外的很多资金不能及时有效的到位并起到相应的作用，另一方面在筹集环保资金的过程中，由于许多征收标准不清晰，征收范围不确定都使得环保资金的筹措效率大打折扣。

（2）资金监管不力。部分资金的流失与环境保护部门的行政开销相关，伴随着国家提高了对环境保护的重视程度，环境保护的相关工作人员的数量也不断提升，各部门的人员费用就是一笔很大的花销，一般环保部门的工作人员福利待遇要优于普通的公共部门员工，其中超支的部分来自于环保部门征收而来的各项税费，这种状况究其原因则是环保资金的征收、使用以及监管的主体都是环保部门，这就使得有些环保部门"公肥私"，由于没有明确的环保资金监管部门，导致环保资金的使用效果不尽如人意。此外，我国目前的环保资金管理方法中并没有对支出的标

准作出相应规定,只是对资金的使用范围作出了相关规定,这样就会导致在管理过程中各个方面的具体支出缺乏限制,在实际使用中随意性较大。

(3)资金使用效率低下。环保专项资金被挪作他用的现象就时有发生,这种情况下,环保专项资金不但没有得到应有的使用影响环境保护工作的进行,而且也会导致环境保护相应的资金拨付不利。专款专用、加强监管并不意味着环保资金被搁置,环保资金的大量搁置也会大大拉低资金的使用效率,所以政府要不断制定新的政策,出现新的问题就要快速、优质解决。

3. 企业环保社会责任的制度安排欠缺,导致环保意识不强

从企业治理主体来看,我国尚没有系统的对企业违法责任的追究机制,对企业污染环境的违法行为处罚总体上偏软,企业的违法成本相对较低,市场调节机制等也不健全,因而企业为追求利益最大化,忽略了环境保护的重要性,牺牲环境质量换得经济利益,而且社会环境信用对企业约束不强,企业并不会因污染环境问题而导致严重的信用损失,也还未建立环境损害赔偿等制度。此外,与西方发达国家健全完善的环保税收体系相比,我国的环保税收也相对滞后。环保税收的征收重要的是预防,并非治理,环境税的征收应该更具前瞻性,健全的环境税收体系在增加财政收入的同时也会减少后期治理环境的投入。

五、财政支持环境保护的对策与建议

1. 加大环境保护财政投资力度

确保环境保护支出占 GDP 的比重,使得环境保护投资与经济发展速度相适应,既不会由于环境保护投入的资金过多对经济增长造成负效应,也不会因为环境保护资金投入不足造成只顾经济发展不顾生态环境的状况。政府有必要拓宽资金筹措渠道,大力引导民营资本进入环保领域,使环境保护资金的投入多元化、多形式化。大力推进环保投资 PPP 模式,因为单纯的市场或政府力量已经无法适应环境治理与保护的需要,实行制度创新,将市场机制与政府干预进行有机结合,发挥各自优势,既可以多渠道筹集环保资金,又可以提高环保投资的效率。同时,可以扩大政策性金融融资支持,探索生态环境基金彩票的发行等方式。

在建立环境保护专项基金的条件下,调整环保专项资金的使用结构,做到专项基金有偿有序的发展,专款专用,充分发挥财政资金的引导和示范作用。注重支持发展节能和可再生能源技术,以便从根本上杜绝污染物的产生。当前,应按照专项资金性质不变、安排渠道不变、监督管理不变的原则,将现有省级有关环境保护的相关专项资金整合使用,集中解决大气、水、土壤污染等环境保护突出问题。

2. 强化环境保护财政资金的监管力度,提高资金使用效率

环境保护工作开展以来,环保财政政策始终在不断发展和完善,尤其是在各项环境保护的法律法规和管理制度方面,要求环保资金必须专款专用,可是环保资金

在使用过程中存在环保专款挪作他用以及使用率低下的状况,这些问题严重阻碍了环境保护工作的进一步开展。所以,应建立一系列监督机制用以规范环保财政资金的使用的全过程,例如,环保资金的申请、审核、拨款以及使用都应该全面加强管理,防止环保资金在使用过程中出现漏洞。

目前的环保监督不是仅依靠环保部门或者个别部门来执行,而是通过各项环保工作参与的所有实施机构共同承担,以水资源设立的专项防治资金为例,水资源保护资金由政府部门下拨给环境保护部门和水资源保护部门,并由各部门分别进行支配和监督,在其使用过程中并不受到财政局的监督,而是由独立于二者之间的审计部门承担监督责任。这种多个部门共同参与监督职能的制度,在实施时也会暴露出很多问题,各个机构在对本机构进行资金监管时,必然会降低监督标准,虽然有审计部门独立监督,但是有与审计部门对整个环保保护工作的参与程度有限,必然会影响审计部门对整个流程的熟悉程度,因此其监管也不到位,一定会影响环保资金的使用效率。应该建立单独的环保资金监督部门,由独立的部门对整个环保资金使用的各个步骤进行监管,这样的监督制度可以使责任更加明确,出现问题可以找到相应的责任承担人。责任到部门的监管制度不仅有利于环保资金监管的透明化,减少资金漏洞的产生,而且避免环保专项资金挪作他用,从而提高了环境保护资金的使用率。

3. 优化财税政策,增强企业环保投入的责任

我国目前的环保税收体系还不够完整,税收涉及的范围小,种类不齐全,尤其是对二氧化碳以及氮氧化物、硫化物的排放,目前还没有相应的税目和税率。根据OECD 各国的经验,不但需要扩大现存税种的征收范围、提高征收税率,而且应该建立新的环境保护税目,例如:硫排放税、碳排放税等。这些税收的进行应该是循序渐进、逐步提高的,这样不但给其所涉及的行业带来一定的环境约束,而且有助于节能减排。从长远角度来看,这样的税收政策为实现绿色发展路径、新形式的公私合营提供了新的动力。对节能减排、加大环保科技投入的企业给予补助、优惠或退税,对企业采购的环保设备和引进的环保技术应给予更加优惠的计税方式,推进绿色环保设备和技术的更新;同时,倡导绿色节能,对购买环保材料、低能耗家电的居民给予补贴和返还,鼓励居民使用对环境危害小的各类产品,调整消费结构,使其趋于合理。根据国外先进国家的环保理念,应该逐步建立专门的环境税收,环境税的开征将会打开环境保护税收的新局面,逐步出台新的税目,细化环境保护税收的内容,使环境税专业化、精细化,例如:对垃圾的妥善处理,避免出现垃圾围城;限制温室气体的排放;约束废水、废气、废渣的排放。逐步增加一些税目,提高一些税率,避免因税率普遍偏低导致的资源市场价位较低的现状,尤其是在污染严重的产业和领域,以引导企业和居民共同促进环保节能实现绿色税收。

第十九章 2015年江苏省科学技术支出分析

一、2015年科学技术状况

科技创新能力不断增强。区域创新能力连续七年保持全国第一。全省科技进步贡献率达60%,比上年提高1个百分点。全年授权专利25万件,其中发明专利3.6万件。全年共签订各类技术合同2.5万项,技术合同成交额达700亿元,比上年增长6.8%。比上年增加25.12%。其中发明专利3.6万件。全省企业共申请专利27.5万件。

高新技术产业较快发展。组织实施省重大科技成果转化专项资金项目182项,省资助资金投入15.3亿元,新增总投入119亿元。全省按国家新标准认定高新技术企业累计达1万家。新认定省级高新技术产品9802项,已建国家级高新技术特色产业基地139个。高新技术产业全年实现高新技术产值61373.61亿元,增长7.15%。占规模以上工业总产值比重达40.96%,比上年高了0.91个百分点。

科研投入比重提高。全社会研究与发展(R&D)活动经费1788亿元,占地区生产总值比重为2.55%,比上年提高0.05个百分点。全省从事科技活动人员120.3万人,其中研究与发展(R&D)人员74.6万人。全省拥有中国科学院和中国工程院院士96人。全省科技机构23101个,全省各类科学研究与技术开发机构中,政府部门属独立研究与开发机构达144个。全省已建国家和省级重点实验室97个,科技服务平台290个,工程技术研究中心2989个,企业院士工作站329个,经国家认定的技术中心95家。

二、2015年科技支出分析

表1 2007—2015年科学技术支出情况

年份	科学技术支出	增长率	占总支出比重
2007	68.73	33.92	2.69%
2008	91.52	33.16	2.82%
2009	117.02	27.86	2.91%
2010	150.35	28.48	3.06%

续　表

年份	科学技术支出	增长率	占总支出比重
2011	213.4	41.94	3.42%
2012	257.24	20.54	3.66%
2013	302.59	17.63	3.88%
2014	327.1	8.1	3.86%
2015	371.96	13.71	3.84%

数据来源:2008—2016 年《江苏统计年鉴》。

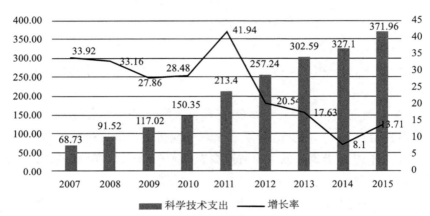

图 1　2007—2015 年江苏省科学技术支出以及增长率

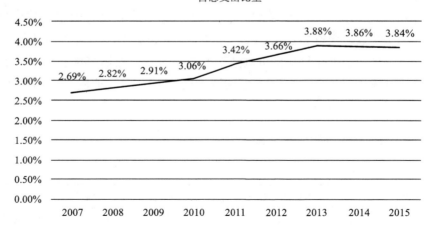

图 2　2007—2015 年江苏省科学技术支出占总支出的比重

图 1、图 2 数据来源:2008—2016 年《江苏统计年鉴》。

由上述数据可以看出江苏省的科学技术支出在绝对数上一直呈现上升的态势,但增长速度从 2011 年之后一直处于下降的状态,2015 年的科学技术支出增长速度比 2014 年有所上升。从科学技术占总支出的比重上看，比重一直上升，到 2015 年科学技术支出占总支出比重为 3.84％，接近 4％。

表 2　2008—2015 年国家科学技术支出情况

年份	国家科学技术支出	增长率	占总支出比重
2008	2129.21	19.41％	3.40％
2009	2744.52	28.90％	3.60％
2010	3250.18	18.42％	3.62％
2011	3828.02	17.78％	3.50％
2012	4452.63	16.32％	3.54％
2013	5084.3	14.19％	3.63％
2014	5314.45	4.53％	3.50％
2015	5862.57	10.31％	3.33％

数据来源：2009—2016《中国统计年鉴》。

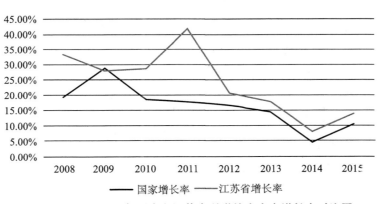

图 3　2008—2015 年国家和江苏省科学技术支出增长率对比图

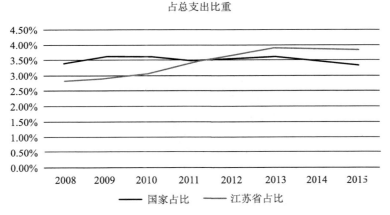

图 4　2008—2015 国家和江苏省科学技术支出占总支出的比重对比图

图 3、图 4 数据来源：2009—2016 年《中国统计年鉴》和《江苏统计年鉴》。

由图 3 可以看出江苏省得科学技术支出的增长速度是大于国家科学技术支出的增长速度的,其差距保持在 3%—4% 之间。由图 4 可以看出,江苏省的科学技术支出占总支出的比重在 2012 年之前是低于国家的科学技术支出占比的,而在 2012 年之后则高于国家的科学技术支出占比。可以看出江苏省的科学技术支出在绝对数、增长率和占比情况上还是处于良好稳定的状况的。

三、科学技术支出存在的问题

(一)基础研究不足

科学研究支出按活动类型分为基础研究、应用研究和实验发展。虽然在国内的各个省份中间,江苏省的科学技术支出并不低,但是相比于国际投入比例状况,江苏省在基础性研究和应用性研究的支出过低,尤其是基础研究。而基础研究是整个科技研究的核心,其公共产品属性最强,私人不愿意介入,政府资金就更应该加大投入。并且江苏省主要把科技支出投向研究机构和高等院校,企业方面的投入比较少。可见,财政资金并没有投向最需要的领域,也没有发挥最大的效益。

(二)支出规模不足

科技支持的投入强度和投入规模是衡量一个省创新能力的重要因素之一。2015 年,江苏省的科学技术支出虽然在绝对量上增长迅速,但是相对量增长不足,科技支出占江苏省财政总支出比重不高且增长缓慢,同时科技支出占 GDP 的比重也不高,这与建立创新型国家的战略和未来的经济发展不相符。

(三)区域性差异

以 2015 年江苏省各地区科学技术支出数据为例,由下图可以看出,江苏省各地区科技支出之间的差异还是很大的,其中苏州和南京的占比较高,连云港、淮安、盐城、扬州、镇江、泰州和宿迁地的科学技术支出仅占总份额的 2%—4%。占比最大的苏州和占比最小的宿迁之间的差距达到 23.45%,宿迁的科技支出仅是苏州的 10% 不到,可见江苏省各地区之间的科学技术支出的差距还是很大的。

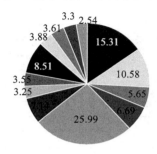

■ 南京　　▨ 无锡　　■ 徐州　　■ 常州　　▨ 苏州　　■ 南通　　▨ 连云港
■ 淮安　　■ 盐城　　▨ 扬州　　■ 镇江　　■ 泰州　　▨ 宿迁

图 5　2016 江苏省各地区科学技术支出的比重对比图

图 5 数据来源:2016 年《江苏统计年鉴》。

四、政策建议

(一)优化科学技术支出结构,加强基础研究的支出

基础性的研究是技术创新的源泉,是科技进步、经济繁荣、社会发展的潜力和基础,政府应当在科技支出中扮演更为重要的角色。同时更具 WTO《补贴与反补贴措施协议》规定,政府对于基础型研究的补贴不再限制之列。应当充分利用该规定,合理加大政府对于基础性研究的投入,为建设创新型国家的战略目标奠定坚实的基础。

从科学技术支出的地区性差异来说,应当加大对于贫困地区或者不发达地区的科技投入,尤其是 2015 年科技支出在 2%—4% 之间的 7 个城市。从长远来看,这些地区应调整财政支出结构,尽量将财政资金投向教育和科技事业上,为经济的长远发展夯实基础。

(二)加大科学技术支出力度,建立科技支出与经济增长的联动机制

科学技术的发展水平与科技实力的提高与科技支出规模密切相关。在创新型国家的战略发展背景下,江苏省必须加大财政科技支出的投入力度,提升科技支出的总规模。同时,应当将科学技术支出与经济的发展相联系,保证科技支出与经济的发展同步增长。

(三)丰富科技支出形式

政府支持科学技术的发展手段多种多样,有财政支出的资金支持、税收激励等方式,税收激励包括加速折旧、税收抵免、投资抵免等多种方式。江苏省可以在其权限范围内,通过税收激励的方式,刺激私人企业对科技研究的支出,促进整体的科学技术的发展水平。

第四篇　实证研究篇

第二十章 "新常态"下江苏省教育财政投入长效机制研究

一、导论

21世纪以来,江苏省教育事业改革发展取得令人瞩目的成就,高标准完成了省教育规划纲要确定的"率先建成教育强省、率先实现教育现代化"的阶段性任务。截至2015年底,江苏全省义务教育巩固率达100.0%,高中阶段教育毛入学率达99.1%,高等教育毛入学率达52.3%,各阶段教育的入学率在全国均名列前茅。在建设教育强省的过程中,政府部门的教育财政投入作为物质基础,为江苏省教育事业的发展提供了有力的经费支撑。

2010年7月29日,中共中央、国务院印发了《国家中长期教育改革和发展规划纲要(2010—2020年)》,《纲要》中指出:教育投入是公共财政的重要职能,各级政府要优化财政支出结构,大幅度提高教育财政投入。作为政府教育财政投入规模的量化指标,公共教育支出占国内生产总值的比例常常被用作判断教育经费充足与否的评价标准。2012年,我国财政性教育经费占当年GDP比重为4.28%,首次达到并超过教育财政投入4%的战略目标。作为我国经济大省,江苏省2015年GDP总额高达7.06万亿元,仅次于广东省名列全国第二,全省一般公共预算收入完成8028.59亿元,增长11%,税收占比达82.3%,收入总量成为全国仅有的2个收入超8000亿的省份之一。然而,长久以来,江苏省财政性教育经费占GDP的比例却长期低于全国平均水平,尚不足3%。

1."新常态"下的教育财政投入

目前,我国经济正在向形态更高级、分工更复杂、结构更合理的阶段演化,经济运行处于深度调整期及矛盾消化期,经济发展步入"新常态"。伴随着经济增长由高速向中高速阶段的过渡,可以预见经济"新常态"下江苏省各级政府的财政收支压力将越来越大,以往自上而下"运动式"的资源调动改革模式已很难再复制,财政性教育经费增量在后"4%"阶段存在着较大的不确定性。

在经济"新常态"的发展背景下,教育财政投入随即出现增速放缓的迹象,教育财政投入4%的"政策红利"已开始逐步消失。据统计,2015年江苏省教育财政投入 1743.57 亿元,占 GDP 比重为 2.49%,较 2014 年又下滑了 0.08 个百分点,指标数值远远低于同期全国平均水平。以"新常态"为标志的经济社会结构转型,将对江苏省的教育财政投入增长形成严峻挑战,国内生产总值、财政收入、财政性教育经费与居民教育需求之间的矛盾也日益加剧。因此,在经济"新常态"背景下,如何建立健全教育财政投入增长的长效机制,从"行政命令驱动"走向"制度创新驱动",成为江苏省当前亟须解决的热点问题。

2. 教育财政投入长效机制的界定

随着人们对社会政治、经济和教育等领域研究的逐步深入,"机制"一词开始被广泛运用于社会科学研究的各个领域,表示能够使制度正常运行并发挥预期功能的配套制度。通过对教育财政投入和长效机制相关概念的有机结合,可以将教育财政投入增长的长效机制定义为:能够随时间、条件和环境变化不断完善,并确保政府教育经费投入长期稳定增长的制度体系。与此同时,教育财政投入增长长效机制是一项复杂的系统工程,其中包含了约束机制、动力机制和耦合机制等几个组成部分,它们在构成长效机制的同时,又通过彼此之间的相互作用,影响着长效机制的运行和发展,如图 1 所示。

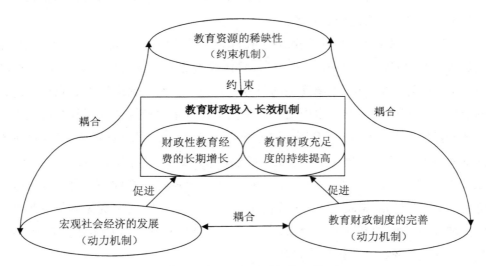

图 1　教育财政投入长效机制的总体运行图

在教育财政投入过程中,教育资源的有限性和稀缺性导致了财政性教育经费增长的不确定性,形成了所谓的约束机制。另一方面,宏观社会经济的发展为教育财政投入增长提供了物质保障,而教育财政投入制度的完善则从中观层面上对财政性教育经费的增长进行巩固和调节,两者同时成为整个系统工程的牵引力和推动力,共同构成了教育财政投入增长的动力机制。此外,教育财政投入增长具有现实的复杂性,要求动力机制在发挥作用的同时,能够根据社会经济和教育发展新形势下的约束机制进行调整和完善,形成能够耦合教育财政投入增长内在动力的耦合机制。因此,耦合机制成为整个教育财政投入增长长效机制中极为重要的加固力和支撑力,它通过协调约束机制和动力机制之间的相关关系,有效保障了教育财政投入增长的长效性。

综上所述,本书以江苏省作为研究对象,立足经济"新常态"这一研究背景,着力探讨影响江苏省教育财政投入长效机制的主要因素,通过对宏观、中观和微观变量的回归分析,系统研究促进财政性教育经费增长的动力机制,从而提出保障江苏省教育财政投入稳定增长的建议。

二、江苏省教育财政投入现状

近年来,江苏省教育事业取得了令人瞩目的成就,全面完成了省教育规划纲要确定的"率先建成教育强省、率先实现教育现代化"的阶段性任务。截至 2015 年底,江苏全省义务教育巩固率达 100.0%,高于全国平均水平 7 个百分点;高中阶段教育毛入学率达 99.1%,高于全国 12.1 个百分点;高等教育毛入学率更是高达 52.3%,率先进入了高等教育普及化的阶段,高于"十一五"末近 10.3 个百分点。伴随着我国财政体制的改革和变迁,江苏省不断加大对教育财政投入的力度,有力地支撑了本省教育事业的发展。

1. 分税制体制下的教育财政投入(1994—1999)

1993 年 11 月 14 日,中共中央在《关于建立社会主义市场经济体制若干问题的决定》中将实行分税制作为财政管理体制改革的重点,以"存量不动、增量调整,逐步提高中央的宏观调控能力,建立合理的财政分配机制"。以分税制为核心的财政管理体制改革,在保障中央和地方都有稳定财政收入来源的同时,有效地解决了中央和地方的财力分配关系,有利于地方教育财政投入的稳定增长。

1993 年 2 月 13 日,中国中央、国务院颁布了《中国教育改革和发展纲要》,《纲要》要求逐步建立起以政府财政拨款为主体的教育财政投入体制,努力提高国家财政性教育经费支出,使其占国内生产总值的比例在 20 世纪末达到 4%。随后,1995 年 3 月 18 日,第八届全国人大三次会议审议并通过了《中华人民共和国教育法》,进而以法律形式确立了我国"以国家财政拨款为主体,多渠道筹措教育经费为辅"的教育财政投入体制。《纲要》和《教育法》的颁布和实施,明确了政府在教育财政投入中的主体地位,在一定时期内有力地促进了江苏省财政性教育经费的稳定增长。

分税制改革以来,随着《中国教育改革和发展纲要》和《中华人民共和国教育法》等法律政策的建立,江苏省已初步形成了以国家财政拨款为主体、多渠道筹措教育经费的新型教育财政投入体制。如表 1 所示,1994 年江苏省财政性教育经费仅为 69.74 亿元,而在 1999 年迅速提升至 150.56 亿元,6 年间增长了 2.16 倍。与此同时,财政性教育经费占 GDP 的比重也呈现出逐年提高的趋势,由 1994 年的

1.72％提高至 1.96％。教育财政投入 4％的规定首次将财政性教育经费的投入和经济增长挂钩,在约束政府部门教育财政投入行为的同时,也为江苏省财政性教育经费的稳定增长提供了法律上的保障。

表 1　1994—1999 年江苏省财政性教育经费情况统计表　　　　　　　亿元/％

年份	财政性教育经费	GDP	地方财政支出	占 GDP 比重	占财政支出比重
1994	69.74	4057.39	200.17	1.72	34.84
1995	83.06	5155.30	253.50	1.61	32.77
1996	105.50	6057.00	310.94	1.74	33.93
1997	123.26	6695.00	379.51	1.84	32.48
1998	134.31	7201.00	434.17	1.87	30.94
1999	150.56	7701.00	528.56	1.96	28.48

数据来源:整理自历年《中国教育经费统计年鉴》。

2. 公共财政体制下的教育财政投入(2000 至今)

分税制改革重点围绕调整中央与地方之间的财税收入分配,财政收入重心的上移在一定程度上导致地方政府财权与事权不相匹配,致使许多公共项目出现财政投入责任不够明晰和经费投入不到位的现象。2000 年 10 月 11 日,中共中央在第十五届五中全会上审议通过了《关于制定国民经济和社会发展第十个五年计划的建议》,《建议》中计划在"十五"期间逐步建立适应社会主义市场经济要求的公共财政框架。公共财政体制强调财政的公共、公平和公益性,政府通过财政支出的方式提供基本公共服务,解决社会公共问题,满足社会公共需要,教育服务则是最为典型的社会公共需要之一。

2006 年 10 月 11 日,中国共产党第十六届中央委员会第六次全体会议通过了《关于构建社会主义和谐社会若干重大问题的决定》,《决定》再次强调了财政性教育经费占国内生产总值的比例达到 4％的战略目标。2010 年 7 月 29 日,中共中央、国务院印发了《国家中长期教育改革和发展规划纲要(2010—2020 年)》,《纲要》中指出:教育投入是公共财政的重要职能,各级政府要优化财政支出结构,大幅度提高教育财政投入,努力实现财政性教育经费占国内生产总值比例在 2012 年达到 4％的投入目标。

21 世纪以来,教育财政投入 4％的战略目标得到不断的强化,强有力的促进江苏省教育财政投入的持续增长。江苏省财政性教育经费由 2000 年的 164.5 亿元增长到 2015 年的 1743.57 亿元,增加了 1579.07 亿元,15 年间增长了 10.6 倍,实际增速从 2001 年的 8.34％提高到 2012 年的 18.20％,其中增速在 2007 年达到极大值 27.08％。

表2 2000—2015 年江苏省财政性教育经费、GDP 和财政支出统计表   亿元/%

年份	财政性教育经费	GDP	地方财政支出	占 GDP 比重	占财政支出比重	实际增速
2000	164.50	8585.00	591.30	1.92	27.82	
2001	179.47	9514.60	729.64	1.89	24.60	8.34
2002	209.29	10636.32	860.30	1.97	24.33	17.56
2003	233.13	12461.00	1047.70	1.87	22.25	10.07
2004	279.71	15512.40	1312.04	1.80	21.32	15.47
2005	335.58	18598.70	1673.40	1.80	20.05	17.86
2006	394.90	21742.10	2013.30	1.82	19.61	15.94
2007	525.93	26018.48	2553.72	2.02	20.59	27.08
2008	648.48	30981.98	3247.49	2.09	19.97	16.43
2009	740.21	34457.30	4017.36	2.15	18.43	14.95
2010	923.46	41425.48	4914.06	2.23	18.79	20.78
2011	1176.85	49110.27	6221.72	2.40	18.92	20.90
2012	1427.18	54058.22	7027.67	2.64	20.31	18.20
2013	1576.56	59753.37	7798.47	2.66	20.22	7.66
2014	1671.68	65088.32	8472.45	2.57	19.73	3.96
2015	1743.57	70116.38	9681.47	2.49	18.01	7.62

数据来源:整理自历年《中国教育经费统计年鉴》,数据指标采用 2000 年的价格作为不变价格进行计算。

3. 教育财政投入存在的问题

伴随着我国社会经济制度和财政管理体制的改革,江苏省教育财政投入制度经历了由国家高度集中到以预算内教育经费为主导、多渠道筹资模式的转变[①],促进了江苏省财政性教育经费的增长,但受到教育资源稀缺性等约束机制的影响,教育财政投入在增长过程中缺乏长期稳定性,尚未形成有效的长效机制。

从相对指标上来看,江苏省财政性教育经费在 GDP 和财政支出中的比重,长期维持在较低的水平,20 余年来最大值也仅为 2.66%,远远低于同期全国平均水平,2015 年,江苏省公共财政教育支出与财政经常性收入增长幅度比较,出现增速倒挂的现象,低了 2.69 个百分点。如图 2 所示,自 2000 年以来,通过对比江苏省、浙江省与全国的财政性教育经费占 GDP 的比重变化趋势图上看,江苏省一直处于较低的水平,不仅低于经济发展水平相近的浙江省,而且与全国指标的差距也越来越大。此外,2000—2015 年,江苏省财政性教育经费在财政支出中的占比由

① 龙舟.我国教育财政制度改革变迁研究[J].当代教育理论与实践,2009(08):7—9.

27.82%大幅下滑至18.01%,与相邻省份相比,长期低于浙江省3个百分点以上[1]。

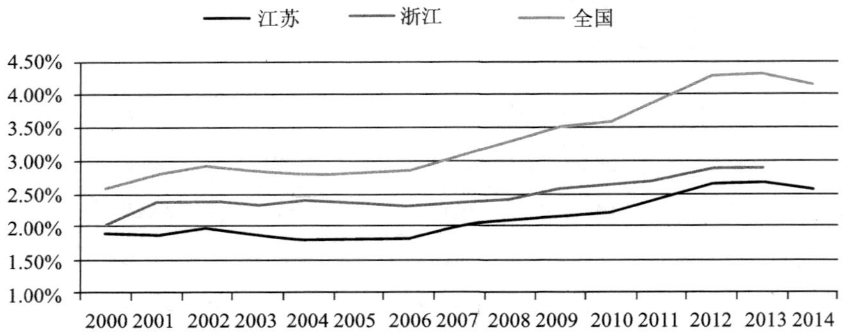

图2　2000—2014年江苏、浙江、全国财政性教育经费占GDP比重比较图

另一方面,2012年,各级政府通过共同努力将财政性教育经费提升至GDP的4%以后,教育财政投入标准面临何去何从的尴尬局面。在教育财政投入4%行政命令的"政策红利"释放完后,江苏省教育财政投入的增长开始出现疲软的迹象。2015年,江苏省财政性教育经费为1743.57亿元,以不变价格计算,实际增速由2012年的18.20%大幅下降至7.62%,增幅在2014年曾一度跌至3.96%。随着经济发展步入"新常态",江苏省教育财政投入的压力持续加大,为了率先实现教育现代化的目标,建设教育强省,促进教育事业又好又快发展,保障财政性教育经费稳定增长显得至关重要。

三、江苏省教育财政投入产出模型设计与分析

通过对江苏省教育财政投入现状的分析可以发现,教育财政投入的增长受社会经济环境、教育发展状况和教育财政投入制度等因素的影响,在不同历史时期表现出不同的变化趋势。因此,本书现尝试将教育财政投入增长机制中的部分影响因素进行量化,通过建立柯布道格拉斯生产函数模型,着重研究上述因素的实际效应,旨在为"新常态"下如何进一步完善江苏省教育财政投入长效机制提供理论依据。

1. 教育财政投入影响因素的指标选择

在对教育财政投入影响因素的分析过程中,我们首先以江苏省财政性教育经费 Fe_t 作为被解释变量。在解释变量的选取方面,结合国内外学者的相关研究,本书按照宏观、中观和微观层面将其分为三组,分别为社会经济环境变量组、教育财政投入制度变量组和教育发展状况变量组,在控制住宏观社会经济环境因素和微观教育发展状况因素的情况下,着重考察中观层面教育财政投入制度对江苏省财

---

[1]　因图2中2015年部分数据尚未公布,为了统一口径,故图表更新至2014年。

政性教育经费的影响情况。

　　首先,在宏观社会经济环境变量组的指标选择方面,教育财政投入的增长与社会经济环境息息相关,社会经济的稳定增长可以有力促进财政性教育经费规模的迅速扩张。靳云汇(1986)、刘泽云(2006)以及陈赟(2006)等学者均选取 GDP 指标作为解释变量,通过计量回归模型分析其对教育财政投入的影响,实证结果表明:GDP 与财政性教育经费之间具有显著的相关关系。因此,本书选取江苏省 2005—2014 年 GDP 作为解释变量,并假定 GDP 的增长对提高财政性教育经费具有正向影响。另一方面,从财政性教育经费的供给角度来看,教育财政投入的充足与否直接取决于各级政府财政收支状况。樊明成(2008)和宗晓华(2010)等学者采用财政收入占 GDP 的比重作为衡量政府财政供给能力的指标,实证结果表明:政府财政供给能力能够很好地解释教育财政投入的变化趋势。因此,本书也采用财政收入占 GDP 的比重作为解释变量,并假定其增长与教育财政投入的提高具有正相关关系。此外,各级政府的努力程度也是影响教育投入产出的一项重要指标,刘泽云(2003)和秦惠明(2013)通过实证研究发现,政府教育财政努力程度与教育财政投入之间存在线性关系。因此,本书选取教育财政投入努力程度作为解释变量,并假定其与教育财政投入之间存在正相关关系,其中教育财政投入努力程度用预算内教育经费占财政支出的比重来测算。

　　其次,在微观教育发展状况变量组的指标选择方面,各阶段教育在校生数量和增长速度决定了教育经费需求的规模,无疑对教育财政投入有着十分重要的影响。James M. Poterba(1996)通过对 1960—1990 年美国各州面板数据的实证分析,发现不同阶段适龄人口规模对政府公共教育支出的增长具有十分显著的影响。米红和郭书君(2005)也认为:在控制住社会经济发展水平的情况下,在校生数量的大小决定着政府教育财政投入的规模。因此,本书选取在校生数量作为教育发展状况变量组的解释变量,假定其与财政性教育经费存在正相关关系。基于数据的可得性,本书参照《中国统计年鉴》的统计方法,将江苏省 2005—2014 年各阶段在校生人数进行加总,形成统一的在校生规模指标。

　　最后,对中观教育财政投入制度变量组指标的选择分为三方面,在教育财政预算管理制度方面,1994 年 7 月颁布的《关于〈中国教育改革和发展纲要〉的实施意见》中要求对教育经费实行预算单列,预算制度的改革和完善可以减少教育财政投入执行中的随意性,在避免预算约束软化现象的同时,还可以将众多游离在外的预算外收入纳入财政性教育经费的收入范围,从而有效提高各级政府教育财政投入的充足水平。因此,本书采用江苏省预算内教育经费占财政性教育经费的比重作为解释变量,并假定预算内教育经费的增长具有"粘蝇纸"效应,可以有效促进其他教育财政支出项目的增长,从而对提高教育财政投入水平产生正向影响。在教育财政税收管理制度方面,教育费附加的征管在扩大财政性教育经费来源的同时,对提高教育财政投入水平也产生了积极的影响。因此,本书选择历年江苏省征收用于教育的税费这一指标对教育财政税收管理制度进行量化,并假定其与被解释变量之间存在正相关关系。此外,卢洪友,龚锋(2007)构建一个简单的理论模型以反映地方政府间预算支出交互影响的"攀比效应"[①],教育财政支出存在明显省际"攀比效应"。因此,本书选取浙江省财政性教育经费这一指标,并假定其与被解释变量之间存在正相关关系。

2. 教育财政投入产出模型构建

在对投入产出的实证研究中,国内外学者普遍采用柯布道格拉斯生产函数(C-D函数)的形式,将各项因素量化后纳入分析框架进行研究。本书拟采用 C-D 函数的分析框架,在控制宏观社会经济环境和微观教育发展状况的情况下,系统分析各项教育财政制度对财政性教育经费的影响情况,具体形式设定如下:

$$Fe_t = A * SE_t^\alpha * ED_t^\beta EF_t^\theta \tag{1}$$

其中,Fe_t 表示江苏省 t 年的财政性教育经费投入情况,SE_t 表示宏观社会经济环境变量组;ED_t 表示微观教育发展状况变量组;EF_t 则是本部分重点考察的中观教育财政投入制度变量组;α、β 和 θ 分别表示上述指标各自的弹性系数;此外,A 表示除上述因素之外解释财政性教育经费提高的余量。由于柯布道格拉斯生产函数最初是被经济学家用于分析经济增长的实证工具,符合经济学领域的普遍规律,但运用于教育学领域时会存在一定的偏差。因此,本书在对函数(1)取自然对数以后,并引入白噪声变量 V 作为误差项,最终可以得到:

$$\ln Fe_t = \ln A + \alpha \ln SE_t + \beta \ln ED_t + \theta \ln EF_t + V \tag{2}$$

因 2015 年江苏省部分经济和教育数据尚未公布,故本书拟采用 2005—2014 年宏观社会经济环境和微观教育发展状况变量组,在中观教育财政投入制度变量组方面,选取全省征收用于教育的税费和预算内教育经费占财政性教育经费的比重以及浙江省财政性教育经费作为解释变量,分析其对江苏财政性教育经费的影响情况。数据整理计算自历年《中国教育经费统计年鉴》和《江苏省统计年鉴》。

3. C-D 函数模型回归与检验

首先,在模型中,被解释变量为江苏省财政性教育经费 Fe_t(回归分析时以字母 y 表示);宏观社会经济环境变量组 SE_t 中包括 GDP(以 x_1 表示)、财政收入占GDP 比重(x_2)和预算内教育经费占财政支出比重(x_3)这三个解释变量;微观教育发展状况变量组 ED_t 包括在校生规模(x_6);最后,在本文着重考察的中观层面教育财政投入制度变量组包括了政府征收用于教育的税费(x_4)、预算内教育经费占财政性教育经费比重(x_5)和浙江省财政性教育经费(x_7)这三个解释变量。由于 C

---

① "攀比效应"是指社会经济活动中某些相关的经济变量之间或经济利益主体在利益分配方面存在的相互影响,轮番推进的现象。

-D 函数模型的回归建立在时间序列数据平稳性的基础之上,而在时间序列模型的分析过程中,很多宏观经济数据都是不平稳的,当时间序列数据不平稳时,容易出现虚假回归的现象。因此,本书首先使用计量统计软件 eviews7.2 对上述变量进行单位根检验(ADF),结果如下:

表 3　模型中各项变量单位根检验结果

变量	差分次数	(C,T,K)	DW 值	ADF 值	5%临界值	1%临界值	结论
$\ln y$	2	(0,0,1)	0.62	−3.27	−2.01	−2.94	I(2)*
$\ln x_1$	2	(0,0,1)	1.63	−3.31	−2.01	−2.94	I(2)*
$\ln x_2$	0	(0,0,1)	1.53	−3.28	−1.98	−2.82	I(0)*
$\ln x_3$	0	(0,0,1)	2.30	−2.09	−2.02	−3.01	I(0)*
$\ln x_4$	1	(0,0,1)	0.69	−6.70	−2.02	−3.01	I(1)*
$\ln x_5$	2	(0,0,1)	1.65	−3.23	−2.04	−3.11	I(2)*
$\ln x_6$	2	(C,T,1)	1.95	−5.92	−4.45	−6.29	I(2)*
$\ln x_7$	2	(0,0,1)	1.06	−3.98	−2.02	−3.01	I(2)*

注:(C,T,K)表示 ADF 检验式是否包含常数项、时间趋势项以及滞后期数;* 表示变量差分后在 5%的显著水平上通过 ADF 平稳性检验。

如表 3 所示,模型中各变量原始数据大多为不平稳的时间序列,通过对其进行一阶或二阶差分处理后,转换为平稳的时间序列。本书采用二阶差分后的时间序列数据,在对模型中各变量做最小二乘回归,由于解释变量预算内教育经费占财政支出比重(x_3)、政府征收用于教育的税费(x_4)和在校生规模(x_6)存在严重多重共线性,且回归结果不显著,故在剔除上述三个控制变量后回归结果如下:

表 4　C-D 模型回归结果

Source	SS	df	MS	Number of obs = 6
				F(4,1) = 7457.62
Mode 1	.035330908	4	.008832727	prob > F = 0.0087
Residua 1	1.1844e−06	1	1.1844e−06	R = squared = 1.0000
				AajR-squared = 0.9998
Tota 1	.035332093	5	.007066419	Root MSE = .00109

$d2lny$	Coef.	Std.Err.	t	$P>|t|$	[95%　Conf.Interval]	
$d2\ln x_1$	1.074928	.0196569	54.68	0.012	.8251633	1.324693
$d2\ln x_2$	−.1223987	.0109283	−11.20	0.057	−.2612556	.0164582
$d2\ln x_5$	.0743498	.0010849	68.53	0.009	.0605654	−.0001342
$d2\ln x_7$	.1933608	.0321505	46.01	0.015	−.2151494	.601871
_cons	.0030945	.0006368	4.86	0.129	−.0049965	.0111855

如表 4 所示,在剔除三个控制变量后,C-D 函数模型中各变量二阶差分项的

回归结果在 5% 的显著性水平上均显著,且 $R^2=0.9998$,拟合优度较高。为保证模型回归结果的稳健性,拟采用财政性教育经费占 GDP 的比例表示教育财政投入充足水平,对模型进行再次回归,所得回归结果中各项制度变量的系数均显著为正。与此同时,最小二乘回归要求每个解释变量与误差项不相关,但这个条件可能因为个别变量被遗漏,或者解释变量与误差项相关而无法满足,导致内生性问题的产生。为了尽量避免上述问题,本文基于现有研究和数据的可得性,将可能产生影响的因素都加入模型中,尽可能排除控制变量遗漏的因素。使用 Ramsey 方法对模型进行遗漏变量检验,其 P 值为 0.4413,不能拒绝原假设,模型基本不存在遗漏变量。由模型稳健性和遗漏变量的检验结果可知,模型中指标数据选择相对可靠,已经尽量避免了内生性问题。另一方面,此时的四个解释变量之间的方差膨胀因子(VIF)的平均值为 5.12,远远小于经验值 10,故也不存在多重共线性;怀特检验的 P 值为 0.3245,大于 0.01、0.05 和 0.1,不能拒绝同方差的原假设,说明模型不存在异方差。

4. C-D 函数模型回归结果分析

根据 C-D 函数模型的回归结果和相关统计数据可以看到:在宏观社会经济环境变量组 SE_t 中,GDP(x_1)系数为 1.075,且在 1% 的显著水平下统计显著,表明 GDP 每提高百分之一,财政性教育经费指数 Fe_t 会相应地提高 1.075 个百分点,与理论假设保持一致,国民经济总量的增加,能够显著提高江苏省教育财政投入水平;同时,变量组 SE_t 中财政收入占 GDP 比重(x_2)系数为 -0.1224,且同样统计显著,此回归结果与原假设正好相反,表明江苏省财政供给能力的增长,并未能有效提高其教育财政投入水平。长期以来,江苏省财政性教育经费占 GDP 比重处于 3% 以下,长期低于全国同期平均水平,然而其教育财政投入总规模却位于全国前列,其中一个重要原因在于江苏省财政收入占 GDP 比重常年偏低,导致教育财政投入长期未能达到 4% 的战略目标。

另一方面,本书着重考察的教育财政投入制度变量组 EF_t 中,在控制住宏观社会经济环境变量组 SE_t 和微观教育发展状况变量组 ED_t 时,预算内教育经费占财政性教育经费比重(x_5)系数为 0.074,且统计显著,回归结果表明江苏省预算内教育经费在一定程度上发挥出了"粘蝇纸"效应,有效促进其他教育财政支出项目的增长。此外,浙江省财政性教育经费每增长 1 个百分点,江苏省财政性教育经费指数 Fe_t 会相应地提高 19.3 个百分点,回归结果与理论假设保持一致。因此,江苏省财政性教育经费在受到宏观经济环境和微观教育发展等因素影响的同时,还存在较强的省际"攀比效应"。

四、"新常态"下保障教育财政投入的制度设计

长期以来,江苏省教育财政投入的过程中,行政命令式投入方式带来的增长掩

盖了制度层面上存在的问题,教育财政投入制度供求的不均衡状态,呼唤着更加合理和完善的顶层设计。在经济"新常态"下,江苏省政府部门应该积极发挥教育财政投入制度的牵引作用,从"行政命令式驱动"走向"制度创新驱动"。基于前文中的实证结论和江苏省经济发展现状,本文拟从教育财政转移支付等方面入手,结合当前"中央与地方财政事权和支出责任划分"、"营改增"、"开征房地产税"和"新预算法"等改革新动态,对江苏省在"新常态"下如何保障教育财政投入进行综合展望。

1. 强化省级政府的教育财政投入责任,完善教育财政转移支付制度

科斯定理指出:在资源的配置过程中,各市场经济主体产权的明确划分,可以降低交易成本,实现资源配置的帕累托最优。2016 年 8 月,国务院发布《关于推进中央与地方财政事权和支出责任划分改革的指导意见》,《意见》中指出合理划分政府间财政事权和支出责任是有效提供基本公共服务的前提和保障,要求进一步明确义务教育等基本公共服务各承担主体的职责。2014 年 9 月,新《预算法》已主张建设由省级政府统筹管理使用的一般性转移支付体系,强调了省级政府在教育等领域基本公共服务的支出责任。

实证结果表明,江苏省预算内教育经费具有较强的"粘蝇纸"效应,可以有效地促进其他教育财政支出项目的增长。因此,经济"新常态"背景下,江苏省在建立教育财政投入长效机制的过程中,首先应该明确各级政府在教育支出中的责任,强化省级政府的综合统筹作用,效仿美国等联邦制国家,建立起以省级统筹的自下而上的教育财政转移支付模式。省级统筹的自下而上的教育财政转移支付制度,可以有效确立各级政府教育财政投入责任,扭转以往由中央政府核定各项教育财政支出标准的"顶层设计"做法,形成由省政府自下而上制订本地区教育财政支出标准的模式。一方面,可以使得省级政府拥有一部分专项资金克服地方政府"非均衡化效应"[①],硬化地方教育财政预算约束;另一方面,省级政府还可以根据本地区教育财政支出标准的实施情况,完善对基层的转移支付体系,从而满足辖区内不同地区教育财政投入的异质性需求,努力发挥出预算内教育经费的"粘蝇纸"效应,从而提高教育财政投入的公平性、稳定性和可持续性。

2. 扩大教育费附加的税基范围,提高教育财政投入中的税式支出

《世界银行教育援助战略》中指出:教育税收及其资金使用都与各级各类学校的管理和融资具有密不可分的关系。在教育税收管理制度方面,各国通过征收独立教育税等制度模式,有效地保障了本国教育财政投入的稳定增长。目前,江苏省

---

① 北京大学刘明兴教授(2013)将地方非均衡化效应定义为:一是县乡政权、基层的公共事业部门以及村集体的运转经费紧张;二是基层的公务员、事业编制人员、村干部的工资待遇得不到保障,诱发体制内的不稳定性因素。

尚未开征专门的教育类税收,用于教育财政投入的税收支出主要包括教育费附加和税式支出两种,本文通过实证回归分析,发现其在提高江苏省教育财政投入的方面,尚未完全发挥出强有力的促进作用,存在改革和完善的空间。

伴随着房地产市场的持续升温,江苏省城镇土地使用税收入增速加快,2014年江苏省城镇土地使用税实现收入高达176.06亿元,同比增长7.72%,占同期地方税收收入的2.93%,日益成为江苏省地方税收收入的新增长点。因此,江苏省可以效仿国外,将城镇土地使用税纳入地方教育费附加的税基范畴,采取从量税与从价税相结合的复合税或选择税的管理方式①,切实保障财政性教育经费的稳定增长。此外,作为传统旅游大省,江苏省还效仿北京和上海开征其他教育附加费,进一步扩大教育附加费的税基范围。例如,北京从1993年5月起开始将征收来的旅游事业附加费用于教育财政投入;而上海则将本地区餐旅服务附加费上调至12%,并将征收来的税费用于教育财政投入。

另一外面,江苏省还可以通过税收优惠或减免,以"减法"的形式增加教育财政投入。在"营改增"财税制度改革以后,财政和税收部门可以通过调整和完善税收优惠政策实施范围,对学校食堂等后勤部门的餐饮服务收入、学校附属印刷厂为本校教学科研服务收入,以及后勤社会化管理中建筑安装、物业管理和社区服务等项目可以免征增值税②,从而切实提高教育财政投入中的税式支出。与其他方式相比,提高教育投入中的税式支出与当前结构性减税的整体方针遥相呼应,在实践中也更具操作性。

3. 规范财政预算外收入的管理,建立生均经费为标准的预算模式

长期以来,我国在预算管理过程中将收入分为预算内和预算外两种类型,预算外收入的存在,不仅拉低了江苏省在教育财政投入中的实际财力水平,也不利于现代预算管理制度的建立和完善。伴随着新《预算法》的颁布和实施,江苏省在教育财政预算管理制度的改革过程中,应不断强化对非税收入等预算外收入的征管力度,对用于教育事业发展的收费项目,凡是具有税收性质的"费"(实为"税")应全部纳入预算内税收管理项目,争取早日实现由"教育附加费"转为"教育税"的过渡。此外,在教育财政投入过程中,需要进一步细化教育财政预算编制内容、硬化教育财政预算执行力度、强化教育财政预算监督强度,通过"综合财政预算"等管理办法③对预算内外资金进行统一调配,从而实现对教育财政投入的全面监督和科学管理。

最后,在江苏省还可以通过对生均教育成本的标准化测算,建立以生均经费为

---

① 选择税:在征收过程中,同时设定从价税和从量税两种税率,选择其中税额较高的一种进行征税。
② 廖楚晖.深化高校后勤社会化改革有关税收政策的建议[J].涉外税务,2003(05):21—23.
③ 肖昌元.教育部门实施"综合财政预算"的思考[J].江汉大学学报,1991,(04):97—99.

标准的教育财政预算管理制度,并以此作为地市政府财政性教育经费的拨款标准。目前,江苏省尚未制定相应的生均经费标准,因此在未来的生均经费标准制定过程中,可以采用"生均经费递增法"和"学科生均综合定额法"①等方式对经费进行测算。参照美国等发达国家生均经费预算的先进经验,江苏省生均预算应该包括:教师工资、课本和器材支出以及公用与维修服务费等支出项目,预算内容包括基本支出和项目支出两个部分,且以基本支出预算为主,旨在保障教育财政投入充足的同时,促进区域教育的起点公平。

---

① "生均经费递增法"是以省级为单位,根据调查出的各阶段学生规模乘以当年的生均经费,然后结合年度财政收入增长比例这一权数,计算出下一年度教育财政投入规模。

第二十一章　江苏省财政科技投入绩效研究

一、研究背景

随着社会的发展,人们对于科技的依赖程度越来越高,对科技的需求也变得五花八门,科技不单单改变了我们的消费方式,也已经深深地影响了我们的生活习惯、传统文化。科技影响着每一个个体,同样也影响着地球上的每一个国家,可以说国家间的经济差异某种程度上就表现在或者说源自于科技水平上的差距。因此,我国历届领导人都格外明确了科技之于国家的重要性。早在 1988 年邓小平同志就意识到科技就是现代国家的生命线,明确提出"科学技术是第一生产力",为我国指明了未来发展的重心。2006 年时任国家主席的胡锦涛在全国科学技术大会上,提出"用 15 年时间把我国建成创新型国家",这是我国科技发展国家层面的最高战略思想。在 2013 年召开的十八届三中全会报告强调加快推动创新驱动战略:依靠创新驱动才能实现真正有效经济平稳较快增长和可持续发展。2015 年召开的十八届五中全会习近平总书记的讲话进一步强调了科技发展是我国的国策:"坚持创新发展,必须把创新摆在国家发展全局的核心位置,不断推进理论创新、制度创新、文化创新等各方面的创新,让创新贯穿党和国家一切工作,让创新在全社会蔚然成风"。

但是,随着我国近年来财政科技投入的人力与物力的逐年加大,也出现了许多的问题:投入产出严重不成比、只见投入不见产出、科技资金管理混乱等,这些问题看似只是资金运行管理方面问题,但是财政科技投入资金的乘数效应会放大事实,这些看似小小的问题堆积起来甚至大到会改变一个国家的科技发展进程。因此针对财政科技投入的运行绩效的评价也就成了客观的需要。当前政府已经意识到对财政科技支出绩效评价的重要性,大力引入财政资金的绩效评价体系,因此针对江苏省政府科技投入绩效评价对现实是具有一定指导意义。

江苏省地处我国东部沿江沿海地区,自改革开放以来,经济发展无论速度还是质量都位居全国前列,与此同时,江苏省的科技事业也迅速发展。在政府科技经费投入方面,公共财政科技拨款总量逐年快速增长,为促进区域科技创新和江苏地方经济的发展起到了积极的作用。作为一名研究政府绩效的研究生,在这种背景下希望结合理论与实践,通过建立科学的计量经济学的模型,客观评价分析江苏省政府财政科技投入的绩效。

二、文献综述

20世纪90年代我国学者才逐步开始研究财政科技投入与经济增长之间的关系问题,邵云飞、成红和银路(2002)指出我国企业没有成为推动企业技术进步的主体,严重依赖于政府的引导政策,科技投入来源的结构失衡。如果政府放弃对企业科技活动的财政支持,将会导致我国企业科投入与科研水平停滞。彭鹏、李丽亚(2003)从政府财政科技投入的数量、结构和效率方面进行研究,发现当前我国对于财政的科研资金的管理存在一些问题,并提出解决的方案以改善科技投入的效率水平。肖鹏(2004)通过分析欧美发达国家在工业化不同时期对财政科技投入量之间的差异水平,研究得出当前我国政府仍处在工业化前期阶段,政府应该加大财政对科技活动的投入强度,特别是对于基础性科学的研究投入的比例应该不断提高,基础性科学的外溢性对于经济的发展有巨大的乘数效应。另外,我国各地发展水平差异巨大,应该根据我国各地的差异制定相应的财政科技支持计划,拓宽科技成果市场化的平台,从而推进我国成为创新大国。张衡等(2008)认为我国财政科技投入存在着以下特点:时滞性、不确定性、外溢性、难测量性等,导致在分析我国政府绩效时存在理论技术上的障碍:数据可靠性差、权重人为随意性大等问题,说明我国科技管理从细节上存在很多不完善的地方,如果要改善这些问题,需从基层做起,深入细化到科技管理工作的各方面。马少强(2011)从管理体制上对绩效评价做出研究,认为政府应当加强绩效评价研究与管理水平,不能随意支配财政科技资金的投向,要经过细致的评估工作后方可对财政资金分配,以提高财政科技投入的配置效率。同时,从政策法律上层面上规范政府的第三方财政科技投入绩效评价体系,并加强对第三方机构的管理与执业规则的制定。王刚、池翔(2013)认为我国现行的科技支出在管理上存在很多问题:预算管理不合理以及不合规执行等、监督流于形式以及监督主体不明确等。

我国学者在评价政府财政科技投入的实证研究方面方法众多,矢春奎(2004)统计了1978—2000年我国财政科技投入与经济增长的有关数据,通过运用协整分析和格兰杰因果关系检验,结果证明了我国经济的增长与财政科技投入之间存在着均衡关系,财政科技投入对促进经济增长有正面积极的效应。张青、徐之舟(2006)采用数据包络模型建立了上海市工业企业科研投入与产出的指标体系,对上海市的科技投入按照总体方面、分类不同行业,对绩效做了全面评价。祝云、毕正操(2007)选取了1996—2005年全国29个省市的地方经济增长与地方财政科技支出量的面板数据,通过实证分析,结果表明我国不同地区财政科绩效水平差异巨大,同一省份不同时期绩效水平也存在着较大的差异。作凤清等(2008)引入企业管理中的平衡计分卡模型,认为政府应当加强对财政科技资金的管理,细化财政科技活动的指标体系,这样有利于提高资金的使用效率,达到更高的产出。彭思思、祝金树、谢锐(2010)运用 Computable General Equilibrium 模型对财政科技支出与经济增长两者做定量研究,得出财政科技投入在短期内,明显促进了人口就业、劳动力优化和国民经济增长;在长期中,财政科技对科研活动的支持有助于优化国家的产业结构。凌江怀等(2012)统计了 1991—2010 年经济增量与财政科技支出量并进行实证分析,得出提高财政科技投入的效率不但可以提高经济增长,更为重要的是大大推动了产业结构的转型与升级,促进了我国科研水平的提高。

三、理论依据

(一)内生增长理论与财政科技投入

内生增长理论告诉我们科技进步推动了社会的产业结构的转型升级,是经济稳定增长的源泉。一方面,科技活动属于公共品,具有非排他性和非竞争性,导致了投入的不足。另一方面,对于非公共产品投入与产出从总体上一般成比例,但是科研活动的高投入并不一定产生高回报,也许获得很高的收益,也许研究失败没有实际收益,投资的风险非常大,只有风险承受度高的研发机构才能承受。这两方面直接影响了社会参与科研创新的主观能动性,科研活动会远远低于社会所需的水平。正是由于科研领域具有"市场失灵"现象,因此政府有责任介入具有公共品属性的科研活动。政府支持科技创新活动或许不能在短期内获得收益,但从长远来看,会产生可观的难以量化的社会效益,对经济增长产生巨大的推动作用。

一项新的科技产品一旦在社会得到广泛的推广,有着可观的经济回报率和社会效益,并且这种收益并非独占性,为普通民众及其同行业竞争者所共同分享该科技产品带来的效益。也就是说科技活动的"外溢效应"是不能够阻止的。科研产品在市场上大范围的扩散,社会整体上都因此提高了效用。毫无疑问,对于整个社会来说,科技创新百益而无一害。然而另一方面存在的"外溢效应"也会导致创新者无法获得全部创新所创造的回报,降低了创新者的收益,当收益降低至科研活动成本时,创新者的进入动机会降低,相反,"搭便车"的动机会增加,放弃科研活动,从而降低了整个社会的福利水平。

事实上,历史上大多推动科技创新的成果背后都有着政府财政的强力支持,科研领域的市场失灵现象如果仅依赖市场调节会造成投入的严重不足,延缓社会进步人民生活水平的提高,因此科研创新活动需要政府的介入。

(二)新制度经济学理论

新制度经济学起源于 20 世纪 30 年代年轻的科斯(Ronald Coase)发表的《企业的性质》,科斯的贡献在于的将交易成本这一概念引入了经济学的分析中并指出企业和市场在经济交往中的不同作用。经过威廉姆森、诺斯等经济学家不断深入的研究建立了完整的体系。新制度经济学对人的假设提出了有限理性、效用最大化和机会主义,这与古典经济学截然不同,也是新制度经济学与统经济学的根本区别。新制度经济学包括了四个基本理论:交易费用理论、产权理论、委托代理理论和制度变迁理论。

新制度经济学对财政科技投入具有重要的指导意义。新制度经济学对人的假设更接近现实社会,财政科技活动本质上还是人的活动,进行财政科技活动的全过程都离不开人的参与。财政资金是一定的,但是存在着许多科技领域需要投入,决策人由于无法做到完全理性,因此就需要制定各种评估程序制度,从源头上尽可能降低决策者有限理性带来的资金绩效问题。新制度经济学告诉我们通过规范的制度建设,可以降低不完全契约可能造成的损失,但是由于路径依赖作月,创立或者抛弃一项新的制度要比想象中更为困难,这就考验制度创立者的智慧。财政资金的使用过程中,无论是资金使用者还是官员,目标函数都是自身效用的最大化,而不是提高财政科技支出绩效,例如科技资金的下拨过程中容易产生的寻租行为、挪用资金现象;科技人员获得财政投入后消极怠工等。这类委托代理关系都会严重降低政府科技投入的绩效。针对委托代理关系,新制度经济学提出了激励理论。针对个体目标函数偏离最优函数的问题,通过设计更好的经济机制,解决信息不完全带来的障碍,使个体目标函数接近最优。这对财政科技乃至整个财政体系都是一个启发,制度的建设可以最大限度地降低人们机会主义带来的损失。针对财政科技活动绩效的评价也不应停留在资金的使用层面,可以扩大到财政科技支出制度层面的绩效评价,因为这种制度层面的影响往往是隐性和广泛的。

我们可以看出,评价财政科技绩效离不开现行的科技管理制度乃至财政制度,我们在分析财政科技存在的问题时,往往容易忽略这种制度层面的因素,而把原因错误地认为属于其他因素,以至提出错误的政策建议。因此,分析财政科技绩效时,运用新制度经济学的理论可以帮助我们更加深刻地理解原因并解决问题。

四、江苏省财政科技投入规模分析

(一)绝对规模分析

1. 江苏省财政科技投入资金不断增长

2000—2014 年江苏省财政科技投入呈现出不断增长的趋势,从 2004 年的 12.27 亿元增长到 2014 年的 358.57 亿元,十五年间翻了近 30 倍,年均增长19.62%(图 1)。随着科教兴国战略的推进,可以预计江苏省财政科技投入会继续保持这种高速增长的态势。

江苏省的财政科技投入从绝对数上看在 2000—2005 年增长缓慢,自 2006 年起随着科研投入基数的不断累积,国家发展水平的提升,财政科技投入大幅增加,江苏省虽然是发达省份,但仍然处于工业化阶段,应当保持财政对科学技术研究的高投入,延续这种大力支持科研投入的财政政策。

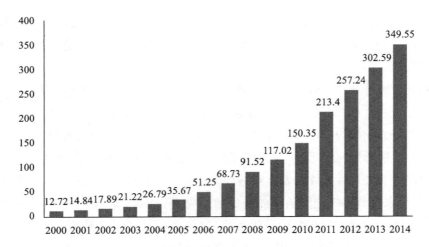

图1 2000—2014年江苏省财政科技投入情况(单位:亿元)

数据来源:2001—2015年《江苏科技年鉴》。

2.江苏省财政科技投入增速环比增速呈现波动下降的态势

将江苏省财政科技投入的环比增速情况绘制成图,如图2所示。图中可以看出,2004—2014年江苏省财政科技投入环比增速波动较大,其中2006年增速最高,达到43.64%,2013年最小,为17.63%。总体上保持了高速增长的态势,高于同期财政收入的增速。可以看出近年来,科技投入增速明显放缓了,这一方面原因在于江苏省科技投入已经迈过前期高速增长时期,开始步入稳定增长的阶段,同时也能反映出当前财政对科技投入增速开始放缓。

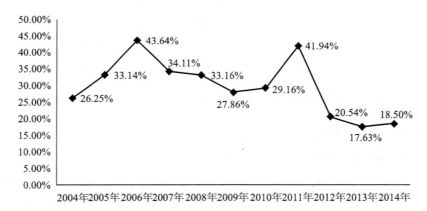

图2 2004—2014年江苏省财政科技投入环比增速

资料来源:根据《江苏科技年鉴》整理得出。

(二)相对规模分析

1.2004年以来江苏省财政科技投入占财政支出的比重呈现上升趋势

2004—2014年,江苏省科技投入的绝对规模保持了高速增长,更重要的是财政科技投入占财政支出总额的比重也在不断上升,由2000年的2.15%递增至2014

年的 4.23%,显示出江苏财政投入对科技方面的重点关注程度。总体变动趋势如图 3。2000—2005 年,财政科技投入占财政支出的比重变化不大。

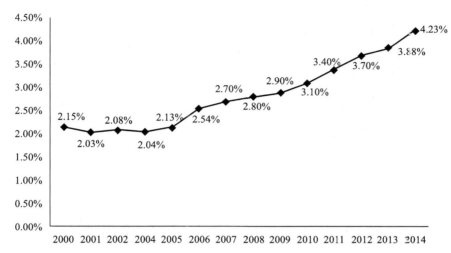

图3　2000—2014 年江苏省财政科技投入占财政支出总额比重
资料来源:根据《江苏科技年鉴》整理得出。

2. 江苏省科技投入在全国相对位置

如图 4 所示,江苏省的科研经费投入在全国各省处于第一位,并且已经保持多年,排在其后的分别是北京、山东、上海等沿海发达省份,说明江苏省在科研方面处于全国领先地位,起着引领示范的作用,因此,评价江苏省财政对科技活动的效用,不仅对提高江苏省的支出效率大有裨益,也会为全国其他省份提供参考价值。

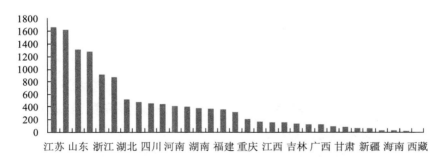

图4　江苏省研究开发经费在 2014 年与全国其他省份的对比
数据来源:2015 年《江苏科技年鉴》。

(三)江苏省科技环境与部分省市对比

1. 综合科技进步水平指数稳步提升

根据国家统计局发布的《全国科技进步统计监测报告 2015》,依据综合科技进步水平指数将全国 31 个地区划分为五类。第一类表示综合科技进步水平高于全国平均水平的地区,包括北京、天津、江苏、广东和浙江。

与上一个年度相比,全国综合科技进步水平指数比上一年提高了 2.94 个百分点,江苏提高了 3.15 个百分点,高于全国平均水平,这表明江苏省综合科技进步在全国处于领先水平,并且呈现上升势头。但是显然与前三名上海、北京和天津差距巨大,需要经过持续不断地改善才能追赶上。

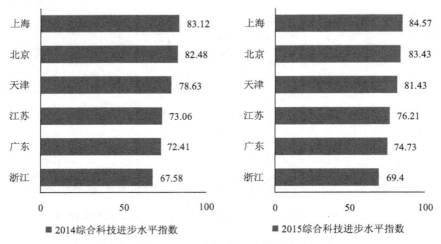

图 5　2014、2015 年综合科技进步水平指数

2. 科技促进社会发展指数稳步提升,全国排名略低

从科技促进经济社会发展指数来看,广东、上海、北京、浙江、江苏、天津、福建、重庆排在前八位,同时也是高于全国平均水平的地区。与上一年度相比,全国科技促进经济社会发展指数提高了 6.68 个百分点,江苏提高了 8.3 个百分点,高于全国平均水平,并从 2014 年的全国第 6 名升到全国第 5 名。表明江苏省科技促进经济社会进步的能力逐步提升,考虑到江苏省财政科技投入总量常年全国第一,这说明江苏省财政科技投入的效率并不高,并没有达到很好地促进社会发展的最终目的。

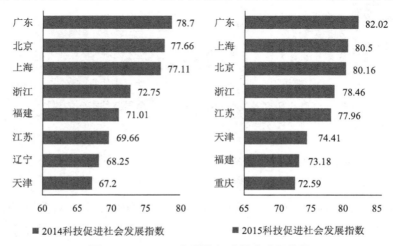

图 6　2014、2015 年科技促进社会发展指数

(四) 现状分析的总结与评述

由上述的统计可以发现江苏省财政科技投入无论从绝对规模还是相对规模都较高,在全国各个省市处于前列,这是值得肯定的地方,但是仍然存在一些问题。

第一,江苏省财政科技投入增速近年来开始放缓,不利于促进科技进步。江苏省虽然属于沿海发达省份,但是毕竟仍然处于工业化进程中,科技与发达国家差距仍然很大,而差距的缩小需要的就是大量的科技投入。

第二,江苏省财政科技投入的绩效水平有待提升。虽然江苏省财政科技投入稳居全国第一,但无论从综合科技进步水平指数还是从科技促进社会发展指数都可以发现江苏省处于全国四、五名的位置,产出的水平并没有与投入水平相匹配。江苏省财政科技投入绩效水平仍然有待提升。

第三,江苏省科技对于经济的贡献程度较低。科技促进社会发展水平指科技对于经济的贡献程度,江苏省作为科技投入大省、科教大省,但是科技并没有高效地促进经济社会的发展。

五、江苏省财政科技投入绩效的实证研究

对政府科技投入的绩效分析目的在于挖掘数据背后的问题与内涵,进而作为对现实行为的指导以及决策制定的依据。本章选取的是数据包络模型中 DEA - B^2C 模型,因为该模型考虑了规模报酬变动的因素,在此基础上考察每个决策单元的纯技术效率、规模效率和综合效率,更符合对财政科技投入的特点与现实要求,进而对江苏省科技投入和财政科技产出现状进行定性研究,根据 DEA 的原则筛选投入产出指标,构建江苏省财政科技投入的 DEA 指标体系,从而收集相关数据,做出分析,最终得到江苏省财政科技投入存在的问题与相关结论分析。

(一) 投入产出指标的确定

1. DEA 指标选择的基本原则

数据包络模型是一种特别适合处理多输入变量与多输出变量的分析方法,在应用数据包络模型进行数据分析的重要的前提就是构建合理有效的投入产出指标体系。一般来说,DEA 方法在确定投入和产出指标上应当依照三个基本规则:

一是确保实现分析目的。分析的目的在于全面客观评价分析对象,凡是对目标产生影响的因素都应考虑在内,尤其是对目标产生重要影响的因素更应包含在内。针对研究的目的有的放矢,同一个项目因研究目的的不同所侧重的指标选取也应不同。

二是精简投入产出指标。数据包络模型理论上可以包含无数个投入产出指标,但是相对应数据的要求也会越来越多,数据包络模型的因素分析效果也会降低。现实中,决策单元的数量一般是有限的,由于还存在难以量化指标,考虑到种种的限制条件,应当优先考虑重要的指标。大部分学者认为投入产出指标的数量

如果超过决策单元个数的三倍,会降低数据的可分析性和有效性。

三是考虑指标数据收集的成本。这可能是绩效评价中最大的限制。有许多指标虽然重要但是没有相关的数据或者收集的成本很高,那我们可以选择相关度高的替代变量或者舍弃。例如,在财政科技绩效评价中,制度也是影响绩效重要的一方面,但是由于难以量化只能放弃;在科技产出的指标中,例如科研对国民经济的促进体现在方方面面,但是由于存在现实的障碍,只能选取某些可获得的重要的指标进行研究。

2. DEA 指标的选择

根据数据包络模型指标选取的基本规则与财政科技绩效的特点,查阅现有国内外研究人员的成果,形成下列评价江苏省财政投入的指标体系(见表1)。

表 1　江苏省财政科技绩效评价指标体系

类别	构成要素	指标名称
科技投入	科技资金投入	财政科技资金投入
	科技资金投入强度	财政科技资金投入占支出的比重
	科技人力投入	R&D 人员总数
	人均财政	人均财政资金投入
科技产出	科技直接产出	授权专利量
		高新技术产品出口额
		国外主要检索工具收录的科技论文数
	经济效益产出	技术市场交易额
		涉及财政科技投入的生产总值
		高新技术产业产值
		高新技术产品的进出口额
	社会效益产出	科技活动经费中非政府资金
		全社会劳动生产率

对于具体指标的选取,由于数据包络模型用于计算的指标个数不能过多,过多的指标在分析指标差异时会难以区分相互的影响,不利于结果的研究。结合考虑可获得决策单元数量,要对上述指标进行取舍,需要考虑到选取的有限的输入输出变量可以最大化地反映江苏省财政科技投入绩效的情况。

关于上述投入产出指标的取舍作如下的分析:

江苏省目前尚在在工业化中期,对科学技术进步的需求仍然是旺盛的,需要政府财政的大量投入支持,又因为评价的是政府财政支出的绩效水平,因此需要着重财政投入数量相关的指标,选取江苏省财政科技投入的绝对数量的指标。另外考虑到绝对量指标的缺陷,还选取了政府投入的相对量指标,即财政科技资金投入的强度指标——财政科技的投入占政府财政支出的比重。地区 R&D 人员总量代表着地区科技活动的现在与未来,用于衡量气度科技活动的能力与创新驱动的能力,直接影响着科技活动的产出,R&D 人员投入越多,经济增长与产出增长就越有潜力与持续性。因此选取了江苏省 R&D 人员总数指标。

在产出指标的衡量中,很显然最直接的反映就是数量金额,财政资金使用的根本目的在于创造市场价值,提高社会经济效益。考虑到可获得性,我们可以选取产出金额类五个指标体系:技术市场交易额、高新技术产品出口额、高新技术产业的总产值、经济技术开发区的总产值和高校科研成果转化总金额。另外要考虑地区基础性研究成果,江苏省拥有众多高校资源,科研实力雄厚,对科研机构与高校院所产出的衡量考虑选取专利申请量、专利授权量、国外收录科技论文数和国内科技论文发表数量。

投入指标之间与产出之间存在不同程度的相关性,因此首先考虑运用 SPSS19.0 进行相关度检验,为了严谨以及采集样本的限制,本文不考虑相关系数不等于 1 的指标,以求最大程度全面地反映结果。通过取舍,本文选定了三项投入因素和三项产出因素(见表 2),包括江苏省财政科技投入、江苏省财政科技投入占财政支出的比重,因为需要侧重于财政投入状况的研究。另一个指标选取 R&D 人员数量衡量江苏省科研人力资源的投入。对于科技产出指标的选取,着重于金额类指标。高新技术产品出口额,指区域一年内对外出口的高新科技产值,该指标代表了区域科技创造和技术市场化的能力,对外出口更加突出了科研技术在全球市场上的竞争力。另一个金额类指标选取技术市场交易额,反映了科技技术在国内的竞争力与地区科技活动市场转化的能力。考虑到理论研究对于技术革新的意义,授权专利数量客观反映了地区科研氛围与成果,对于科研活动的产出会产生长远广泛的影响,因此也纳入了考虑。

表 2　江苏省财政科技绩效评价投入产出指标设定

类别	投入要素	指标名称
投入	绝对量指标	财政科技资金投入 X_1
	相对量指标	财政科技资金投入占财政支出的比重 X_2
	科技人力投入	R&D 人员总数 X_3
产出	科技直接产出	授权专利量 Y_1
		高新技术产品出口额 Y_2
	经济效益产出	技术市场交易额 Y_3

(二)数据收集

根据经验法则的规定,当关指标统计数据的收集时决策单元的样本数至少是投入和产出项数之和的两倍时,数理统计分析才能达到最佳,又鉴于数据的可获得性,本文选取了江苏省 2000—2014 年 15 年的数据,查阅了 2001—2015 年的《中国统计年鉴》、《江苏科技年鉴》和《江苏统计年鉴》得到以下原始数据(见表3)。

表3　江苏省财政科技投入与产出的相关数据(2000—2014)

年份	财政科技资金投入(亿元)	财政科技资金投入占财政收入的比重(%)	全省 R&D 人员总数(万人)	授权专利量(件)	高新技术产品出口额(亿美元)	技术市场交易额(亿元)
2000	12.72	2.15%	6.91	6425	53.5	44.95
2001	14.84	2.03%	7.02	6145	72.77	52.92
2002	17.89	2.08%	10.32	7595	121.1	59.48
2003	21.22	2.02%	10.87	9829	228.28	76.52
2004	26.79	2.04%	9.36	11330	359.40	89.79
2005	35.67	2.13%	10.05	13580	525.3	100.83
2006	51.25	2.54%	13.77	19352	699.65	119.53
2007	68.73	2.7%	15.83	31770	831.39	152.31
2008	91.52	2.8%	20.25	44595	1040.5	244.92
2009	117.02	2.9%	36.99	87286	930	282.1
2010	150.35	3.1%	40.62	138382	1259	317.05
2011	213.40	3.4%	45.51	199814	1293	463.12
2012	257.24	3.7%	54.92	269944	1309	531.95
2013	302.59	3.88%	62.69	239645	1274	585.56
2014	349.55	4.23%	70.13	281346	1389	613.52

数据来源:2001—2015 年《中国科技年鉴》、《江苏统计年鉴》和《江苏科技年鉴》。

(三)绩效实证研究与分析

通过 DEAP2.1 软件,对上文选取的指标,进行运算得出江苏省的科技支出的绩效结果(表4)。表中 DMU1 、DMU2、DMU3……DMU15 分别代表着 2000—2014 年财政科技投入绩效。

表4　江苏省财政科技投入绩效评价结果

DMU	综合效率	纯技术效率	规模效率	规模效益
DMU1	0.973	1.000	0.973	递增
DMU2	0.991	1.000	0.991	递增
DMU3	0.896	0.908	0.987	递增
DMU4	1.000	1.000	1.000	不变

DMU	综合效率	纯技术效率	规模效率	规模效益
DMU5	1.000	1.000	1.000	不变
DMU6	1.000	1.000	1.000	不变
DMU7	1.000	1.000	1.000	不变
DMU8	0.998	1.000	0.998	递减
DMU9	1.000	1.000	1.000	不变
DMU10	0.996	0.999	0.997	递减
DMU11	1.000	1.000	1.000	不变
DMU12	1.000	1.000	1.000	不变
DMU13	1.000	1.000	1.000	不变
DMU14	1.000	1.000	1.000	不变
DMU15	0.985	1.000	0.985	递减
均值	0.989	0.994	0.995	

结果表明 9 个决策单元的综合效率是 1，表示 DEA 相对是有效率的，占了决策单元的 60%。结果表明江苏省作为科教大省、科研强省绩效水平尚可，江苏省在财政科技投入与财政科技产出方面工作尚可，财政科技支出的管理水平相对令人满意。

1. 综合效率分析

综合技术效率是对决策单元综合的考量，包括资源使用的效率、资源分配效率等多方位立体的综合考察，具体表示为纯技术效率与规模效率的乘积。当企业综合技术效率等于 1 时，说明企业当前的生产处于最优状态，对于决策单位来说，决策单位的综合技术效率为 1，说明决策效率已经处于投入产出的最优水平。无须做任何的改进。

从表 4 可以看出，15 个 DMU 的综合效率均值是 0.989。共有 9 个决策单位的综合效率达到有效水平，投入产出达到最优状态，不存在帕累托改进，意味着更多的投入不会产生多余的产出，只能够使产出以相同的增速增加，不存在规模递增与规模递减现象。在综合效率为 1 的状态下，政府对科技投入的管理方面不存在疏忽漏洞等可改进的方面、资金的使用也不存在无效率的方面。而 6 个决策单位的综合效率没有达到 1 说明仍然存在改进的地方，或者是投入存在的问题，或者是产出存在的问题，需要进行进一步的纯技术效率分析与规模效率分析。江苏省的综合效率无效达到 40%，表明财政科技支出在投入与产出方面还有可改进的方面，通过改进相应的问题可以提高效率，达到帕累托最优，提高江苏省财政科技投入的绩效水平。

2. 纯技术效率分析

当纯技术效率等于 1 时,表明企业在当前的科研技术水平下,投入的资源都能够做到物尽其用。纯技术效率侧重于管理和技术水平的运用,表示企业的管理制度设计层面和管理水平的差异对效率的影响程度。

纯技术效率与技术效率的区别在于纯技术效率并没有考虑效率损失问题,不考虑投入过量带来的边际收益递减的问题,纯技术效率默认规模报酬不变、边际收益不变,也就是说纯技术效率假定企业已经达到并且保持生产的最优规模。而技术效率考量的是规模报酬可变状态下投入产出之间的效率联系,在这种假设情况下通常存在帕累托改进,没有达到最优状态。

DMU3 和 DMU10 没有处于技术有效状态。技术效率未达到有效状态原因是多方面,不能简单地推断其技术效率水平低下,绩效水平有待改进。例如关于 DMU3 技术效率没有达到有效水平,从图 1 可以看出 2005 年之前江苏省财政科技投入金额都相对较小,产出的数量也相对较小。数据包络模型分析的是投入产出相对绩效,其表现出的绩效水平不能够完全代表水平绝对值的大小。2001 年江苏财政科技支出相较 2000 年增长了 13.04%,2002 年相较 2001 年增长了 23.97%。由于科技成果从研发到产出存在滞后性,两年的高速投入并没有带来相同增速的产出水平,一般认为科研活动投入的回报期至少在三年以上。因此,2002 年的绩效没有达到 DEA 的相对有效。当然也存在其他影响 DEA 是否有效的因素,例如科技管理水平的效率低下等,需要注意的是要结合数据包络模型的特点与分析对象的特点才能更加准确地找到原因。

关于 DMU10 未达到技术有效的原因,宏观上的原因是上年度席卷全球的金融危机影响导致各国面临严峻的经济压力。在此期间,江苏省响应中央的号召,明确提出要建设"创新型江苏",财政加大对科学研究经费的投入。金融危机给江苏省财政科技投入绩效带来的反应是在 2009 年的高新技术产品出口额大幅降低,出口严重受阻,一定程度上反映出江苏省科技竞争力的不足,科研没有更好地适应和引领市场。高端的科研活动受金融危机的影响往往较小,而低端的科研活动对需求市场往往更加敏感。江苏在实行产业升级优化,引领行业规范,享有国际市场竞争力的科技研发活动,还有很长的路要走。江苏省财政科技投入也应更加注重高端科技活动的投入,加大对基础研究的投入强度,虽然在短期内对绩效水平的提高并无帮助,但从长远来看,这是江苏省科技研发支出增长的源动力,未来将会大大促进财政科技支出绩效的提高。

3. 规模效率分析

规模效率分析是指在制度层面不出现变动和管理水平一定时,衡量现有规模与最优规模之间的差异水平,目的在于通过分析产生差距的原因,达到最优规模。

主要影响规模因素的是投入水平、竞争的不完全和财务的束缚条件等,这些因素都会导致评价单元偏离最优规模。评价规模递增还是递减对于财政资金投入的指导意义巨大,因为在既定的财政资金下,如果要使产出最大,就要求投入支持规模递增的项目,而削减规模递减项目的资金,以达到产出的最大化。

从表4中可看出,有6个决策单元未处于最优规模,其中DMU1、DMU2和DMU3属于规模效率递增,DMU8、DMU10和DMU15属于规模效率递减阶段。其中DMU1、DMU2、DMU8和DMU15处于了技术上的有效,表示这四个决策单元在既定的效率水平下,资源的组合配置上已经达到了最大效率,维持现有的投入,可以保证产出不会降低。但是如果要继续提高效率就需要进一步提升规模效率。因为DMU1、DMU2是属于规模报酬递增,这就意味着,增加等量的投入将带来更多的产出。政府增加财政科技的支出,一方面可以提高其综合效率值,另一方面可以大幅提升产出数量的增加。DMU8和DMU15两个决策单元属于规模报酬递减,表明投入的过量,把这部分无效率的投入给予增长潜力高的项目可以提高综合效率值。这对于政府决策是一个启示,即使再重要的科技研发项目也存在规模递减的阶段,在递减阶段的高投入只会降低绩效水平。政府应该做的是合理调整评估各个项目,以最大效率分配财政科技资金。DMU3和DMU10这两个决策单元技术层面未达有效,规模方面也没未达有效。即这两个年度中,财政科技投入对于科技资源的配置没有达到最优。DMU3处于规模报酬递增阶段,其综合效率提高可以通过加大科研投入力度来改善。DMU10处于规模报酬递减阶段,若是加大科研投入力度,反而会降低效率,造成资源无意义的浪费,即应该适度削减财政科技投入的数量,这样才能改善其综合效率水平。

在分析规模效率时一定要区分规模递增还是规模递减,两者的改善方式是不同的。可以发现近些年财政科技投入的数量都有过量的趋势,大力投入科研活动本事好事,但同时也对政府财政科技活动的管理的水平提出了更高的要求,政府在各个财政支持项目的评估中更应理性,而不盲目,加强对科技研发支出的整个过程的监督管理,从而提高绩效水平。

4. 松弛变量分析

投入冗余值(S-)衡量在既定产出水平,各评价单元投入数量距离最优的差异。产出冗余值(S+)衡量在既定产出,各评价单元产出数量距离最优的差异。在数据包络模型中,DEA相对有效表示评价单元正处于帕累托最优,不存在任何帕累托改进,即投入产出任何的增加或降低都会造成效率的损失,也就意味着DEA评价单元的投入冗余值(S-)和产出不足值(S+)都为0,等于最优数量。可以看出松弛变量分析是一种非常具体的分析评价方法,直观精确地反映了投入数量与产出数量存在的不足或者是冗余。

表 5　江苏省财政科技投入产出松弛变量值

DMU	年份	投入冗余值 S－			产出不足值 S＋		
		S1－	S2－	S3－	S1＋	S2＋	S3＋
DMU1	2000	0.000	0.000	0.000	0.000	0.000	0.000
DMU2	2001	0.000	0.000	0.000	0.000	0.000	0.000
DMU3	2002	0.000	0.000	0.500	185.127	29.445	0.000
DMU4	2003	0.000	0.000	0.000	0.000	0.000	0.000
DMU5	2004	0.000	0.000	0.000	0.000	0.000	0.000
DMU6	2005	0.000	0.000	0.000	0.000	0.000	0.000
DMU7	2006	0.000	0.000	0.000	0.000	0.000	0.000
DMU8	2007	0.000	0.000	0.00	0.000	0.000	32.368
DMU9	2008	0.000	0.000	0.000	0.000	0.000	0.000
DMU10	2009	0.000	0.001	10.435	0.000	34.874	0.000
DMU11	2010	0.000	0.000	0.000	0.000	0.000	0.000
DMU12	2011	0.000	0.000	0.000	0.000	0.000	0.000
DMU13	2012	0.000	0.000	0.000	0.000	0.000	0.000
DMU14	2013	0.000	0.000	0.000	0.000	0.000	0.000
DMU15	2014	0.000	0.000	0.000	0.000	0.000	0.000

如图 5 所示,数据结果显示 15 个评价单元中需要改进的只有三个,并且如表 2 所示,每个单元的纯技术效率和规模效率值都小于 1,这表明这些冗余是毫无意义的、低效率的。财政资金没有充分发挥应有的作用效果。DMU3 和 DMU10 这两个年度 R&D 人员总数出现冗余,这在仍然处于工业化进程中的江苏是少见的。这是因为通常在发展中国家工业化进程中,研究与开发人员都是缺少的,需要大量研发人员投入科技活动创新活动当中。合理的解释是江苏地区的科研院校众多,科研人员冗余,一方面相互之间存在着竞争导致人力资源的浪费,另一方面相互之间争夺既定的科技资源会导致科研活动既有效率的下降,这两方面的作用导致效率的下降。

产出指标不足值(S＋)中有两个 DMU 的"高新技术产品出口额"需要改进,"授权专利量"、"技术市场合同交易额"指标所需改进的单元各有 1 个。这表明江苏省科技产出令人满意,个别年份出现的需要改进的原因在于科技活动容易存在大量的外溢效应,产出的一部分效用归属于外部省份。

5. 单个 DMU 的投影分析

投影方式分析法的目的在于精确定位 DEA 决策单元没有到达相对有效的原因。每一个决策单元都有其特殊的影响因素,投影分析的使用有助于加强辨识能力。因此我们选取了未达有效水平的三个决策单元 DMU3、DMU8、DMU10 进行投影分析。（见表 4—表 6）。

表 6　DMU3 投影分析

DMU3	实际值	相对有效值	差值	差值比重
财政科技资金投入（亿元）	18.000	18.000	0	0.00%
财政科技资金投入占财政支出的比重（%）	0.021	0.021	0	0.00%
全省从事 R%D 人员（万人）	10.000	9.500	0.5	0.00%
授权专利量（件）	7595.000	8552.500	957.5	12.61%
高新技术产品出口额（亿美元）	121.000	162.750	41.75	34.5%
技术市场交易额（亿元）	59.000	65.000	6	10.17%

表 7　DMU8 投影分析

DMU8	实际值	相对有效值	差值	差值比重
财政科技资金投入（亿元）	69.000	69.000	0	0.00%
财政科技资金投入占财政支出的比重（%）	0.027	0.025	−0.002	7.41%
全省从事 R%D 人员（万人）	16.000	16.000	0	0.00%
授权专利量（件）	31770.000	31774.956	4.956	0.00%
高新技术产品出口额（亿美元）	831.000	831.130	0	0.00%
技术市场交易额（亿元）	152.000	184.392	32.392	21.31%

表 8　DMU10 投影分析

DMU10	实际值	相对有效值	差值	差值比重
财政科技资金投入（亿元）	117.000	117.000	0	0.00%
财政科技资金投入占财政支出的比重（%）	0.029	0.028	−0.001	0.00%
全省从事 R%D 人员（万人）	37.000	26.565	−10.435	28.20%
授权专利量（件）	87286.000	87408.127	122.127	0.14%
高新技术产品出口额（亿美元）	930.000	966.176	33.176	3.57%
技术市场交易额（亿元）	282.000	282.395	0.395	0.14%

　　DMU3 在投入指标中，实际值与相对值相等，表明是有效的。可以观察查到在产出中，授权专利量距离最优数量还差 957.5 件，占原值的比重为 12.61%；高新技术产品出口额距离最优值还差 41.75 亿美元，需要增加的值占原值的比重为 34.5%。这表明专利量授权量的低下，需要大幅增长才能达到有效，即投入是有效的，产出低下，这就要求财政管理部门加强对财政科技资金的管理监督，提高专利

授权量的产出水平。高新技术产品出口额更需要三分之一的大幅增长才能达到最优,表明当年高新技术产品出口水平的低下,这反映出江苏省科技产品当年在国际市场上竞争力的不足,巨大的科技投入却没有支撑起充满国际竞争力的产品,江苏省财政科技管理部门应该侧重于产业链顶端科技的支持力度,培养具有竞争力的专有技术。

DMU8 在投入指标也都是有效的。在产出指标中,授权专利量需要增加4.956篇,与总体相比太小,可以忽略;技术市场交易额距离最优32.392亿元,技术市场的交易不足额需要将近提高五分之一才能达到有效率的水平,一方面表明江苏省科技研究的成果与市场之间存在距离,尚未做到产学研一体化,科研成果不能够及时有效地市场化;另一方面也表面江苏省的科技研究存在着脱离市场的现象,应用型的科技研究如果不能市场化,不能对提高居民生活水平有所帮助,那么是没有意义的。

DMU10 在投入指标中,R&D 人员与最优值相比超量了 10.435 万人,需要降低的数量与实际值的比为 28.20%。在产出中,高新技术产品出口额需增 33.176亿元才能达到最优,占实际值的比为 3.57%。总的来说,在 2009 年产出值中出现的冗余较少,但是在投入值中 R&D 人员过多,影响效率。这是一个信号,政府不该再单纯地追求科研人员的投入,而应有目的地培养人才,培养适应产业转型升级的人才,培养适合各个产业均衡发展的人才。

（四）实证分析结论总结与评述

选取三个投入指标与产出指标,运用数据包络模型,通过对江苏省财政科技投入 2000 至 2014 年的数据研究,得到相关结论总结如下:

第一,财政科技投入资金的使用效率有待提高。从总体上看,纵观江苏省 15年的财政科技支出绩效分析可以发现,2000—2005 年财政投入力度较小时,投入产出的效率较低,随着投入的逐渐增加,财政资金的使用绩效水平也越来越高。在所选取的 15 年的数据中,综合效率有效的年份只占了 60%,尚处于及格水平;共有六个年份存在纯技术效率与规模效率不足的问题。这表明江苏省财政科技投入的绩效水平还有很大的提升空间,通过一系列的政策措施,最终的目的是达到规模效率最优、帕累托最优的状态。

第二,科技投入存在着冗余与不足并存的局面。随着国家对于科技水平的重视,财政投入不足的问题已经大大缓解,投入的冗余问题开始显现,研发人员投入的冗余问题需要引起格外的关注,不仅会造成人力资源严重的浪费,而且从长远来看对江苏省财政科技投入绩效水平也是长远的损害。冗余问题短时期不会得到较大的改善,需要政府有计划地引导调整科研人员的结构。

第三,产出效率较低,科研成果转化能力较弱。产出的不足归根结底表明科研转化能力欠缺,江苏省是个教育大省科研大省,但是同样存在着科研市场化能力较弱,科教方面的优势并没有转化成现实的生产力。产出的不足需要引起重视,江苏省应当加强对科技研发部门的政策支持,建设有效的科技研发产业链,由市场带动研发,产学研相结合,才能提高产出能力。

六、提高江苏财政科技投入绩效的政策建议

根据前文对江苏省财政科技投入的现状分析与实证研究帮助我们更清晰地识别江苏省财政科技投入存在的不足之处,以此为根据,可以提出相应的政策改进建议。下面将围绕宏观层面的组织建设与投入产出存在的不足提出相应的政策建议。

(一)完善宏观制度层面的设计

1. 完善财政投入绩效评价制度

目前针对公共领域的绩效评价还没有形成统一的规范,仍然需要政府建立一套完善的体系,这不仅指标设计、模型选取和研究方式上的创新,更应注重的是绩效评价的后续制度建设。新制度经济学告诉我们好的制度可以极大地提升组织运行的效率,提高产出水平。

对于制度的前端建设应该大力倡导第三方机构绩效评价制度。现行的绩效评价制度大多仍然是与政府相关的机构进行,缺乏公正性与公开性,政府一方面做"运动员",另一方面做"裁判",理性经济人的假设告诉我们这种制度存在很大缺陷。即使在落实第三方机构评价的地区,大多也是将项目给注册会计师事务所、税务师事务所等机构,显然这类机构并非完全具备绩效评价的专业技能。这就要求政府建立一套职业规则,培养相应的专业机构进行服务。政府委托机构进行绩效评价存在广阔的市场空间,需要政府大力引导,从源头上保持客观、公平公正。针对第三方机构的财政科技支出绩效评价报告,政府应采取积极的方式解决相关的问题,而不使之沦为一纸空文。新制度经济学表明制度存在着路径依赖,改革一项制度往往比凭空建立更加困难。在财政科技支出领域已经形成许多约定俗成的准则,这些不利的规则阻碍着绩效水平的提升,要求财政管理部门进行改革。例如,对于绩效评价低下的项目,应该削减财政的支持,将资金用于科研回报更高的项目,而不能因为涉及领域的特殊或者既得利益者而固守原态。

政府对科技项目的监督机制也有待完善。对于科研活动的立项阶段,就该进行科学严密的论证,从源头上加强事前制度的管理建设,财政部门应当协调各机构形成评估工作组,聘请领域内的专家或者专业的评审机构对项目进行前期审核,对于预期不能达到效果的项目不予财政支持或者减少财政支持。在项目实施过程中,监督活动不能停止,对于项目中出现的问题及时纠正,以避免更大投入的浪费。

2. 完善相应的配套法律法规建设

科技事业的腾飞离不开相应的配套设施的完善,而目前我国的法律法规远没

有跟上经济发展的速度。科技具有准公共物品的属性,通过建立严格的知识产权保护法律法规可以降低科技研发的外溢效应,减少外溢效应引发的市场科研投入的不足。

科技竞争力水平高的发达国家无一不是建立了良好的知识产权保护法律法规,这种外部良好的发展制度将会极大地刺激科研投入。现如今,我国的知识产权保护匮乏,盗版山寨泛滥横行,对知识产权是一种莫大的侵害,科研活动本身就是风险很高的投入活动,又加之知识产权保护不力带来的收益下降,将会导致市场自发的科研活动下降。因此,通过建立知识产权的保护法律,才能保证科研活动外部良好的环境,激发市场自发的科研创新活动。

(二)改善财政科技投入的效率水平

由上文分析可以得到江苏省财政科技投入还存在着资金投入的不足与科研人员投入冗余导致有些年份综合效率没有达到最优水平。

1. 建立多元化科技投入主体,改善投入的结构

在发达国家,科研创造活动有相当多的方面是市场的自发行为,财政科技活动不应当主导市场,而是起着引导的作用。财政科技投入的资金在整体的科研活动中并不占明显的比重,但是财政科技资金的投入指明了产业的发展方向,促进了企业的科技投入,带动了民间资本的投入,这种乘数效应放大了财政投入的经济效益。因此,江苏省的财政支持科技计划也应当是政府为辅,市场为主,大力引入市场领域的资本参与。

政府在选择资金投入方向的时候,应当首先倾斜于高校和科研院所,这些机构通常市场资金来源较少,也难以短时期内产生看得见的市场效益。对于有市场竞争力的中小企业,这些企业通常拥有足够的技术,缺乏足够的资金支持,政府少量的投入将产生高额的收益。对于企业的研发活动政府应当更多地予以间政策性的支持,而不是资金的直接投入。市场资金是趋利的,对于有市场价值的科研活动,市场资金会参与介入,在这方面政府财政的资金应当减少投入,这些领域内的活动,通过竞争性的市场足够产生预期的效益。政府应当把有限的资金投入到当前市场价值不大、未来市场价值巨大的项目中,这些往往是基础性的研究,为后续的科技发展提供技术储备。

2. 重视科研人才的培养管理

科技活动从本质是人的创造活动,体现的是人的主观能动性,一个国家科研实力体现着一个国家人才培养制度的优劣。

首先应当加强对国内科研院校、研发机构的基础设施投入,引入市场激励机制,例如机构企业化、股权激励,充分激发科技人才的发明创造能力。江苏省的科研院校众多,科研人力资源十分丰富,这就要求政府在管理方面的智慧,不仅需要适应当前市场的需要,由于科技发现活动往往领先于市场,还要求政府具有长远的

眼光培养相关的后备人才。政府应当连接高校与企业,推动以科研活动市场化、以企业为主体的研发价值链,将众多高校的人才引入市场,创造价值。其次可以大力引入境外的高科技人才,尤其是领域内知名度高的专家、拥有强大科研实力的科学家,以点带面,带动学科的高速发展。大力支持相关科学实验室的基础建设,设立专项补贴,使有贡献的科学家获得与其价值相符的报酬。

政府还应当加强基础教育的投入,改革义务制教育,在注重基础知识教育的同时培养激发学生的创造力,创造力是科研的源泉。江苏省有着全国领先的基础教育,从义务制教育抓起,为科研活动培养充足后备人才。

(三)改善财政科技产出的效率水平

1. 大力支持产学研结合的科研创新

政府财政科技投入应重视产出的社会效应,着重科研产业链的建设,以提高社会经济价值,提高人民生活质量为目的,把科研成果及时转化成经济效益。政府的财政科技投入应有所侧重,关注重点领域,首先支持对未来有重大影响力的科研项目,这些项目往往经济效益更多地在未来实现,对经济的提升是长期性的。科研市场转化能力是衡量科技发展水平的重要方面,发达国家的科研活动与市场联系紧密,科研活动形成了规范的程序、成熟的市场转化渠道。一套成熟的科研活动市场转化渠道,有助于提升科研创造的能力,同时对于领域后续的持续研究发展提供了驱动力。

支持产学研市场化的政策有许多方式,可以对于重点领域加大财政科技支持的力度,同时可以考虑实施财税优惠政策,用政府的"有形的手"引导市场参与该领域,间接的优惠政策要比直接的投入带来更大的经济效益与科研效果。例如,给予相关科研领域优惠的税率、投资的减免等,通过牺牲短时期利益的税收政策以获取科研市场的繁荣发展。政策引导相对而言是一种不干预市场的措施,更加有利于市场健康。

2. 大力支持科研机构与高校的研究

江苏省拥有众多的科研机构与高水平的高校,这些机构的资金来源大多是由政府与企业共同支持,政府应当设立相应的奖罚机制,多劳多得,以绩效评价结果为依据,对成绩突出的科研单位、高校以及个人实行奖励,鼓励其多出研发成果;科研论文与科技创新等科技成果资金投入量大、完成时间缓慢,阻碍了部分研发机构和高校对从事研发活动的热情,因此应对科研机构和高校增拨研发经费,促使研发机构和高校能够把更多的精力和时间用于潜心钻研,从而产出更多的科研成果;在增拨研发经费的同时,要密切关注研发经费的使用动向以及科技活动的具体情况,从而对研发单位进行监督和适时的指导工作。激发和带动社会资金对江苏省科研活动的投入,增加科研活动的研发经费,为科研单位和高校等主体部门提供资金支持。

第二十二章　江苏省城乡社会养老保险均等化研究

一、研究背景

2003 年,十六届三中全会初次提出了"五个统筹"的发展战略方针,即统筹城乡发展、区域发展、经济社会发展、人与自然和谐发展、国内发展和对外开放,其中,首要的就是强调要统筹城乡发展。在国家综合国力提升的基础上,2006 年通过的《国家"十一五"规划纲要》中首次提出了"基本公共服务均等化"的政策目标。2012年,十八大报告提出"实现基础养老金全国统筹,建立兼顾各类人员的社会保障待遇确定机制和正常调整机制"。这些政策导向为我国建立一个公平统一的城乡社会养老保险提供政策依据,并为实现均等化指明方向。

当下经济处于繁荣发展时期,医疗卫生技术的提高,居民生活水平明显改善,使人均预期寿命不断延长,我国老年人口总量正不断增加,将面临一个不可逆转的老龄化现状。据第六次全国人口普查结果显示,2000 年我国 60 周岁及以上的人数占比为 10.33%,意味着我国已经步入老年社会。2014 年底,我国 13 亿人口中65 周岁及以上的人口数达 13755 多万人,占总人口的 10.6%[1],已经远远超过了联合国关于养老保险 7% 的新标准[2]。同时,自改革开放以来受计划生育的影响,远期劳动力持续减少,劳动力资源匮乏,人口红利不断下降,使我国人口老龄化形势更加严峻。

在人口老龄化加速的背景下,城镇化的出现使我国养老保险压力更大,"十三五"初期我国城镇化率已经达到了近 55.8% 的水平,农村劳动力的流动率仍不断增加,导致农村劳动力比重下降,农村老年人处于空巢状态,农村老龄化现象更加明显。另一方面,由于养老保险制度的非完善性和非连续性,流入城镇的农村居民的农村养老保险无法顺利地随之流动而转换为城镇职工养老保险,在传统的家庭养老模式功能弱化的同时又无法得到其他养老保障,就会出现农村"断保"现象,进城

---

① 根据国家统计局网站《中国统计年鉴 2015》数据计算整理。

② 联合国关于老龄化的旧标准为:60 岁及以上的人口占总人口的 10%;新标准为:65 岁及以上的人口占总人口的 7%。

务工人员的养老问题得不到应有的保障。

同时,在历史改革形成的城乡二元经济体制影响下,国家采取完全不同的模式提供养老、医疗等社会保障公共服务,直接导致城乡养老保险显著不均等的现状。此外,城镇职工基本养老保险制度自 1997 年建立以来,不断健全完善,试点范围逐渐扩大,养老保险体系涵盖的人群越来越丰富,参保人数急剧上升,政府对养老保险支出逐年增加,进一步推动城镇养老保险制度全覆盖的实现,推进城镇内部养老保险均等化的发展。相对而言,农村养老保险起步较晚、发展较慢,有些地区农村养老保险制度长期处于缺位和滞后的状态,阻碍了农村养老保险的进一步发展。长期城乡体制区别造成城乡养老保险差异及城镇化进程中养老保障的非完善性和非连续性,增加了农村居民的养老保险隐患,城乡养老保障不均等现状更加突出。

此外,根据国家统计数据显示,自 2000 年以来我国城乡居民收入的基尼系数[①]已经超过了国际公认的 0.4 的警戒线,并且总体呈增长趋势,2008 年已达到 0.491,收入差距较大,这就需要通过建立合理的收入再分配机制来调节社会公平。

在此背景下,顺应十八大提出的完善养老服务体系建设与实现公共服务均等化的政策目标,对江苏省社会养老保险的实际情况进行研究,发挥养老保险的收入再分配功能,建立与江苏省实际情况相符的基本均等的社会养老保险制度,缓解江苏省城乡群体之间、地区之间养老保险不均等引起的各种问题,为实现养老服务均等化提出借鉴性的对策建议。

二、文献综述

自"均等化"政策提出以来,不少国内学者均开始致力于均等化的研究,形成诸多参考文献及相关理论基础。通过文献梳理,本文主要从以下几个角度对均等化的相关文献进行归纳:

1. 关于公共服务均等化研究

自《国家基本公共服务体系"十二五"规划》首次提出"基本公共服务均等化"的政策目标以来,不同领域的学者纷纷从不同角度针对不同对象展开了均等化的研究与探讨。作为我国均等化研究的先驱之一,项中新(2000)关注的对象主要是区域公共服务均等化,并指出公共服务均等化的两大特性,机相对性和长期性。在此基础上,江明融(2006)提出,作为公共服务的供给主体,政府应坚持平等的原则,不区分身份、阶层地区等差异,为所有公民提供相应的公共服务。贾康(2010)在项中新对均等化长期性的特征概括的基础上,指出均等化还具有阶段性,均等化的发展

---

① 基尼系数是用于反映收入差距的指标。基尼系数小于 0.2,则表示收入非常平均 处于 0.2—0.3 之间,比较平均;0.3—0.4,相对合理;0.4—0.5,收入差距较大;0.6 以上则表示收入差距悬殊。

不是一蹴而就的,要经过初、中、高三个阶段的不断演变过程,并且每一阶段都有不同的目标与重点。国家发改委宏观经济研究院课题组(2011)指出政府应发挥财政的调节功能,确保不同地区、不同群体都能够均等地享受到公共服务。

2. 关于社会养老保险均等化内涵的研究

在公共服务均等化的政策目标提出以后,各界开始关注该领域,包括基础教育、基本医疗等各个具体方面,随着均等化的深入发展,其研究延伸到社会养老保险领域,在基本公共服务均等化受到学术界和政治领域广泛关注的同时,基本养老保险均等化的提法也应运而生,并且集中了部分学者的研究。姚良华(2008)提出,社会养老保险均等化是指政府应坚持以公平公正为原则,根据地区经济发展情况,为因达到退休年龄而退出劳动岗位或丧失劳动能力的居民提供必要的生活保障,并且这种保障不应因地区、城乡、群体差异而有所不同。同样,丁元竹(2009)也认为,基本社会保障均等化是指居民享有基础教育、医疗保障、养老保险、社会救助的权利应不区分地区和群体。刘蕾(2010)表示,政府应该通过城乡养老保险制度设计,保证居民拥有均等的参保权利、享受养老保障待遇的权利,以及其在年老后的生活、健康等保障均等的权利,等等。赵艳华、吴元元(2013)将社会养老保险均等化定义为:"基本养老保险均等化是通过由政府承担主要责任的基本养老保险制度安排,逐步实现城乡居民无差别享有社会养老待遇的过程,待遇主要包括养老金的领取和养老服务的提供两方面"。

3. 社会养老保险非均等化现状分析方面

学者们认为,与经济发展存在着地区差异一样,中国的基本养老保险也存在着明显的地区差异。王晓军(2005)采用数据分析的方法对我国各个省份的养老保险制度进行研究,得出结论:养老保险的历史转制成本及现行制度中一些漏洞,我国各个省份的养老保险制度在覆盖率、替代率、缴费率等方面都不尽相同,差异明显,这必然会导致地区收入产生较大差异。李雪萍(2008)、饶风(2010)等人具体分析了造成城乡公共服务巨大差异的原因。刘蕾(2010)运用实证的方法分析了社会养老保险对城乡收入再分配功能的差异的影响。丁元竹(2010)从运行环境方面展开了对各个险种的分析,并得出结果:社会养老保险内部的政治、经济等差异对其实施具有很大的影响。唐啸(2011)分析了城市流动人口社会养老保险服务均等化现状。薛惠元(2013)从制度模式、缴费标准、计发办法和待遇水平等方面分析比较城乡基本养老保险。

4. 社会养老保险非均等化的原因分析方面

在认识到社会养老保险存在明显的非均等化的过程中,不少学者开始对其原因展开了探讨。林治芬(2002)认为全国各地的差异主要是由于社会养老保险基金收支比例及缺口、替代率、抚养比等方面引起。于海臣(2006)从城镇职工基本养老保险与农村养老保险制度的比较中指出,两中制度在养老保险制度的统一程度、统筹层次、资金的筹集、缴费比例、个人账户等五个方面存在很大的差异,使利益相关者受益程度不同。闫然(2006)认为,城镇职工基本养老保险与农村养老保险在保障模式、保障水平、管理体制、制度安排上也都存在较大差距,指出我国养老保险二元特征显著,这样的二元特征有很大的负面影响。郑秉文(2009)指出,由于地区差异及制度设计差异,存在不同群体之间退休制度不统一现象,这必然会社会公平,扰乱社会秩序,造成不同地区、不同群体之间差异拉大。宋晓梧(2010)认为,造成社会养老保险在内的社会保障不均等现象的原因诸多,有制度原因、经济原因、社会原因及其他原因等。

5. 推进社会养老保险均等化的具体途径方面

在分析了造成社会养老保险非均等化原因的基础上,学者们从其中研究相应的解决途径以期为我国均等化的实现提出切实可行的政策建议。杨翠迎(2007)、杨宜勇(2010)指出,我国现行的养老保险由县级统筹,仅有部分地区实现了省级统筹,统筹层次较低,不利于养老保险制度的转续与衔接,也不利于城乡社会养老保险均等化的实现。因此实现养老保险均等化的重要一步就是提高养老保险统筹层次,此外,还提出了建立动态个人账户,实现了个人账户不因地区迁移而出现"断保"的现象。罗伟忠(2009)等学者建议政府应制定统一的标准对城乡居民开征保险税,如对农民开征包括养老保险、医疗保险在内的保险税,而对城镇居民除开征养老、医疗保险税外还要开征工伤、失业等相关税收,对该税收实行统一管理、均衡利用。孙翊(2010)强调通过公共财政补助等措施做到"应保则尽保"来实现城乡基本养老保险均等化目标。里晓东(2012)提出应合理划分地方政府的财权事权,保证地方政府有充足的财政实力展开对社会养老保险的投入,建立健全社会保障预算管理制度。

三、城乡社会养老保险均等化的理论分析

(一)城乡社会养老保险均等化的理论基础

以往国内外学者对基本公共服务均等化进行了比较深入的研究,总结了大量的理论基础,均为本文研究江苏省城乡养老保险均等化提供了理论支撑。具体理论包括如下几点:

1. 福利经济学理论

福利经济学理论出自于庇古的著作中,该理论将"均等化"概念引入到经济学的范畴,为公共服务均等化的推进提供理论依据。福利经济学理论中的两大重要命题提出:社会经济福利随国民收入总量的增长而增加,另一方面国民收入分配程度越高,其带来的经济福利也越大。由此可知,庇古主张提高经济效率,加快经济

发展,增强国家经济实力,以增加国家收入水平;在关注效率的同时也不可忽视分配上的公平。此外,福利经济学还提出了"补偿原则",主张兼顾公平和效率原则,关注社会的整体福利,为促进财政支出合理化和养老保险均等化的实现提供了理论基础。

该理论对本文均等化的意义在于:一方面,社会养老保险具有公共品的特性,这些特性决定了该服务应有政府部门提供,并随着国民收入的增加该项福利也逐渐增加,当政府部门有足够的财政来提供相应规模的养老保障的时候,就必须考虑公平的问题,着手解决城乡、区域间的养老保险的合理配置,以此实现社会养老保险均等化,以增进城乡居民的养老福利。另一方面,按照补偿原则,政府应运用转移性支付的手段来提高一部分人群的养老保险金额,从整体来看,这一举措是社会总体福利水平提高,对于平衡城乡差距也起到重要作用。

2. 公平正义理论

约翰·罗尔斯在《正义论》(1971)中指出:正义是社会最重要的美德,同时也是社会面临的急需解决的主要难题,主要以社会成员权利与义务不对等的形式表现出来,需要社会公平分配权利,自觉履行义务,以达到社会公平的状态。同时,罗尔斯还指出:"在一个社会体系中,无论处于何种社会阶层和经济社会条件,分配基本权利和义务都必须依赖正义原则""收入财富、自由、机会、自尊等都应该平等地加以分配"。

公平正义价值观是公平正义理论的重要内容之一,为本文研究社会养老保险均等化提供了重要的理论基础:首先,正义原则认为任何社会个体都应享有平等的权利,其中包括平等地享有社会养老保险服务的权利;其次,正义原则指出国家政策应向社会弱势群体或受益最少的群体倾斜,在我国城乡经济社会发展差距较大的情况下,农村地区无论是在发展水平还是享有的公共服务领域始终处于弱势地区,在农村支持城市发展结束的现代社会中,应该做到城市反哺农村,促进农村发展。因此,政府在提供基本公共服务时应向受惠较少的农村居民倾斜,这不仅符合公平要义,也是实现社会养老保险在内的养老保险均等化的重要举措。

3. 公共财政理论

亚当·斯密的《国富论》(1776)指出市场经济能够有效地调节经济活动,政府不应该干预经济的运行,政府的责任就是作为"守夜人"在一定的财政收入的基础上,当出现市场失灵的时候弥补市场不足。例如,由于私人提供公共产品或服务的过程中出现"免费搭车"的现象,就必须由政府部门充当公共产品或服务的供给主体,为社会全体成员提供无差异的公共产品或服务,实现社会效益最大化。由于公共产品的非排他性和非竞争性,任何社会个体都有使用或享受政府提供的公共产品或服务的权利,政府在提供公共产品的时候应坚持"一视同仁"的原则,不应因城乡、区域等差异而将其排除在外。此外,由于城乡经济发展的差距造成的公共产品或服务的不均衡,需要政府发挥职能,通过转移支付或调整财政支出方向的手段来予以调节。

公共财政理论对于社会养老保险的意义在于:由于私人或企业主要追求自身利益最大化,无法实现社会福利最优化,要求必须要由政府坚持公平的原则为社会大众提供社会养老保险这项公共服务。目前,农村养老保险严重落后于城镇职工基本养老保险,根据公共财政理论,政府有必要运用财政手段予以调节,以促进城乡养老保险朝着均等化方向发展。

(二)城乡社会养老保险均等化的内容

1. 城乡社会养老保险均等化的内涵

城乡社会养老保险均等化是指城镇和农村居民不因地域或身份差异平等地拥有参与社会养老保障的机会,合理地承担相应缴费责任并均等地享受社会养老保险服务和待遇的过程。均等化是一个从非均等到均等的长期发展的动态过程,这个过程并不是一蹴而就的,需要通过政府根据城乡地区的具体实际情况采取一系列的符合当地发展的社会养老保险措施,优化养老金的配置,使有限的资金能够尽可能地满足居民的养老需求,达到养老金的帕累托状态,以保证城乡所有居民"老有所养"。可以从以下几方面来具体理解:

第一,国家社会养老保险的覆盖范围应设定为全体社会成员,不论是城镇职工还是农村居民都有获得养老保险具体信息的知情权及参与社会养老保险的参保权。

第二,国家应以公平为原则,制定相关政策,充分尊重城乡居民的意愿,除强制参保的情况外,居民可以根据自身的缴费能力及参保需求选择养老保险服务,承担相应合理的缴费责任,并享有同等层次的保障水平,以保证城乡居民在面临老年风险时能够通过当地政府转移支付手段得到稳定的、均等的养老保障。

第三,居民享有的养老保险服务应与当地经济发展水平相适应,即当地政府及其职能部门应在中央相关的养老保险政策下根据地区实际情况合理调整养老保险制度,于不同的经济发展阶段给予不同的补贴标准和待遇,但同时也不能盲目的追求均等化目标而增加政府财政负担,同时也不能落后当地经济发展水平使老年人生活得不到充分保障。

2. 城乡社会养老保险均等化的目标划分

根据上述社会养老保险均等化的内涵,城乡社会养老保险均等化是一个与地区经济实际情况相适应的阶段性目标,由于均等化的程度与发展阶段不同,可以将均等化目标划分为以下三个具体阶段:

第一阶段:机会均等,是社会养老保险均等化的起点,也是最基本的阶段,是社会养老保险均等化的基本内容,即全体社会公民都有按照个人意愿和需求平等地参加并享有社会养老保险的权利。从公民权利的角度考虑,养老权是公民拥有的最基本的权利,任何公民都有在其达到退休或无法劳动年龄时要求政府和社会提供资助,保证其年老阶段的基本生活,即机会均等。基于政府角度,政府在制定政策的过程中,要充分考虑各种因素,把全体社会成员设定在政策的覆盖范围内,实现社会养老保险的全覆盖,也就意味着全体社会居民无论城乡差异都有参与社会养老保险的机会。

第二阶段:过程均等,是城乡社会养老保险均等化的重要阶段,也是社会养老保险为实现收入合理分配目标的必经阶段,是均等化的核心内容,主要强调制度实施过程中的公平性。在为社会成员提供平等的社会养老保险参保机会的基础上,政府应设定与城乡居民承担能力和收入水平相适应的养老保险负担水平。同时,在管理方面,统一统筹管理层次、政府补贴标准,建立相互连通的管理体制,减少管理成本,提高城乡居民养老保险风险保障水平。此外,通过转移支付、农业引导及政策扶持等财政方式增强农村经济发展活力,努力减少农村养老保险筹资机制的"先天性不足",提高农民的缴费水平。

第三阶段:结果均等,是社会养老保险的终极目标,主要反映在政府的制度安排上,全体社会居民都能在达到退休年限或年老丧失劳动能力后享受与其生活水平、消费水平相一致的养老金收入,保证均等的基本生活水平。根据我国现行的经济发展水平和养老保险制度的资金运营模式,实现城乡养老保险的结果均等将是一个长期艰巨的任务。

(三)江苏省城乡社会养老保险均等化的必要性

在城乡人口结构变化、农村养老观念转变以及供需矛盾突出等因素的影响下,人们对城乡养老保险提出了新的要求,决定江苏省城乡养老保险必须要以均等化为发展目标。同时,在城镇化和工业化的推进下,江苏省经济发展水平、财政收入和城乡居民缴费能力的提高为均等化实现提供了坚实的经济后盾。

1. 城乡养老服务供需失衡及农村养老风险的转变要求养老保险均等化

在老龄人口较高的水平上,近几年江苏省人口老龄化的速度远远超过了养老服务增长的速度,并且由于养老保险制度的不完善,养老体系没有实现统筹规划,导致现有的养老服务及养老设备无法满足社会养老需求。主要表现在:城镇地区养老服务体系较为健全,服务设施较为完善,而农村地区机构和社区床位紧张,专业服务人员缺乏,设施不完善、服务内容以及功能单一。并且在城镇化的影响下,农村家庭养老模式受到冲击,4-2-1[①]的家庭结构增加了家庭养老的负担,使农村家庭将养老方式转向社会养老方向。随着农村居民收入水平的提高,养老保险意识和权利意识增强,对社会养老保险的需求随之增加,对养老保险均等化的呼吁

---

① 4-2-1家庭模式是指一个家庭中一对夫妻要赡养四位老人、一个孩子的家庭结构模式,是家庭小型化的典型模式。

也不断增强。

2. 城镇化的推进和人口结构的变化要求城乡养老保险均等化

人口老龄化加速使城乡居民的养老风险加大,使家庭养老作用弱化,增加社会养老保险的压力,必然要求政府增加社会养老保险服务以满足公众养老需求,根据图 1 显示,2009—2014年江苏省城乡人口老龄化率保持上升趋势,其中2013 年进入快速发展阶段。同时,随着城镇化和工业化的进行,大量青壮年向城市流入的趋势造成普遍的留守老人的现象,不断冲击传统的养老观念,导致老龄化城乡倒置的现象出现,"空巢老人"的增多也使养老服务的需求大大增加,但是现有的养老服务基本无法满足农村老年人多元化的需求。因此,为了保障城乡居民的基本养老生活,维护经济稳定发展的环境,就必须要推进城乡养老保险均等化的实现。

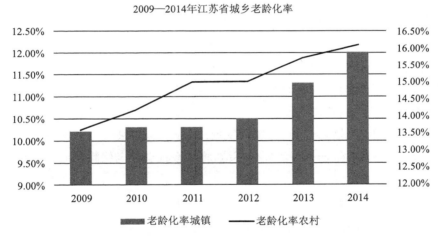

图 1　2009—2014 年江苏省城乡老龄化率示意图

数据来源:数据主要来自于《江苏统计年鉴 2015》整理汇总。

3. 国家方针政策为城乡养老保险均等化指明方向

在过往的国家重大会议中,曾多次提及城乡公共服务均等化相关的政策。其中有:十六大报告将统筹城乡发展的战略其放置于"五个统筹"之首,随后的 2006 年中央一号文件、2007 年十七大以及 2008 年十七届三中全会发布的文件中都明确要求以实现城乡基本公共服务均等化为目标,其中在养老保险领域,城乡养老保险均等化也成为发展目标。此后 2009 年《关于开展新型农村社会养老保险试点的指导意见》以及 2011 年《社会养老服务体系建设规划》的文件中均指出要建设全面统筹的城乡养老保险,特别是党的十七大将解决农村公共服务、统筹城乡发展等问题列为主要任务,2013 年十八届三中全会中指出要推进基本公共服务均等化,更好地保障和改善民生。2014 年,为了实现城乡养老保险制度的统一发展,减少城乡矛盾,实现城乡公平,国务院在现有的城乡养老保险制度基础上,决定将新农保和城居保两项制度合并实施,在全国范围内建立统一的城乡居民基本养老保险制度。顺应中央政策,响应政府号召逐步实现城乡养老服务均等化是必然之举,否则,城乡养老保险过大的差距会影响社会稳定和经济的发展,阻碍"中国梦"顺利实现。

(四) 城乡社会养老保险均等化的经济支撑

城乡社会养老保险均等化的发展离不开一定的物质基础支持,江苏省近几年高速增长的经济发展水平、财政收入及居民缴费能力为实现城乡社会养老保险均等化提供经济支撑。主要表现在以下几点:

1. 经济发展水平的提高为均等化的发展提供经济动力

养老保险是一种依靠经济发展,并受经济发展水平影响的收入再分配形式,一个国家或地区的经济发展制约着社会养老保险的保障深度和范围,也影响着其发展和改革方向。随着经济水平的发展,城乡养老金支付能力均有所增强,有利于养老保险均等化的实现。作为东部地区重要经济典范,江苏省在经济转型中实现稳步增长,2014 年江苏省总的地区生产总值达到了 65088.32 亿元,同比增长 8.9%,人均地区生产总值达 81874 元,同比增长 8.7%。在坚实的经济基础的支持下,江苏省有实现城乡社会养老保险均等化的物质基础。在充实的经济基础上江苏省养老保险的工作重心向着进一步均等化目标发展。另外,城乡养老服务差距一旦达到一定程度可能会威胁到地区的经济发展。因此,要想保持一个长期稳定的经济发展环境,就必须要维持公平的社会环境,将城乡社会养老保险推向一个均等化的方向发展。

2. 政府财力支撑的增强为均等化的发展提供财力保障

社会养老保险作为公共服务的重要内容,政府承担着重要责任,通过制度安排和转移支付等手段,保证每位社会个体都能够老有所依、老有所养。而作为社会养老保险的主要供给主体,政府要提供均等化的社会养老保险就必须要有充足的财政资金作支撑。随着经济的发展,政府的财政实力也不断增强,财政收入的增加为政府发挥职能提供了充裕的物质支撑,其中,为实现社会养老保险均等化,使全体社会成员的养老生活得以保障奠定基础。2014 年,江苏省政府财政收入达18201.33 亿元,与 2009 年相比翻一番,财政总收入占地区生产总值的比重也保持上升趋势,并于 2014 年达到了 11% 以上。在充足的财力支持下,政府可以充分发挥政府职能,调整财政政策,利用转移支付手段或调整财政支出结构,加强对农村等经济发展落后地区的资助力度,对推进城乡社会养老保险均等化的发展发挥重要作用。

3. 居民缴费能力的提升是均等化实现的基本保证

居民作为社会养老保险资金来源的一方,同时也是社会养老保险的需求方,其缴费能力的高低对养老保险水平至关重要,而缴费能力的高低主要反映在居民收

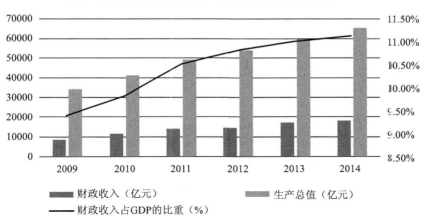

图 2　江苏省 2009—2014 年财政收入生产总值及其关系示意图
数据来源:数据主要来自于《江苏统计年鉴 2015》整理汇总计算得来。

入水平上,如城镇职工基本养老保险主要是根据个人收入的一定比例进行缴费,而农村居民则是根据个人收入水平自主选择是否参保以及参保档次,社会养老保险均等化的实现与居民收入水平息息相关。如图 3 所示,近几年随着经济的发展,城乡居民的收入水平不断增加,城镇职工人均可支配收入由 2009 年的 20552 元逐年增加到 2014 年的 31348 元,农村人均可支配收入也由 2009 年的 8004 元增长到 2014 年的 14958 元。城乡居民可支配收入水平提高,支付能力的增强,会带动城乡居民对社会养老保险的需求,对社会养老保险均等化的呼吁也越来越大。

图 3　2009—2015 年江苏省城镇职工工资与农村人口可支配收入
数据来源:数据来源于《江苏统计年鉴 2015》及 2009—2014 年江苏省国民经济和社会发展统计公报整理汇总得来。

四、江苏省养老保险制度变迁及均等化现状

在经历农业反哺工业、农村支持城市的发展阶段,江苏省城市经济得到了高速发展,目前向着以工促农、以城带乡的战略方向转变,但在新战略的影响下,城镇化的趋势导致一系列的问题以及人口老龄化的加速增长迫使江苏省朝着城乡社会养老保险均等化方向发展。通过对江苏省城乡养老保险制度的历史变迁过程分析,总结经验规律,为完善养老保险制度体系,实现城乡养老保险均等化发展,最终促进城乡协调发展、社会和经济稳定的发展提供参考依据。

(一)江苏省城乡基本养老保险制度变迁

改革开放以后,伴随着经济高速发展,江苏省的社会保障制度方面也不断完善和健全,通过不懈地试点探索改进的努力,城镇职工养老保险制度和农村居民养老保险制度都取得了巨大成就:

1. 江苏省城镇职工基本养老保险制度变迁过程

目前江苏省城镇职工养老保险已日趋成熟,首先在全民所有制和城镇集体企业中建立,覆盖范围扩大到城镇各类企业及灵活就业人员,纵观其发展史,主要经历了三个阶段,具体如下表所示:

表 1   江苏省城镇职工基本养老保险发展的历史阶段

阶段	政策文件	具体规定	备注
探索阶段(1984年—1991年)	1984 年 6 月,通过《关于在城镇集体经济组织中试行职工养老金和医疗保险的通知》	规定未实施劳动保险办法的企业应建立养老保险,对新入职职工建立基本养老保险,同时要按照社会统筹方式对离退休职工发放养老金	无锡市开始实施,并推广到江苏省部分地区
建立阶段(1992年—1995年)	1992 年,江苏省出台《贯彻国务院关于企业职工养老保险制度改革的决定的通知》(苏政发[1992]11 号)	在制度覆盖对象、覆盖范围、缴费比例及养老金计发办法等方面做出了明确规定	城镇职工基本养老保险制度在全民所有制和集体企业中建立
	1994 年江苏省政府出台《关于江苏省企业职工养老保险制度相关决定》	将个体工商户在内的城镇所有制企业均纳入了城镇职工养老保险覆盖范围中,并同时规定城镇职工平均工资的60%—300%为城镇职工养老保险缴费基数的上、下限	

阶段	政策文件	具体规定	备注
完善阶段（1996年—至今）	2005年，江苏省颁布《江苏省企业基本养老保险关系转移接续办法》	参保者前往另一省份工作的，向原保险经办单位申请开立参保缴费凭证，即可将其养老保险关系转移到现参保地，达到规定年限可按各地缴费年限之和计算个人账户存储额	制度覆盖范围也不断扩大，职工养老保险制度进一步得到完善
	2006年，《江苏省企业基本养老保险的基本调整》①	基础养老金的计发标准调整为：基数为参保者退休前一年本省月均工资与本人指数化月缴费工资的均值。每满1年发给1%，其中，个人账户养老金计＝个人账户累计储存额/计发月数。并建立养老保险的相关机制，保证其保值增值	
	2007年8月江苏省颁布了《江苏省企业职工基本养老保险规定》②	行政区域内的各类企业、民办非企业单位及其与之形成劳动关系的所有人员，个体工商户及其雇工，灵活就业人员及法律、法规规定应当参加基本养老保险的其他人员都纳入企业职工养老保险范围	
	2011年《省政府关于统一全省企业缴纳基本养老保险费比例的通知》③（苏政发［2010］85号）	企业职工基本养老保险费缴费比例统一调整为28%，其中，企业缴费比例为20%、职工个人缴费比例为8%；缴费工资的上限调整为2010年全省城镇非私营单位在岗职工月平均工资的300%	
	2014年，《〈江苏省企业职工基本养老保险规定〉实施意见》部分条款的修改意见④	规定男职工60周岁及以上，女干部55及以上，女工人50周岁及以上。此外对管理岗位和技术岗位的退休年限有详细规定	

资料来源：根据江苏省人力资源和社会保障网、劳动保障网发布的政策整理汇总。

---

① 江苏劳动保障网.江苏劳动保障事业改革发展30周年回顾-企业职工养老保险［EB/01］.http://www.jsdafeng.lss.gov.cn/010l/540.htm.

② 江苏省人力资源和社会保障网.江苏省企业职工基本养老保险规定［EB/01］.h-tp://www.js.lss.gov.cn/shbxfww/zcfg/ylbx/qb/2008l0/t20081021_21004.html,2007年8月10日.

③ 江苏人力资源和社会保障网.关于发布《进一步推进农村社会养老保险工作的意见》的通知［EB/01］.http://www.js.lss.gov.cn/shbxfww/zcfg/ylbx/nb/200810/t20081021_21338.htrTil,2005年3月11日.

④ 江苏人力资源和社会保障网.《江苏企业职工养老保险取消女参保人员55周岁退休规定》［EB/01］.http://www.cpic.com.cn/zixun/ylyz/137447.shtml.

城镇职工基本养老保险在试点-探索-推进-建立-完善的一系列改革中取得突飞猛进的发展,直至 2014 年底,江苏省城镇职工基本养老保险的参保人数达 2566.48 万人,占城镇应参保人数的 67.75%,养老保险金收入达 1742.04 亿元,退休人员月平均养老金可领取 2236 元。

2. 江苏省农村养老保险发展历程

2009 年,江苏省率先开始了新型农村养老保险(简称"新农保")的试点工作,成为新农保的试验区,并于 2010 年底在全省范围内实现了新农保的全覆盖。以 2009 年为界限,农村养老保险可以划分为以下两个阶段:

老农保探索改革阶段(1986—2009 年):我国传统的农村养老方式是通过家庭和土地保障来实现自我养老保障,但随着经济的发展、城市化的推进,农村土地保障功能受到冲击,改变了农村经济、人口、劳动力等各方面结构,农村老龄化现象更加严重,在家庭养老保障功能无法满足养老保障的情况下无疑增加了农民对由政府为主导的社会养老保险制度的需求。江苏省张家港市于 1986 年召开农村养老保险座谈会,开始对农村养老保险制度的探索。在中央政策的统一领导下,1992 年江苏省发布《县级农村社会养老保险基本方案(试行)》,开始了发展和推广"老农保"的工作,1997 年政府出台《江苏省农村社会养老保险办法》,办法规定:农村社会养老保险采用个人缴费和集体补助相结合的方法,国家予以政策扶持,60 周岁以下的非城镇居民均可以自愿选择参保。2005 年江苏省发布了《关于印发〈进一步推进农村社会养老保险工作的意见〉的通知》,将养老保险的范围扩大到乡镇企业职工、进城务工经商的农民,主要由其单位和个人按年均工资的 5% 承担缴费责任,其他农民则是按照上年人均纯收入 8% 的比例进行缴费。

新农保的建立完善阶段(2009—2014 年):2007 年,江苏省先于国家政策进行新农保制度的试点工作,主要重点选择 20%—30% 县(市、区)、乡(镇),随后以泰州、苏州、无锡三市为典范,于 2008 年进一步扩大新农保的试点范围,为农村居民提供养老补贴,同时还采取相关措施以规避养老金的贬值。同年底,省政府出台了相关政策,对江苏省新型农村养老保险制度的指导思想、基本原则、参保对象等都给出了具体的指导意见,明确要求采取政府、集体和个人共同结合的模式,分别纳入社会统筹账户和个人账户。2009 年底,省政府正式下发新型农村养老保险的具体实施办法,对其保障范围及保障对象都做了详细规定,同时还规定养老金由集体补助、政府补贴、个人缴费组成,基础养老金不低于每人每月 60 元。2010 年江苏省实现了新农保的全覆盖,到 2014 年参保人数已经达到 1359.91 万人,占应参保人数的 90.1%。

3. 江苏省城乡社会养老保险制度的均等化发展趋势

为了实现养老保险的覆盖全民的目标,借鉴"新农保"的工作经验,2012 年江苏省政府下发《江苏省城镇居民养老保险制度实施办法》,提出建立城镇居民养老保险制度,采取个人缴费和政府补贴相结合的模式,并形成社会统筹账户和个人统筹账户,以更好的城镇居民的养老生活。具体实施规定与农村养老保险基本一致。除此之外,政府还为被征地农民基本生活保障设立基金专户,以保障被征地农民的养老生活,这意味着江苏省已经形成了覆盖全省的养老保险体系。

在养老保险制度全覆盖基础上,江苏省还进行了城乡养老保险制度均等化发展的探索实践,主要有制度间的转移接续政策、户籍制度的改革,重新修订地方养老法规,取消户籍制度对居民参与养老保险的限制,将养老保险的覆盖范围扩大到"各类企业的所有人员"、"农保"转"企保"等。2013 年江苏省出台了《江苏省城乡居民社会养老保险办法》,规定从 2014 年起,统一"新农保"和城镇居民养老保险制度,是城乡养老保险按照统一标准,统一管理形式等方向发展。上述养老保险制度的政策走向为城乡居民养老保险均等化的发展指明了方向,为实现城乡养老保险均等化迈开重要一步,但由于经济、人口、劳动力结构及文化、习俗等方面的差异,要实现城乡养老保险制度的均等化仍需不断努力。

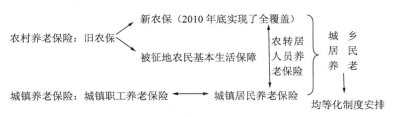

图 4　江苏省城乡社会养老保险均等化发展

(二)江苏省社会养老保险均等化现状分析

在城乡社会、经济条件共同作用下,江苏省城乡养老保险正逐渐向着均等化趋势迈进,但受城乡二元经济结构的外在约束和制度自身的"碎片化"等内在因素的影响下仍然存在众多不均等现象,本文主要从养老保险的机会均等、过程均等和结果均等的三阶段的主要方面对江苏省均等化现状进行分析。

1. 机会均等现状分析

在城乡二元制的影响下城乡经济发展水平、收入差距、制度覆盖程度、养老观念等各方面的产生明显差异,导致养老保险的机会均等化程度也会产生明显差距,主要体现在养老保险的覆盖率和参保率①两个方面(如表 2 所示)。

第一,城乡养老保险覆盖率。城镇职工养老保险制度建立起步早、制度相对健全,目前江苏省城镇职工养老保险已经实现了省级统筹,且覆盖率一直处于 72%以上,并于 2011 年达到了 90%的水平;相对而言,农村养老保险制度建立相对较

---

① 城镇养老保险覆盖率＝城镇养老制度覆盖人口数/城镇人口总数;农村养老保险覆盖率＝农村制度覆盖人口数/农村人口总数;参保率＝参保人数/对应人口总数。

晚,制度不完善、不稳定,且由于城镇化的发展,农村青年劳动力的外流,农村相应总人口数逐年下降,导致农村养老保险覆盖率徘徊于50%左右,并不断下降,始终低于城镇水平。

第二,城乡养老保险参保率。2009—2014年城镇职工参保人数稳定增加使得城镇参保率逐年提升,从2009年的40.8%上升至2014年的49.44%;相对而言,农村养老保险制度起步晚,处于不断完善阶段,2009年以前农民的参保水平较低,自2009年政府正式出台"新农保"的实施办法后,制度安排在城乡间逐渐趋于平等,以及制度的公开使农村居民充分了解到养老保险政策,参保热情有所提高,农村养老保险的参保人数呈几何级数的增长,由2009年的591.37万人迅速增加到1514.56万人,随之参保率由2009年的17.05%猛增到2010的48.83%,并在此后几年逐步上升到与城镇职工养老保险基本持平的水平。

表2　城乡养老保险参保情况表

年份	城镇(万人、%)					农村(万人、%)				
	城镇对应人口①	参保人数	保险覆盖人数②	覆盖率	参保率	农村对应人口	参保人数	保险覆盖人数	覆盖率	参保率
2009	4342.51	1771.75	3164.79	72.88	40.8	3467.76	591.37	2374.21	68.47	17.05
2010	4767.63	1921.82	3516.72	73.76	40.31	3101.71	1514.56	1864.58	60.11	48.83
2011	4889.36	2110.5	4436.64	90.74	43.17	3009.44	1557.4	1173.91	49.01	51.75
2012	4990.09	2308.1	4066.95	81.5	46.25	2929.89	1479.4	1475.52	50.36	50.49
2013	5090.01	2457.83	3902.25	76.66	48.29	2849.48	1445.4	1449.35	50.86	50.73
2014	5190.76	2566.48	3787.94	72.97	49.44	2769.3	1359.91	1509.27	54.5	49.11

数据来源:根据《江苏统计年鉴》(2009—2015)及《江苏省人力资源和社会保障发展公报》(2009—2014)整理计算得来。

2.过程均等现状分析

城乡社会养老保险制度"碎片化"使得省内两种体制下不同群体在缴费方式、筹资模式和计发方式等方面均有不同,致使参保者在过程均等上存在较大差异(如下表3所示)。

缴费方式上,城镇职基本养老保险强制要求单位和个人共同缴费,缴费总和相当于平均工资的28%,政府承担"兜底"责任,这就为城镇职工养老保险的可持续发展提供基础。而农村养老保险实行以个人缴费、集体补助和政府补贴相结合的缴费方式,参保者按照个人意愿,在100—1200元12个不等的档次中进行选择,政府相应对参保人员缴费给予30—50元的补贴,多缴多补,不具有强制性,这就会使

---

① 城镇对应人数是指城镇就业人数与城镇离退休人数之和。

② 保险制度覆盖人数是指保险制度规定的16周岁以上符合参与养老保险条件的人数。

参保意识较弱的居民选择较低档次或拒绝参保,出现"逆向选择"的现象,不利于农村养老保险的稳定可持续发展。

在计发方式上,城镇职工养老金的发放额度与其工资和缴费年限呈明显的正相关关系随着其工资水平及缴费年限的增加而增长,而农村养老保险待遇根据缴费档次已经确定,其调整机制及保值增值的能力都远不及城镇养老保险。城乡养老保险资金运营方式的不同,会导致城乡养老保险基础养老金和个人账户产生差异,尤其是城镇职工养老保险与收入挂钩会使城乡养老保险个人账户差距明显。

表3　城乡社会养老保险资金运行模式

险种	内容	缴费方式	计发方式
城镇职工基本养老保险	社会统筹账户	企业按当地平均工资的20%缴费	基础养老金:[(上年度在岗职工平均工资＋本人指数化月平均工资)＊缴费年限/2]＊1%
	个人账户	个人按平均工资的8%缴费	个人账户养老金:本人账户存储额/计发月数
农村养老保险	社会统筹账户	政府补贴	基础养老金:江苏省最低80元/人/月,超过15年的,每超一年可增发1%
	个人账户	集体补贴	个人账户养老金:本人账户存储额/计发月数
		个人选择档次缴费	

资料来源:根据《江苏省人民政府关于印发江苏省城镇居民社会养老保险制度实施办法的通知》(苏政发〔2011〕144号)和《江苏省企业职工基本养老保险规定》整理得出。

除此之外,城乡养老保险在管理统筹层次、养老金调整机制以及保值增值能力等方面也存在较大差异。城乡养老保险属于分割式管理,存在管理不规范、不统一、不均衡等问题,目前,江苏省城镇职工养老保险由省级统筹管理,而农村仍还处于县级管理水平,这种情况必然会导致制度设计、风险保障水平、政府补贴标准不统一,制度协调机制差,加大了养老保险关系转移接续的难度,增加了管理成本和管理压力。在养老金管理方面,江苏省城镇职工养老保险金建立物价调整机制,根据物价水平适时调整,以保证职工的养老保障水平,而农村养老保险金的调整水平远远低于物价水平。

3.结果均等现状分析

由于筹资机制的先天性差距和养老资源的逆向性补偿机制以及分割式管理导致农村养老保险待遇水平必然低于城市,同时随着城乡经济发展差距的扩大,城乡养老保险待遇差距呈现不减反升的趋势。这种差异主要体现在城乡人均养老金收支水平、消费保障水平和养老金的目标替代率上。

(1)从养老保险的绝对水平即人均养老金收支水平上来看,如下表4所示,城镇职工领取养老金人数增速较为稳定,随着工资水平的上涨,城镇养老保险基金总收入、人均养老金收入逐年增加,平均每月由 2008 年的 1761 元上升到 2014 年的 2427 元;相对而言,自 2009 年开始实施新农保政策后农村养老保险养老基金收入迅速增加,基金收入由 2008 年的 57.92 亿元攀升到 2010 年的 140.06 亿元,领取养老金人数增速也尤为明显,由 2009 年的 117.25 万人增加到 2010 年的 746.99 万人,人均待遇水平在调整之后也有所回升,但仍无法弥补城乡之间的差距,农村养老保险无论是人均收入还是人均待遇水平都远远落后于城镇,2014 年后者两方面均约为前者的 14 倍,存在严重的非均等化。

表 4   2009—2014 年江苏省城乡养老保险基金收支情况表

年份	城镇					农村				
	基金收入(亿元)	基金支出(亿元)	领取人数(万人)	人均基金收入(元/月)	人均待遇(元/月)	基金收入(亿元)	基金支出(亿元)	领取人数(万人)	人均基金收入(元/月)	人均待遇(元/月)
2008	749.30	524.3	354.6	1761	1232	57.92	27.59	176.65	41	130
2009	865.28	617.65	385.5	1870	1335	—	—	117.2		
2010	999.8	737.91	418	1993	1471	140.06	76.45	746.99	156	85
2011	1269.2	884.2	450.3	2349	1636	140.9	100.5	812.3	145	103
2012	1566.2	1078.1	511	2554	1758	153.5	109.7	879.9	145	104
2013	1674.8	1309.6	556.5	2509	1962	187.2	147.7	933.15	167	132
2014	1742.04	1406.7	598.11	2427	1960	211.16	172.39	987.96	178	145

数据来源:根据《江苏统计年鉴》(2009—2015)及《江苏省人力资源和社会保障发展公报》(2009—2014)整理计算得来,2009 年农村养老保险调整期,数据缺失。其中,人均基金收入＝基金收入/参保人数,人均待遇＝基金支出/领取人数。

(2) 从养老金的消费保障水平[1]上来看,在物价调整机制的保障下,城镇职工基本养老保险资金充足,养老金消费保障水平一直居于 100% 的水平以上,养老金足以维持城镇职工退休后的消费水平。相反,农村养老保险的养老金收入水平远低于农村居民的消费水平,消费保障水平一直处于低位,最高为 2014 年的 15%,难以维持其丧失劳动力后的正常消费水平。城乡消费保障水平差异在近几年有缩小趋势,从 2010 年的 118% 逐渐减小到 2014 年的 85%。但两者仍相差甚远,城乡养老金的消费保障水平平均差异基本达到 100% 以上,缩小城乡差距,实现均等化目标任重道远。

---

[1]   消费保障水平是年养老金与个人消费年总支出之比,反映养老金对老年生活的消费保障能力,保障水平达到 100% 时,与退休前消费水平一致。

表5 2009—2014年江苏省城乡养老金消费保障水平

年份	城 镇			农 村			
	年均消费支出（元）	年均养老金收入（元）	消费保障水平	年均消费支出（元）	年均养老金收入（元）	消费保障水平	城乡消费保障水平差异
2009	11453	16022.05	1.4	6457	—	—	—
2010	13584	17653.35	1.3	8536	1023.44	0.12	1.18
2011	14357	19635.8	1.37	9164	1237.23	0.14	1.23
2012	16782	21097.85	1.26	11047	1246.73	0.11	1.15
2013	18825	23543.37	1.25	12397	1582.81	0.13	1.12
2014	23476	23519.09	1	11820	1744.91	0.15	0.85

数据来源:根据《江苏统计年鉴》(2009—2015)及《江苏省人力资源和社会保障发展公揭》(2009—2014)整理计算得来。

（3）从养老保险的相对水平即养老金的目标替代率①上来看,如表6所示,城镇职工养老保险的替代率保持在50%左右,根据国际标准②退休职工的基本生活需求基本能够得以保证。相对而言,2009—2014年农村养老保险的替代率虽有上升但一直居于较低水平,处于15%左右波动水平,难以维持老年人基本生活需求。城乡养老保险的目标替代率差异基本保持在30%以上,实现养老保险目标替代率均等化的任务非常艰巨。

表6 2009—2014年江苏省城乡养老保险目标替代率情况

年份	城镇职工			农村居民			
	人均养老金给付（元/月）	职工每月工资（元）	目标替代率（%）	人均养老金给付（元）	农民月纯收入水平	目标替代率（%）	城乡替代率差异（%）
2009	1602	2990.83	53.56	86	615.69	13.97	39.59
2010	1765	3314.33	53.25	102	701.38	14.54	38.71
2011	1964	3790.58	51.81	124	831.15	14.92	36.89
2012	2110	4219.92	50.00	125	938.62	13.32	36.68
2013	2354	4764.75	49.40	158	1046	15.11	34.29
2014	2352	5072.25	46.37	174	1150.62	15.12	31.25

数据来源:根据《江苏统计年鉴》(2009—2015)及《江苏省人力资源和社会保障发展公报》(2009—2014)整理计算得来。

① 目标替代率是人均养老金给付与职工工资或人均收入之比。

② 国际标准:养老保险替代率≥70%,参保人退休后生活水平不变;50%—70%,参保人退休后生活水平有所降低,但仍能保证基本生活需求;≤50%,参保人生活水平大幅下降,无法保证基本生活。

五、江苏省城乡社会养老保险均等化实证分析

(一)江苏省城乡社会养老保险均等化评价指标

在经济、政策、制度及文化观念的共同影响下,江苏省社会养老保险向着均等化方向发展,但是均等化发展程度以及发展过程中的障碍有待进一步考核。本章从养老保险均等化的三个方面即机会均等、过程均等及结果均等的内容确定相关指标,并根据选取的指标用实证分析的方法来分析江苏省城乡社会养老保险均等化水平的特征及发展趋势。

1. 指标选取的原则

评价养老保险均等化现状,衡量养老保险均等化进程,必须要以一套客观完善的均等化指标为基础,为保证指标的客观性,一般应遵循以下几个原则:

（1）相关性原则

相关性要求指标选取应根据社会养老保险的具体内容为依据,反映均等化的现状,同时各指标间应该相互联系、相互补充,从整体上能够综合反映养老保险均等化水平。

（2）全面性原则

指标选取的过程中应尽可能全面考虑,将影响均等化水平的因素纳入指标体系中,本文分别从养老保险的三方面内容入手,选取影响各个方面的因素,避免了指标的遗漏,构建了较为系统的指标体系。

（3）可获得性原则

文章的主要目的在于对这些指标进行量化分析,直接客观反映养老保险均等化的现状,并可通过相关数据进行实证分析,因此选取的指标的相关数据必须是可以获取的。

（4）可比性原则

为了能够反映均等化的现状,衡量均等化的水平,总结出均等化的特点及趋势,所选对应指标应该是同质的且可相互比较的,能够将收集到的该指标的相关数据进行比较或实证分析。指标体系的设置要能与国际、国内的相关领域课题的研究对比,与原有制度的相关数据对比等。

2. 均等化指标的选取

根据江苏省社会养老保险具体实际情况,遵循指标选取原则,结合城镇职工养老保险及城乡居民养老保险机会均等、过程均等、结果均等三个阶段的内容,本文选取以下指标:

（1）机会均等的相关指标

a. 社会养老保险的覆盖率(X_1)。社会养老保险的覆盖率是衡量养老保险均等化的重要指标,是指养老保险制度覆盖对象占相应总人口的比重,其计算公式

为:覆盖率＝社会养老保险制度覆盖人口/相应人口总数×100％。覆盖率指数越高,表明参保机会越大,城乡覆盖率差异越小,说明城乡居民参保机会越趋于均等。

b. 社会养老保险参保率(X_2)。参保率是指实际参保居民占相应总人口的比例,它能够客观的反映居民参保的程度与水平,也可以表现居民对养老保险制度的认可程度。其计算公式为:参保率＝养老保险制度参保人数/相应总人数×100％。受城乡二元制长期影响城乡收入、养老观念、文化等方面差异的存在导致城乡养老需求明显不同。当城乡社会养老保险参保率趋同时,意味着城乡居民参保程度趋于均等。

c. 制度透明度(X_3)。制度透明度主要是用以衡量居民对制度的了解程度,提高制度透明度的目的是让社会公众能够及时、充分了解社会养老保险制度,进而做出参加与否的选择,建立养老保险公开制度能够更好地维护民众的知情权,保证制度的顺利运行。

（2）过程均等的相关指标

我国养老保险采取统账结合的缴费方式,资金主要来源于个人缴费形成的个人账户和政府与社会（或企业和集体组织）形成的社会统筹账户,这两部分的多寡都关系到居民养老保险的受益程度。从指标选取的全面性及相关性原则角度,在养老保险金缴纳、管理、发放的过程中,本文将以下因素纳入到影响居民最终享有养老保险过程均等水平的主要因素中。

a. 人均缴费额(X_4)。人均缴费额是参保人缴纳养老保险的平均缴费额,该指标反映了个人缴费责任,缴费的多寡造成个人账户及享受待遇差异的主要原因。对于农村居民养老保险而言,由于个人缴费档次的不确定,很难判断该项指标的标准值,在此假设农村居民选取的缴费档次是相同的,则农村居民的人均缴费额为当年缴费档次的平均值。对于城镇职工养老保险,缴费基数一般为职工的平均工资,职工按照本人工资的8％缴纳养老保险金。

b. 社会统筹账户额(X_5)。社会统筹账户额是由社会集体、企业或政府中的一方或多方负责的养老保险部分,反映社会对养老保险的责任。江苏省农村居民养老保险的社会统筹账户是由市或县政府部门对参保人员的财政补贴形成的,如根据《江苏省统计年鉴公报 2015》,2014 年江苏省基础养老发放标准为每人每月 90元,则农村居民社会养老保险的社会统筹账户为每年财政补贴额。按照现行政策,城镇职工养老保险的社会统筹账户为企业按照工资总额的 20％。

c. 管理成本(X_6)。管理成本是养老保险基金正常运营管理过程中产生的合理支出,包括管理人员的工资、保管费用、交易费用、税费、正常损失、其他费用等方面。一般用管理费用占养老保险收入的百分比来衡量,属于逆向指标,由于城乡养老保险投资渠道不尽相同,其管理费用也存在差异,管理费用越高,均等化水平相对越低。若要实现均等化,就必须控制管理成本,提高管理效率。

d. 投资收益率(X_7)。基金投资收益是指在保证社会养老保险金安全的前提下,为了实现养老保险金的保值增值而将养老保险金存入银行或投资市场所获得的收益,由于居民社会养老保险金主要存入银行等金融机构,取得的收益较为固定,为一年期银行存款利率。城镇职工养老保险的投资方式多样化,也可以以全国社会保障基金理事会的收益率为依据,但都应不低于一年期存款利率。

e. 统筹层次(X_8)。养老保险统筹层次反映中央和地方在社会养老保险的管理、制度及标准等方面的责任。不同的统筹层次,会在养老保险制度、标准、管理及管理基金调剂等方面有着不同程度的反映,一般而言,统筹层次越高,基金调剂能力越强,基金支付风险就越低,则养老保险分险共担能力就越强。

f. 基金给付率(X_9)。基金给付率是指领取养老金人数与同年参保人人数之比,主要反映了社会老龄化程度和养老金支付压力,属于逆向指标,一般可通过城乡老龄化率体现出来。

g. 物价影响指数(X_{10})。国家或地方政府在调整养老金待遇时一般都会考虑到物价变动的情况,以维持城乡养老金的实际购买力,保障老年人的基本生活质量。物价影响指数是指参保人领取的养老金增长率与同年物价水平增长率之间的比率。理论上,物价上涨的水平应与当年养老金增加的幅度保持一致,以保证养老金的实际购买力不因物价上涨而下降。

(3)结果均等的相关指标

本书主要选取了城乡人口预期寿命、消费保障水平和目标替代率三个能够影响并反映参保人收益水平的指标作为衡量养老保险结果均等的指标。

a. 城乡居民人口预期寿命(X_{11})。根据相关文献研究表明,人口预期寿命的差异能够反映居民生活水平,尤其是老年时期的生活状况,一般同等条件下,养老金水平越高,越能够保障居民的基本生活,预期寿命相对越长。另一方面,预期寿命越长对养老金的需求就越大,养老金支出越多。

b. 消费保障水平(X_{12})。消费保障水平是年养老金与个人消费年总支出之比,它是反映养老金保障水平的相对指标,能够体现养老金对参保人基本生活的保障程度,根据国家设立养老金的目的,养老金应该能够维持参保人的基本生活。

c. 养老金的目标替代率(X_{13})。养老金的目标替代率是衡量养老金给付水平的另一相对指标,是参保人达到退休年限时领取的养老金与退休前工资收入水平之比,即目标替代率=退休当年领取的养老金/退休前工资收入水平×100%。该指标能够全面地反映城乡居民参加社会养老保险的成本与收益,直接真实地反映了地区养老金水平的高低,目标替代率水平越高,则表明养老金保障水平越高,反之亦然。为了养老保险的长期可持续发展,国际劳工组织《社会保障最低标准公约》[①]规定,养老金的

---

① 《社会保障最低标准公约》是 1952 年 6 月 28 日国际劳工组织在日内瓦召开的国际劳工大会正式通过的第 102 号公约,是国际社会保障发展的一个里程碑。

替代率应与当地的实际相符,但最低不得低于55%。

(二)方法运用

目前,学者用于研究均等化水平的方法一般包括因素分析法、基尼系数法、变异系数法、泰尔系数法和综合评价法等。本文在前人的基础上选用层次分析综合评价法和双变量泰尔系数法相互结合的办法,对城乡养老保险均等化情况进行具体分析。首先,运用层次分析综合指标法对城乡养老保险均等化的各项指标进行量化分析,计算城乡养老保险均等化综合指数。然后,利用双变量泰尔指数法对运算出来的均等化指数进行分析并分解,进一步分析养老保险在地区间、城乡间、城镇间、农村间的均等化差异。

(三)江苏省城乡养老保险均等化实证分析

根据上述方法结合江苏省城乡养老保险具体实际情况对江苏省城乡养老保险均等化进行以下实证分析。

1. 层次分析综合指标法实证分析

(1)建立城乡养老保险均等化层次结构模型。树形图所示,第一次为总目标层,即养老保险均等化的总目标;第二层次为均等化的三个内容即机会均等、过程均等和结果均等三个子目标;第三层次为三个子目标下的具体共13个指标。

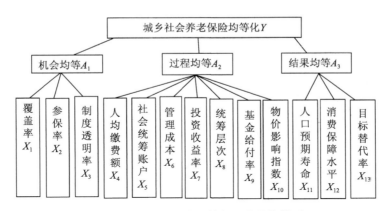

图5 城乡养老保险均等化层次结构模型

(2)建立城乡养老保险均等化判断矩阵。根据城乡养老保险均等化层次结构模型和九标法的定义,建立的矩阵分别为:

Y	A_1	A_2	A_3
A_1	1	1/3	1/2
A_2	3	1	6
A_3	2	1/6	1

A_1	X_1	X_2	X_3
X_1	1	3	1/2
X_2	1/3	1	1/5
X_3	2	5	1

A_2	X_4	X_5	X_6	X_7	X_8	X_9	X_{10}
X_4	1	2	5	4	4	5	3
X_5	1/2	1	4	3	2	2	2
X_6	1/5	1/4	1	2	1/4	2	2
X_7	1/4	1/3	1/2	1	1/3	2	2
X_8	1/4	1/2	4	3	1	5	4
X_9	1/5	1/2	3	1/2	1/5	1	2
X_{10}	1/3	1/2	1/2	1/2	1/4	1/2	1

A_3	X_{11}	X_{12}	X_{13}
X_{11}	1	1/3	1/5
X_{12}	3	1	1/3
X_{13}	5	3	1

代入 yaahp 软件,求得四个矩阵的最大特征值 λ_{max} 分别为:3.1022、3.0037、7.6667、3.0849。

按照上述方法,计算 CR 值,分别为:

指标	Y	A_1	A_2	A_3
λ_{max}	3.1022	3.0037	6.1878	3.0849
CR 值	0.0983	0.0035	0.0722	0.0798

由 CR 值判定矩阵具有一致性。根据上述方法进一步进行层次单排序并检验其一致性,最终计算其权重(如下表 7 所示)。

表 7　城乡社会养老保险均等化评价指标的标准值及权重

二级指标	三级指标	变量标识	标准值		分权重	总权重
			城镇职工	城乡居民		
机会均等	覆盖率	X_1	100%	100%	0.1166	0.2223
	参保率	X_2	100%	100%	0.0742	
	制度透明度	X_3	1	1	0.0315	

续　表

二级指标	三级指标	变量标识	标准值		分权重	总权重
			城镇职工	城乡居民		
过程均等	人均缴费额	X_4	月均工资＊8％	平均档次	0.2227	0.6667
	社会统筹账户	X_5	月均工资＊20％	政府补贴额	0.1276	
	管理成本	X_6	≤5％	≤5％	0.0572	
	投资收益率	X_7	≥银行利率	≥银行利率	0.0516	
	统筹层次	X_8	1	1	0.1259	
	基金给付率	X_9	当年老龄化水平	当年老龄化水平	0.0425	
	物价影响指数	X_{10}	100％	100％	0.0391	
结果均等	城乡居民人口预期寿命	X_{11}	全国人口普查结果	全国人口普查结果	0.0118	0.1111
	消费保障水平	X_{12}	100％	100％	0.0289	
	养老金目标替代率	X_{13}	55％	55％	0.0704	

注：表中管理成本和基金给付率为逆向指标。

（4）计算综合指数。各项指标及其权重确定以后，为了更好地对城乡养老保险均等化进行衡量，需要对相关的数据进行处理。由于本文选取的 13 个指标中，管理成本和基金给付率为逆向指标，其他为正向指标。指标的性质不同，其评价的计算方法有所不同。具体处理方式为：

正向指标均等化评价值＝具体指标的实际值/该指标的标准值

逆向指标均等化评价值＝具体指标的标准值/该指标的实际值

其中，标准值是以国家或相关法律规定的最低或最高值为依据，实际值是根据 2010—2015 年《江苏省统计年鉴》、2009—2014 年《江苏省人力资源和社会保障统计公报》以及省辖市统计局网站中各市统计年鉴与统计公报等相关资料与数据取得，由于关于城乡养老保险两个部分，较为复杂，不便在此赘述，部分统计数据见附录，对江苏省各市城乡养老保险的均等化指标评价指标进行计算结果如下表 8（仅列主要市级，详见附录）所示：

表 8　2009—2014 年江苏省城乡养老保险均等化综合指数

地区	2009 年		2010 年		2011 年		2012 年		2013 年		2014 年	
	城镇	农村	城镇	农村	城镇	农村	城镇	农村	城镇	农村	城镇	农村
南京市	0.5457	0.4677	0.6971	0.5738	0.7624	0.5357	0.8247	0.6075	0.8604	0.717	0.8901	0.7982
苏州市	0.5548	0.5014	0.775	0.6421	0.8042	0.6615	0.8845	0.7045	0.9011	0.7351	0.8421	0.7749
常州市	0.5245	0.3774	0.7261	0.4813	0.8117	0.4576	0.762	0.5719	0.8314	0.6227	0.8169	0.7425
镇江市	0.6085	0.3571	0.7364	0.5113	0.7241	0.4936	0.8162	0.4589	0.7952	0.5218	0.842	0.6721

续　表

地区	2009 年		2010 年		2011 年		2012 年		2013 年		2014 年	
	城镇	农村	城镇	农村	城镇	农村	城镇	农村	城镇	农村	城镇	农村
无锡市	0.5912	0.314	0.6754	0.501	0.7244	0.5901	0.6815	0.6216	0.771	0.6401	0.823	0.6946
扬州市	0.5075	0.2541	0.5504	0.3761	0.5816	0.4031	0.5465	0.4487	0.582	0.4918	0.8047	0.5275
泰州市	0.4918	0.257	0.5473	0.4351	0.5074	0.414	0.5714	0.3847	0.5375	0.4687	0.5704	0.499
南通市	0.5114	0.256	0.5093	0.4659	0.554	0.5148	0.6271	0.4827	0.5974	0.5046	0.6257	0.5449
徐州市	0.4249	0.215	0.5054	0.393	0.5621	0.4257	0.5907	0.4517	0.5343	0.4473	0.6057	0.4791
连云港	0.4379	0.210	0.4972	0.452	0.5307	0.414	0.5841	0.4971	0.6153	0.4846	0.6257	0.5049
淮安市	0.3172	0.2468	0.4549	0.3071	0.471	0.3473	0.5054	0.4049	0.5372	0.3892	0.5917	0.4638
盐城市	0.3841	0.2165	0.4573	0.3745	0.5043	0.4611	0.5517	0.4524	0.5437	0.5047	0.591	0.4827
宿迁市	0.3372	0.2025	0.3254	0.3446	0.4591	0.3946	0.4412	0.413	0.4351	0.4272	0.5011	0.4413

数据来源:根据 2009 年—2014 年江苏省各市级统计年鉴及统计公报数据整理计算。

从上述江苏省城乡养老保险均等化综合指数分析过程可以看出:

(1)从层次分析法计算出的城乡社会养老保险均等化指标权重结果表明,机会均等、过程均等对养老保险均等化的实现有重要意义。其中,覆盖率、人均缴费额、社会统筹账户以及统筹层次的权重相对较高,占比都在 10% 以上的水平,对城乡养老保险均等程度的影响相对较大,是造成非均等化现象的主要原因;其次就是参保率和养老保险的目标替代率,权重占比在 5% 以上,对城乡养老保险均等化目标实现也有重要影响。

(2)从均等化综合指数来看:在地域上,就地区内部的城乡均等化水平比较而言,城镇基本养老保险的均等化综合指数普遍高于农村养老保险均等化指数,说明在经济、制度等因素的综合作用下,城镇职工养老保险的均等化程度明显要优于农村养老保险均等化程度;从地区间城乡比较来看,经济发达地区的均等化综合指数明显优于落后地区,如居于经济发展水平前列的苏州、南京等经济发达的苏南地区,其均等化水平要优于苏中和苏北地区。在时间上,2009 年—2014 年,城乡养老保险的均等化指数逐渐上升,城乡间的差距呈缩小趋势但仍然很大,如南京市城镇养老保险均等化指数由 0.5457 逐年上升到 0.8901,农村养老保险均等化指数曲折上升,由 0.4677 上升到 0.7982。从整体上说,江苏省城、乡养老的均等化程度均有所提高,且城乡间养老保险差距逐渐减缓。

2. 双变量泰尔指数法实证分析

通过上述城乡养老保险均等化指数的纵向和横向对比,可以从宏观层面掌握江苏省城乡养老保险的基本趋势,但无法衡量城乡养老保险均等化的具体变化程度,本文运用双变量泰尔系数法分别从地区维度和城乡维度对其进一步说明。

(1)城乡养老保险均等化综合指数的变异系数分析

变异系数反映均等化程度,系数越小,均等化程度越高,反之亦然。根据图 6 所示,不难发现城镇职工养老保险均等化综合指数的变异系数以 2011 年为拐点呈先升后降的趋势缓慢变小,均等化水平有所改善。而农村养老保险均等化综合指标的变异系数自 2009 年以后明显逐年减小,由 2009 年的 0.2639 下降至 2014 年的 0.1986,且接近城镇养老保险均等化水平。由此可看出城乡养老保险水平逐渐靠拢,并朝着均等化方向发展,但就整体而言农村养老保险的非均等化现象仍比城镇严重。

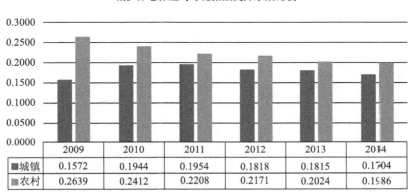

城乡养老保险均等化指数变异系数比较

	2009	2010	2011	2012	2013	2014
城镇	0.1572	0.1944	0.1954	0.1818	0.1815	0.1704
农村	0.2639	0.2412	0.2208	0.2171	0.2024	0.1986

■城镇　■农村

图 6　2009—2014 年江苏省城乡养老保险均等化指数变异系数比较示意图

为了进一步分析江苏省城镇间、农村间养老保险均等化状况,本文按照传统划分方式将江苏省分为苏南、苏中、苏北三个区域,并利用双变量泰尔指数分解的方法对从地区和城乡两个维度对城乡养老保险均等化做进一步分析。泰尔指数越小,越有利于均等化的实现,反之亦然。

（2）地区维度优先的双变量层级分解

根据上述介绍的地区维度优先的双变量泰尔指数方法对江苏省 2009—2014 年城乡养老保险均等化指数进行分解,结果如表 9 所示:

从 T 值来看,总泰尔指数呈缓慢下降的趋势,自 2009 年开始 T 值水平由 0.1005 下降到 0.0525,尤其在 2012 年以后,泰尔指数下降明显,均等化水平显著增强,平均增速达到了 20% 左右,其原因可能是在"新农保"的基础上,"城居保"的建立以及统一城乡居民养老保险政策的提出,引导城乡养老保险逐渐靠拢,趋向均等化发展目标,城乡养老保险均等化水平取得突出进展,均等化程度不断提高。将 T 值按地区分解可以发现,无论是地区间差异还是地区内差异都呈总体下降的趋势,且地区内均等化差距要远大于地区间差距(直观表示为图 4.3),且地区内差距对 T 值的影响基本都保持在 60% 左右。

表 9　地区维度优先的城乡养老保险均等化指数的泰尔指数分解测算

	2009 年	2010 年	2011 年	2012 年	2013 年	2014 年
T_{BR}	0.0363	0.0318	0.0345	0.0336	0.0273	0.0229
T_{WR}	0.0642	0.0695	0.0602	0.0625	0.0501	0.0296
$T_{WR \cdot BU}$	0.0257	0.0226	0.0224	0.0216	0.0179	0.0117
$T_{WR \cdot BU}$(南)	0.0032	0.0069	0.0076	0.0061	0.0051	0.0011
$T_{WR \cdot BU}$(中)	0.0094	0.0051	0.0042	0.0049	0.0032	0.0053
$T_{WR \cdot BU}$(北)	0.0131	0.0106	0.0106	0.0106	0.0096	0.0053
$T_{W(RU)}$	0.0385	0.0469	0.0379	0.0409	0.0322	0.0179
苏南城镇内部	0.0032	0.0069	0.0076	0.0061	0.0051	0.0031
苏南农村内部	0.0100	0.0052	0.0066	0.0097	0.0085	0.0025
苏中城镇内部	0.0044	0.0051	0.0042	0.0049	0.0040	0.0033
苏中农村内部	0.0122	0.0083	0.0054	0.0055	0.0044	0.0021
苏北城镇内部	0.0031	0.0106	0.0060	0.0053	0.0043	0.0027
苏北农村内部	0.0056	0.0108	0.0081	0.0095	0.0059	0.0041
T	0.1005	0.1013	0.0948	0.0960	0.0773	0.0525
T_{BR} 占 T 的比重	36.08%	31.44%	36.44%	34.95%	35.27%	43.55%
T_{WR} 占 T 的比重	63.92%	68.56%	63.56%	65.05%	64.73%	56.45%
$T_{WR \cdot BU}$ 占 T 的比重	25.62%	22.27%	23.60%	22.46%	23.11%	22.39%
$T_{W(UR)}$ 占 T 的比重	38.30%	46.29%	39.95%	42.59%	41.62%	34.07%

　　从地区之间均等化差异 T_{BR} 来看,江苏省地区间泰尔指数 T_{BR} 总体呈下降趋势,由 2009 年的 0.0363 逐渐下降到 2014 年的 0.0229,但其占 T 值的比重并未随之下降,说明地区间均等化差异虽有缩小,但却不及 T 值下降幅度,并不是均等化总差异下降的主要原因。而地区间均等化差异主要源自于苏中和苏北两地区,苏中、苏北地区均等化差异对地区间总差异影响分别维持在 40%—50% 和 25%—45% 之间,苏南影响较小。一方面苏南地区经济发达,经济发展依赖二、三产业,居民收入、生活水平相对较高,有充足的参保缴费能力。另一方面,苏南地区养老保险制度起步早,历经时间长,并在改革实践过程中不断健全完善,比较符合苏南实际情况。此外,随着生活水平的提高,苏南地区居民养老保险意识和参保缴费意愿明显增强。

　　在地区内均等化差异的构成中,又可以根据城乡维度进一步分解为地区内城乡之间均等化差异和城乡内部差异,由图 7 可以看出,地区内差异项下的城乡间差异和城乡内差异与总体差异变化趋势一致,均呈下降趋势,且城乡内部差异影响更为突出,始终高于城乡间均等化差异。同时,根据上表泰尔指数测算结果,在三个地区城乡间泰尔指数比较分析可知,苏北地区的城乡间差异对地区内城乡间均等化差异的影响程度最大,基本保持在 45% 以上,而苏南和苏中两地地区内城乡间对总体差距影响水平相当,且在 2009—2014 年不断下降,主要由于在现有的缴费模式和管理制度下,苏北地区经济发展速度相对较慢,尤其是农村地区,缴费能力有限,且财政转移支付能力相比苏南、中地区较弱;城乡内差距主要从各个地区的城镇内部与农村内部入手,两者内部均存在明显的不均等现象,其中以农村内部最为明显,但值得注意的是,随着农村养老保险制度的不断完善,以及政府统一养老保险制度政策的带动下,城乡养老保险之间的均等化差异缓慢缩小,逐渐趋同。

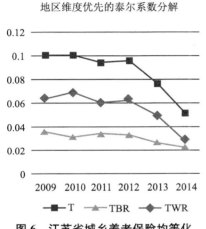

图 6　江苏省城乡养老保险均等化指数地区纬度分解示意图

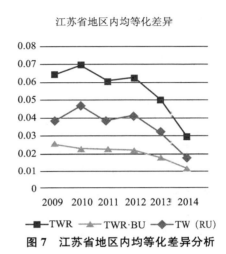

图 7　江苏省地区内均等化差异分析

(3)城乡维度优先的双变量的水平分解

根据上述介绍的城乡维度优先的泰尔指数方法,对江苏省 2009—2014 年城乡养老保险均等化指数进行分解,分解结果如下表 10 所示:

表 10　城乡维度优先的城乡养老保险均等化指数的泰尔指数分解测算

	2009 年	2010 年	2011 年	2012 年	2013 年	2014 年
T_{BU}	0.0402	0.0323	0.0319	0.0302	0.0294	0.021
T_{WU}	0.0603	0.069	0.0628	0.0636	0.0628	0.0517
$T_{WU \cdot BR}$	0.0418	0.0251	0.0249	0.0267	0.0276	0.0228
城乡内南部地区间	0.0109	0.0085	0.0091	0.0082	0.012	0.0054
城乡内中部地区间	0.0126	0.0079	0.0084	0.0094	0.0072	0.0088
城乡内北部地区间	0.0184	0.0087	0.0074	0.0091	0.008	0.0087
$T_{W(UR)} = T_{W(RU)}$	0.0385	0.0469	0.0379	0.0409	0.0322	0.0179
T	0.1005	0.1013	0.0948	0.1018	0.0922	0.0727
T_{BU} 占 T 的比重	40.00%	31.89%	33.65%	29.67%	31.89%	28.89%

续　表

	2009 年	2010 年	2011 年	2012 年	2013 年	2014 年
T_{WU} 占 T 的比重	60.00%	68.11%	66.24%	62.48%	68.11%	71.11%
$T_{WU \cdot BR}$ 占 T 的比重	41.59%	24.78%	26.27%	26.23%	29.93%	31.36%
$T_{W(RU)}$ 占 T 的比重	38.31%	46.30%	39.98%	40.18%	34.92%	24.62%

　　总体 T 值与以地区维度分解结果相同,以城乡维度进行第一层分解具体分解为城乡之间和城乡内部差异,通过对比结果显示城乡内部均等化差异要远大于城乡之间差异,但两者之间的差距逐渐缩小(见图8)。城乡之间的差异 T_{BU} 总体呈缓慢下降的趋势,泰尔指数值由 2009 年的 0.0402 逐渐下降到 2014 年的 0.021,且其占 T 值的比重由 40% 减小到 28.89%,相对而言,城乡内部差异也略有下降,由 0.0603 逐渐减小到 0.0517,但其占 T 值的比重却整体呈波动上升趋势,由 60.00% 上升到 71.11%,说明城乡内差异下降幅度小于城乡间差异与总体差异下降幅度,城乡内差异对总差异的影响程度逐渐增加,城乡间差异退而求其次。综上分析,在江苏省城乡差异中,城乡间差异对养老保险均等化的影响相对城乡内总体较小且呈逐渐减弱,城乡差异主要归因为城乡内差异,即城镇内部和农村内部的差异,在均等化的推进过程中必须注意城乡内差距对养老保险均等化、未来社会稳定以及经济发展的影响。

　　按地区维度,城乡内部差异可以进一步分解为城乡内地区间差异和地区内的差异,结合上表数据可以看出,地区内的差异与以地区维度分解结果相同,以先升后降的趋势对城乡内差异和总差异造成影响,在此就不再赘述;而地区间差异在 2010 年下降明显,由 0.0418 减小到 0.0251,其对 T 值的影响幅度从 41.59% 下降到 24.78%,随后几年一直保持平稳状态,但整体略有下降。

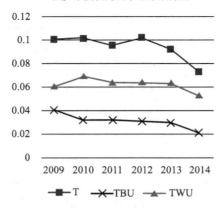

图8　2009—2014 年江苏省城乡维度
优先的泰尔系数分解

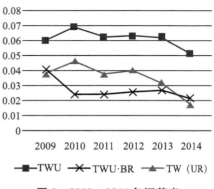

图9　2009—2014 年江苏省
城乡内部泰尔指数分解

不均等主要源自于地区和城乡因素,因此不均等主要表现在地区、城乡因素(T_{BU}和T_{BR})、与地区和城乡无关的因素($T_{W(RU)}$)以及与地区和城乡坛相关的因素($T_{I(RU)}$)产生的。由表9可知,$T_{I(RU)}$均为负值,说明城乡间和地区间对均等化有重叠影响部分,不能单独归结为城乡或地区因素,其值由2009年的-0.0145到2010年的-0.0093,相比而言,其对总体T值影响较小。

表11　均等化泰尔系数水平分解测算

	2009 年	2010 年	2011 年	2012 年	2013 年	2014 年
T	0.1005	0.1013	0.0948	0.096	0.0773	0.0525
T_{BR}	0.0363	0.0318	0.0345	0.0336	0.0273	0.0229
T_{BU}	0.0402	0.0323	0.0319	0.0302	0.0294	0.021
$T_{W(RU)}$	0.0385	0.0469	0.0379	0.0409	0.0322	0.0179
$T_{I(RU)}$	-0.0145	-0.0097	-0.0095	-0.0087	-0.0116	-0.0093

3. 结论

根据利用层次分析综合指标法、泰尔指数及其分解的方法对城乡养老保险均等化的综合指标分析结果显示:

第一,江苏省社会养老保险在地域和时间上都表现出明显的非均等化。地域上,由于城镇地区经济发展水平相对较高,制度发展较为完善等综合因素的影响下,其均等化水平高于农村地区,此外,在江苏省内经济发达地区(以苏南部分地区为主)的均等化水平高于落后地区(苏北部分地区)。时间上,城乡养老保险在地域上存在较大差异,但这种差异随着政策的导向、工业化带动城镇化发展的过程中有缩小的趋势,在今后的发展过程中顺应这种趋势,合理配置资源,公平分配收入,达到养老保险的帕累托最优状态。

第二,根据对江苏省2009—2014年均等化指数的双变量泰尔指数分解的过程来看,受地域性的影响,养老保险的差异不仅限于城、乡差异,还涉及地区之间、城镇内部及农村内部的差异,而我国目前现有的相关研究及文献都将焦点集中于如何缩小城乡养老保险差异,忽视了对城、乡内部及地域之间差异的具体研究。要实现养老保险均等化,就要全面考虑,综合分析城、乡、城乡间、地区间的差异。

六、江苏省城乡养老保险非均等化的原因分析

根据上述江苏省城乡养老保险的现状及具体实证分析表明,江苏省养老保险在城镇、农村以及城乡之间的机会均等、过程均等、结果均等方面都存在明显差异。由上述实证分析结果对城乡养老保险差异原因进行分析,对找出相应对策,减少城乡差异,实现养老保险均等化具有实际性意义。

(一)制度层面差异的制约

根据上一章实证分析的结果显示江苏省城乡养老保险制度层面的差异是造成

城乡养老保险不均等的主要原因,主要体现在:

从制度起源来看,城镇职工基本养老保险制度起源于 20 世纪八九十年代,起源时间早,统筹时间相对提前,并且经过几十年的改革与调整,城镇职工基本养老保险已经趋于完善,已经实现了由县级统筹到省级统筹并逐步向全国统筹发展,制度发展相对稳定;而农村养老保险制度发展相对较晚,在由"老农保"向"新农保"转变过程中统筹层次也随之逐渐向省级统筹转变,但仍有待在实施过程中进一步改革完善,制度处于发展阶段,稳定性相对较差。

从资金运行模式和缴费主体上来看,城镇职工基本养老保险实行的是"社会统筹"和"个人账户"相结合的资金运行方式,单位和个人分别按照相应比例缴费,具有强制性,此外,由于历史遗留的转制成本问题政府对城镇职工养老保险还承担着兜底的责任,即用财政资金来保证养老金的足额发放;而农村养老保险实行的是个人缴费、政府补贴、集体补贴相结合的方式,主要缴费责任在个人,个人自愿选择缴费档次,多缴多得,政府只是有限责任主体,不负责兜底责任。

(二)经济方面差距的制约

就地区间而言,根据实证分析结果显示,由于城乡经济发展不平衡,经济发达地区在资金筹集和风险承担能力方面都明显优于落后地区,主要表现在:(1)参保人员收入水平较高,尤其是以平均工资为缴费基数的城镇职工基本养老保险,有较强的支付能力;(2)发达地区主要以二、三产业为主要产业,企业盈利空间大,活力和创新能力强,有利于筹集养老资金;(3)政府税收收入较多,财力充实,能够充分的利用转移支付手段对当地城镇职工基本养老保险和农村养老保险提供财政支持,以保障城乡居民的养老问题。而落后地区在个人负担能力和政府财政支付方面都受到局限,不利于农村养老保险制度的发展,更不利于城乡养老保险均等化的推进。

就地区内部而言,农村地区经济发展相对落后,其收入渠道和收入水平都明显不如城镇地区,并且在同一通胀水平影响下,农村地区反应更加敏感,对其生活压力影响大,使其用于养老保险的资金更加有限。此外,经济发展相对落后的农村地区财政收入也相对薄弱,政府利用财政转移支付以控制养老风险的能力也由此受限。

(三)二元管理体制的制约

目前江苏省正在进行户籍制度的改革,但户籍制度的长期存在以及改革的不彻底在一定程度上还是会影响城乡均等化的工作进程。户籍制度在促进经济发展、维护社会稳定等方面发挥了一定作用,但在户籍制度标杆下形成的城乡二元社会养老保险制度却严重阻碍了城乡养老保险均等化的发展,也影响了劳动力的自由流动和配置。二元管理体制不仅使城乡养老保险的统筹层次产生差别,使农村养老保险的发展落后于城镇职工养老保险,也使得两种制度相互独立,相关制度转换和制度衔接也变得越来越困难,如农村人口流入城市务工,由于户籍限制和二元制管理体制的影响,他们也无法享受与城镇职工同等水平的养老保险待遇,所享受的养老保障主要还是来自于农村土地的收益,这严重影响了城乡养老保险均等化的进程。

(四)政府推广责任的差异

城镇职工基本养老保险实行强制参保,凡是符合参保条件的城镇职工都必须参保缴费,对保险市场中存在的信息不对称所引起的逆向选择有一定的规避作用。而农村养老保险制度实行自愿参保,但是农村地区分散偏远,政策传播途径有限,农村居民无法充分获取相关信息,对养老保险政策了解不充分,这些都不可避免地带来因信息不对称而导致的逆向选择,从而使农民养老保险利益受损。另一方面,农民对社会养老保险的需求表达机制缺失,由于基层民众管理体制的不健全,作为农村养老保险需求方的广大农民不能充分有效地将自己对社会养老保险需求传递到相关的养老管理部门,进而无法维护自身的养老保险权利。这些局限都严重阻碍了农村养老保险的开展,需要进一步努力来予以改善。

(五)文化及观念方面的制约

城市地区经济发达,养老保险观念较为先进。对于农村地区而言,存在几千年的传统养老方式对农民影响根深蒂固,他们依旧坚持着"养儿防老"的观念,认为养老问题应该属于家庭问题,由家庭来承担。另外由于信息不对称,对社会养老保险了解不充分,他们对社会养老保险制度产生曲解,有些人认为制度的不稳定性无法保障多年后的养老保险问题,甚至还有人认为社会养老保险只是政府变相收费的一种手段。这些观念都不利于农村养老保险的顺利开展,更阻碍了城乡养老保险均等化的实现。

七、提高江苏省城乡养老保险均等化的对策建议

根据综上分析可以看出,江苏省城乡养老保险的均等化差异主要是地区间、城乡间在制度完善程度、经济发展水平、城乡管理水平以及养老观念等方面的差异造成,究其根源主要在于农村地区,尤其是落后地区的农村地区在上述各方面远远滞后于发达的城镇地区,要提高江苏省城乡养老保险均等化水平,重在农村、农民、农业。对此,编者提出以下建议:

(一)完善农村养老保险制度,提高农民受保水平

根据理论与实证部分分析可以看出,经济、制度及等方面落后的农村地区是引起城乡养老保险非均等主要原因。要推进城乡养老保险均等化的进程,实现均等化的目标,就必须对症下药,完善农村养老保险制度。

农村社会养老保险基金主要来源于个人、社会集体、政府补助三部分,其中政府和集体承担有限的责任,社会对其保障能力严重不足,主要缴费责任为参保者个

人,造成个人缴费负担较重。在完善农村养老保险制度的过程中,除了要提高居民个人收入水平,还需要发挥政府职能,强化政府责任,加强财政资金对农村养老保险的支持力度,逐步减轻农村居民在缴费过程中的压力,积极调动社会统筹账户的作用,真正做到与个人账户相互配合,共担农村养老保险责任。此外,与城镇职工养老保险相比,农村养老保险统筹层次低,在新农保实施后并未完全形成省级统筹,使得农村养老保险存在较大的支付风险,要实现城乡养老保险均等化发展,就必须提高农村养老保险的统筹层次,全面实现省级统筹,使省级政府在制度管理和财政补贴方面承担主要责任,相对于地方政府而言,省级政府的财力保证会使得农村养老保险更加稳定、完善。

(二)努力促进农村经济发展,提高农村居民收入水平

城乡经济发展水平的不同会使城乡居民收入产生差距,从而会对城乡养老保险的参保率、替代率、消费保障水平等各方面产生重要影响,进而阻碍城乡养老保险均等化的发展。因此,发展农村经济,提高农民收入水平意义重大。首先,政府应加大对农业生产者的物质和政策支持,加强对农民相关产业的技术培训,鼓励规模养殖、种植,形成相关的农业产业链,扩宽农产品销售渠道;其次,积极培育特色产业,发展生态产业、绿色产业,鼓励有条件的农村地区发展生产、生态、旅游为一体的农业园建设,推动农村第三产业的发展。同时经济发达的地区可以在技术、资金、人才等方面给予相应的支持,充分利用农村地区的优势形成优势互补。

(三)打破城乡二元的思想,统筹城乡社会养老保险

要实现城乡养老保险均等化,就必须要打破城乡二元思想,走出城乡二元管理模式,在持续发展城镇职工基本养老保险的同时,将农村养老保险的水平提升到重要位置,逐步缩小与城镇职工基本养老保险的差距,最终实现城乡养老保险均等化发展。目前,需要做的就是推行户籍制度改革,努力做好两种保险制度的转变和接续工作,制定相关的具有前瞻性、可行性的方案和办法。

(四)强化政府推广责任,提高农民社会保险意识

社会养老保险制度只有得到农村居民的广泛认可才能充分发挥其作用,要改变农民根深蒂固的传统养老观念,强化他们的社会保险意识就必须要利用各种与农民生活息息相关的宣传途径如电视、广播等舆论媒介,加强社会养老保险的宣传普及工作,加深他们对社会养老保险的认识。同时将农民的切身利益同养老保险联系在一起,让他们感受到养老保险方针政策对未来养老生活的益处,以此来提高农民参加社会养老保险的自愿性和积极性。农民养老保险观念的转变才能使农村社会养老保险顺利推进,才能为实现城乡养老保险均等化打下坚实基础。

(五)拓宽农民的需求表达渠道,完善农村养老保险的供给机制

均等化的推进要以农村养老保险制度的改善为前提,要改善农村养老保险制度就必须要畅通农民的需求表达机制,完善农村养老保险的供给决策机制,这样政

府才能根据农民的具体需求建立符合农村实践的养老保险供给机制。建立农民需求表达机制主要途径是完善农村基层民众制度建设，在村民委员会的基础上由农村居民投票决定关系到农民切身利益的各项事项，同时，强化投票表决机制，各村民委员会成员必须要由社区居民选举产生，这样才能在投票决策过程中将农民利益放在首位，表达农民对社会保险的真实需求，让村民委员会成为农民需求的表达者。

第二十三章　江苏城市财政债务承受能力的实证估计

一、引言

特定的社会制度和经济基础使得我国在较长的时期内保持良好的经济系统安全,但这并不能说明没有或未来不会出现潜在系统性风险。从财政运行视角看,公共财政建立过程中的财政支出扩张、收入不确定、政府债务膨胀等问题已经成为财政安全的隐患,如果财政风险得不到有效的预警与及时的化解,由财政危机引发整个社会经济危机爆发的可能性将极其严重。

近年来,江苏省财政预算赤字逐步提高,如若加上地方政府债务、高等教育机构的债务,以及种种隐性政府债务,江苏省政府债务规模已相当庞大。弥补财政赤字主要有债务化(发行公债来弥补赤字)和货币化(发行货币来弥补赤字)两种方式。江苏省曾采取货币化的方式,如今则主要采取发行公债的方法。

财政赤字和政府债务是关系到经济健康发展的重大议题。传统观念强调平衡预算,量入为出,不搞赤字财政。随着经济周期日益严重,财政预算的观念发生变化。新的观念是,在一个经济周期内平衡预算,即经济衰退的时候增加政府开支或者是减税,允许财政出现赤字;经济高涨的时候减少政府开支或者是增税,获得财政盈余,偿还因财政赤字而积累下来的债务。问题在于赤字和债务过大,会加重利息负担,导致经济失衡;财政赤字及其导致的政府债务亦会促使利率提高,减少资本积累,造成社会福利损失(Diamond,1965;Blanchard,1985;Feldstein,1988 等)。

在国外,由于财政风险较金融风险、经济风险等更具有隐蔽性,学术界早期对此并 未给予过多的关注,直到 20 世纪 90 年代,西方国家爆发的金融危机、经济危机开始波及财政,财政风险问题才开始得到重视。具有代表性的是债务风险矩阵的提出,包括显性直接债务、显性或有负债、隐性直接负债和隐性或有负债(Hana 等,1999),而隐性或有债务被普遍认为是影响财政稳定型的隐形因素(Hana 等,2001),它将直接导致财政风险以及金融危机的发生(Homi 等,2001)。从相关研究还可以看出,这种隐性或有债务在政府债务中大量存在 (Robert 等,1984),但在实际测度财政赤字的过程中通常都没有考虑隐性或有债务(wⅢiam,1999),这更加强化了隐性或有债务对财政风险的影响。此外,财政风险在政府间还能够转移,尤其是下级政府会将其风险转移给上级政府,如当政府对贷款、农业价格、其他事件或结果提供担保时,可以毫无障碍地购买再保险,政府支付的金额将反映它所负担的风险(Allen,2000)。关于财政风险及脆弱性评价,可以从初始财政状态合理与否、对短期财政风险的敏感性、长期财政可持续性、影响财政政策实施的财政机构或结构缺陷等入手(Richard等,2000)。

伴随着亚洲金融危机、美国次贷危机、欧洲主权债务危机的发生,中国政府开始高度关注国内经济安全问题,公共财政安全及风险也成为国内学术界讨论的热点。财政安全实质上是经济安全的子概念,首先表现为财政自身的健康运行、持续增长和收支平衡等客观状态;其次是能以强大的财力提供社会公共产品和公共服务,并持续支持经济社会发展;最后需要具有偿还债务的能力,并能确保政府能够应对各种风险和危机(姜彦福等,1999;王晓霞,2007;叶笃鳌,2011)。朱军(2012)指出,基于财政责任性要求与公共预算管理的有效性,应加强我国债务预算框架体系建设,配套预算体制改革、硬化债务预算约束、提高绩效评价的水平是其重要内容。实现地方政府资本性支出的良性运行,构建地方"规范、透明和高效"的资本项目运作体系是未来我国开放地方债务市场的重要前提(朱军,2014)。相关研究还从财政风险视角论述财政安全,实际上,财政风险与财政安全均属于同一问题的两个面。财政风险是各种不确定因素对财政带来损失的可能性,包括对财政资金、财政运行、财政工作、财政职能等带来的损失(高志立等,2001;陈学安等,2001;刘尚希,2003)。比如,刘尚希(2003)将财政风险定义为政府拥有的公共资源不足以履行其应承担的支出责任和义务,以此导致经济社会稳定与发展受到损害的一种可能性,主要表现为赤字不可持续、债务不可持续、财政不可持续等形式,最终将渗透到经济、政治领域,从而导致经济衰退和政治不稳定。也有相关研究将债务风险当成狭义的财政风险(施青军,2000)。而导致财政风险发生的因素较多,比如,在开放市场经济中,财政收入对贸易的依存度增高,出口退税方面支出巨大,世界经济的变化将会对我国公共财政带来较大风险(杨灿明等,2008),政府违约或逾期的债务也是财政风险发生的重要原因(郭玉清,2010)。朱军等(2014)研究表明,结合我国的财政体制和当前的中央—地方财政关系,对财政安全性的关注应定位于省级以下政府、构建公共投资项目的预算管理和绩效评价机制、建立科学的政府债务管理体制以及设立跨期性的财政警戒线指标等具体措施,以进一步提高我国财政可持续性。基于不同视角,财政风险可以分为显性风险和隐性风险,体内风险和体外风险(丛树海等,2004);也可以分为内生风险和外生风险,前者是由财政本身发债、直接借款或担保引起,后者来自于财政外部,诸如国有企业、商业银行及其他金融机构方面转移给财政的风险(张燕等,2001);还可以分为直接的财政风险和间接的财政风险(丛明等,2001)。

从国内外研究情况看,针对公共财政安全及风险研究取得了丰硕成果并可供借鉴目前,无论是从"安全"角度还是从"风险"角度,国内外多数学者都把财政安全定位在"债务风险"研究上。然而,基于财政视角这两者还不能完全等同,原因在于:财政收入的稳定性、支出的合理性、债务承担能力以及举借债务法律法规程序等制度因素、不可预见的外部冲击都应该纳入财政安全范畴,债务风险只是财政安全中狭义的范畴。

因此,随着积极财政政策的继续实施和政府债务规模的不断上升,进一步研究政府赤字和债务,为中国政府提供合理的政策建议,已经刻不容缓。而江苏省作为中国的一大省份,可谓是中国财政收支与债务情况的缩影,所以研究江苏省财政债务承受能力不仅有利益江苏省财政状况的健康发展,控制其财政风险,也对中国财政与经济的健康科学发展有借鉴意义。下文将主要从江苏城市财政收支概况、债务承受能力的财务管理、2015 年江苏省债务状况这些角度进行分析并得出相应的结论。而通过增长率比较(既定数据)与扩张性政策(政策预测)这两个指标来测算江苏省总体债务承受能力可谓是本书的创新点。

二、江苏城市财政收支概况

中国传统的财政思想是"轻徭薄赋","量入为出"。表 1、表 2、表 3 显示了江苏省及其 13 个地级市的政府财政收支情况。江苏省城市的实体经济发展相对于城市化进程来说发展较慢,财政收入低于财政支出。根据江苏省各市目前的财政状况来看,近年来,江苏省的一般公共预算收入与一般公共预算支出均呈现上升趋势,但一般公共预算收入始终低于一般公共预算支出,并且除了苏州和无锡之外,各地级市均出现不同幅度的赤字,财政情况不容乐观。其中,2015 年江苏省一般公共预算收入为 8028.59 亿元,一般公共预算支出为 9687.58 亿元,财政赤字高达 1658.99 亿元,而 13 个地级市中,财政赤字最严重的城市为盐城市,而苏州和无锡则是财政盈余,无赤字。按地区来看,苏北地区赤字情况较为严重,东部沿海城市财政状况相对较好。为了弥补地方赤字,缓解财政压力,江苏省各市政府负债规模也呈现逐年放大的趋势。

表 1　江苏省财政收支概况　　　　　　　　　　　　　　　　单位:亿元

年份	2005	2006	2007	2008	2009	2010	2011	2012	2013	2014	2015
一般公共预算收入	1322.68	1656.68	2237.73	2731.41	3228.78	4079.86	5148.92	5860.69	6568.46	7233.14	8028.59
一般公共预算支出	1673.40	2013.25	2553.72	3247.49	4017.36	4914.06	6221.72	7027.67	7798.47	8472.45	9687.58

资料来源:江苏省统计局[EB/OL].http://www.jssb.gov.cn/。

表 2 江苏省各市财政收入概况 单位:亿元

	南京	无锡	徐州	常州	苏州	南通	连云港	淮安	盐城	扬州	镇江	泰州	宿迁
2012 年	733.02	658.03	366.76	378.99	1204.33	419.72	208.94	233.61	312.78	225.00	215.48	223.62	158.13
2013 年	831.31	710.91	422.84	408.88	1331.03	485.88	233.30	271.42	366.77	259.26	254.52	251.28	185.12
2014 年	903.49	768.01	472.33	433.88	1443.82	550.00	261.77	308.51	418.02	295.19	277.76	277.95	210.10
2015 年	1020.03	830.00	530.68	466.28	1560.76	625.64	291.77	350.31	477.50	336.75	302.85	316.56	235.67

资料来源:江苏省统计局[EB/OL].http://www.jssb.gov.cn/。

表 3 江苏省各市财政支出概况 单位:亿元

	南京	无锡	徐州	常州	苏州	南通	连云港	淮安	盐城	扬州	镇江	泰州	宿迁
2012 年	769.66	648.61	530.05	391.22	1113.47	513.01	312.55	339.86	473.48	284.80	235.25	300.90	272.40
2013 年	850.91	711.49	595.61	417.90	1212.68	576.41	362.38	385.05	555.62	319.28	286.23	343.81	311.16
2014 年	921.20	748.06	661.84	434.93	1304.83	649.58	375.95	431.65	603.21	367.73	311.85	371.21	345.59
2015 年	1045.57	821.86	752.46	485.33	1527.17	748.97	425.92	512.47	746.31	442.78	348.73	429.90	405.78

资料来源:江苏省统计局[EB/OL].http://www.jssb.gov.cn/。

然而就财政而言,一方面,GDP 与财政收入增长的非规律性、财政支出范围的不断扩大与效率低下、社会经济运行对财政的依赖无限扩大;另一方面,没有严格预算约束、非公开发行地方债务的无限膨胀,最终将挤占金融体系资金,一旦资金链断裂,财政危机将会引发金融危机,进而蔓延至整个经济,财政风险可能为未来引发经济危机 的导火索。因此,下文将继续研究江苏省城市财政债务承受能力。

三、债务承受能力的财务管理

借鉴相关学者在财政安全、可持续发展方面的研究模型,本文设十衡量"债务承受能力"的财务管理指标。所需的基础数据见下表 4:

表 4 江苏省总体债务承受能力财务管理的基础数据 单位:亿元

年份	2005	2006	2007	2008	2009	2010	2011	2012	2013	2014	2015
一般公共预算收入	1322.68	1656.68	2237.73	2731.41	3228.78	4079.86	5148.92	5860.69	6568.46	7233.14	8028.59
一般公共预算支出	1673.40	2013.25	2553.72	3247.49	4017.36	4914.06	6221.72	7027.67	7798.47	8472.45	9687.58
债务余额(支出—收入)	350.72	356.57	315.99	516.08	788.58	834.20	1072.80	1166.98	1230.01	1239.31	1658.99
债务增长率(%)	—	1.67%	−11.38%	63.32%	52.80%	5.79%	28.60%	8.78%	5.40%	0.76%	33.86%
经济增长率(%)	—	16.90%	19.67%	19.08%	11.22%	20.22%	18.55%	10.08%	10.54%	8.93%	7.72%

资料来源:江苏省统计局[EB/OL].http://www.jssb.gov.cn/。

由上表 4 可见,近年来,江苏省经济依然保持着良好的发展势头。但是,隐藏在经济发展背后的是江苏省地方政府负债。2005—2015 年,江苏省地方政府债务余额逐年增加,其增长速度在一些年份远高于江苏省 GDP 的增长速度。2015 年,地方政府债务余额增加 33.86%,新增负债高达 1658.99 亿元。以上这些数据可以说明,从全省范围来看,江苏省地方政府负债规模较大,地方债风险较高。如此一来,则会产生两个结果:一是江苏省政府无财政盈余来偿还旧债,"借新债,还旧债"的情况不可避免;二是江苏省政府连年赤字说明地方政府的负债额逐年上升,负债规模有继续放大的风险。

表 4 仅仅显示了江苏省地方政府整体的债务余额,而江苏省 13 个地级市政府负债情况,如表 5 所示。13 个地级市中徐州和盐城的债务余额较大,苏州、无锡和常州的债务余额较小,13 个地级市之间的债务余额差距较大,但其之间的相对趋势并没有太多的改变。

表 5　江苏省各市债务余额　　　　　　　　　　　　单位:亿元

	2012 年	2013 年	2014 年	2015 年
南京	36.64	19.60	17.71	25.54
无锡	−9.42	0.58	−19.95	−8.14
徐州	163.29	172.77	189.51	221.78
常州	12.23	9.02	1.05	19.05
苏州	−90.86	−118.35	−138.99	−33.59
南通	93.29	90.53	99.58	123.33
连云港	103.61	129.08	114.18	134.15
淮安	106.25	113.63	123.14	162.16
盐城	160.70	188.85	185.19	268.81
扬州	59.80	60.02	72.54	106.03
镇江	19.77	31.71	34.09	45.88
泰州	77.28	92.53	93.26	113.34
宿迁	114.27	126.04	135.49	170.11

资料来源:江苏省统计局[EB/OL]. http://www.jssb.gov.cn/。

江苏省 13 个地级市的债务增长率的差别较大,南京、徐州、南通、淮安、扬州的债务增长率呈现出递增趋势;苏州的债务增长率呈现出递减趋势;无锡、常州、连云港、盐城、镇江、泰州、宿迁的债务增长率趋势有增有减。此外,就 2015 年来看,常州的债务增长率较高,为 1714.29%,远远高于其他地级市,而苏州的债务增长率较低,为 −75.83%,远远低于其他地级市。

表6　江苏省各市债务增长率

	2013 年	2014 年	2015 年
南京	−46.51%	−9.64%	44.21%
无锡	−106.16%	−3539.66%	−59.20%
徐州	5.81%	9.69%	17.03%
常州	−26.25%	−88.36%	171.29%
苏州	30.26%	17.44%	−75.83%
南通	−2.96%	10.00%	23.85%
连云港	24.58%	−11.54%	17.49%
淮安	6.95%	8.37%	31.69%
盐城	17.52%	−1.94%	45.15%
扬州	0.37%	20.86%	46.17%
镇江	60.39%	7.51%	34.58%
泰州	19.73%	0.79%	21.53%
宿迁	10.30%	7.50%	25.55%

资料来源:江苏省统计局[EB/OL]. http://www.jssb.gov.cn/。

而江苏省13个地级市的经济增长率波动较小,在5%～15%波动,并且13个地级市之间的经济增长率的差距较小。徐州、常州、苏州、南通、盐城、扬州、镇江、泰州、宿迁的经济增长率呈现出递减趋势;南京、无锡、连云港、淮安的经济增长率趋势有增有减。

表7　江苏省各市经济增长率

	2013 年	2014 年	2015 年
南京	12.20%	9.16%	10.20%
无锡	2.67%	5.60%	3.81%
徐州	12.53%	9.83%	7.17%
常州	12.09%	10.15%	7.57%
苏州	7.98%	6.10%	5.40%
南通	12.91%	9.76%	8.77%
连云港	12.91%	8.58%	9.91%
淮安	15.35%	10.81%	11.80%
盐城	11.88%	9.89%	9.83%
扬州	13.19%	11.38%	8.62%

	2013 年	2014 年	2015 年
镇江	13.10％	9.32％	7.69％
泰州	13.45％	9.98％	9.40％
宿迁	15.00％	10.31％	10.13％

资料来源:江苏省统计局[EB/OL].http://www.jssb.gov.cn/。

根据上表6、表7中的相关数据,本文得到判断债务承受能力的财务分析结果如下表8。通过下表9、表10中的检验结果可知:对江苏省而言,无论是目前的财政状况,还是采取扩张性的财政政策,其债务承受能力都是较为脆弱的。当然,降低预期赤字水平,部分指标会回升。考虑到不同指标的适用性,可以结合起来进行稳健性的判断以衡量政府公共财政的安全性。

表 8　债务承受能力财务管理判断与指标设计

模　型	适用类型	指标方法	参照值
增长率比较	既定数据	平均经济增长率－平均债务增长率	＞0
扩张性政策	政策预测	(经济增长率－债务增长率)＊ 债务水平－预期赤字水平	＞0

注:模型的具体分析参见朱军《高级财政学》,上海财经大学出版社 2010 年 10 月版,第 164—167 页。预期赤字水平假定为 3％。

2015 年,13 个地级市中苏州和无锡增长率比较的排名较高,扬州和常州增长率比较的排名较低;2014 年,13 个地级市中无锡和常州增长率比较的排名较高,扬州和苏州增长率比较的排名较低;2013 年,13 个地级市中无锡和南京增长率比较的排名较高,苏州和镇江增长率比较的排名较低。从近三年可以看出,增长率比较的排名波动较大,可见,近年来 13 个地级市的财政状况不够稳定。

表 9　江苏省各市增长率比较的排名

	2013 年		2014 年		2015 年	
1	无锡	108.83％	无锡	3545.25％	苏州	81.23％
2	南京	58.71％	常州	98.51％	无锡	63.01％
3	常州	38.34％	连云港	20.13％	连云港	－7.58％
4	南通	15.93％	南京	18.81％	徐州	－9.86％
5	扬州	12.82％	盐城	11.82％	泰州	－12.13％
6	淮安	8.41％	泰州	9.19％	南通	－15.08％
7	徐州	6.72％	宿迁	2.81％	宿迁	－15.43％
8	宿迁	4.70％	淮安	2.44％	淮安	－19.89％
9	盐城	－5.64％	镇江	1.82％	镇江	－26.90％

续　表

	2013 年		2014 年		2015 年	
10	泰州	−6.29%	徐州	0.14%	南京	−34.01%
11	连云港	−11.67%	南通	−0.24%	盐城	−35.33%
12	苏州	−22.28%	扬州	−9.48%	扬州	−37.54%
13	镇江	−47.29%	苏州	−11.34%	常州	−1706.71%

资料来源:江苏省统计局[EB/OL].http://www.jssb.gov.cn/。

注:根据差值排名。

与增长率比较的排名类似,2015 年,13 个地级市中苏州和无锡扩张性政策比较的排名较高,扬州和常州扩张性政策比较的排名较低;2014 年,13 个地级市中无锡和常州扩张性政策比较的排名较高,扬州和苏州扩张性政策比较的排名较低;2013 年,13 个地级市中无锡和南京扩张性政策比较的排名较高,苏州和镇江扩张性政策比较的排名较低。从近三年可以看出,扩张性政策比较的排名波动较大,可见,近年来 13 个地级市的财政状况不够稳定,其债务承受能力是较为脆弱的。

表 10　江苏省各市扩张性政策比较的排名

	2013 年		2014 年		2015 年	
1	无锡	105.83%	无锡	3542.25%	苏州	78.23%
2	南京	55.71%	常州	95.51%	无锡	60.01%
3	常州	35.34%	连云港	17.13%	连云港	−10.58%
4	南通	12.93%	南京	15.81%	徐州	−12.86%
5	扬州	9.82%	盐城	8.82%	泰州	−15.13%
6	淮安	5.41%	泰州	6.19%	南通	−18.08%
7	徐州	3.72%	宿迁	−0.19%	宿迁	−18.43%
8	宿迁	1.70%	淮安	−0.56%	淮安	−22.89%
9	盐城	−8.64%	镇江	−1.18%	镇江	−29.90%
10	泰州	−9.29%	徐州	−2.86%	南京	−37.01%
11	连云港	−14.67%	南通	−3.24%	盐城	−38.33%
12	苏州	−25.28%	扬州	−12.48%	扬州	−40.54%
13	镇江	−50.29%	苏州	−14.34%	常州	−1709.71%

资料来源:江苏省统计局[EB/OL].http://www.jssb.gov.cn/。

注:根据差值排名。

四、2015 年江苏省债务状况

上文提到的江苏省债务余额仅仅是针对江苏省的财政赤字情况,而江苏省政府还有大量的未公开债务,例如地方政府债务、高等院校债务等。这些债务据估计也相当大,应当引起重视。2015 年江苏省整体债务率为 360%,从行政级别来看,市级整体债务率较高(以本级财政收入数据计算),县级市、省级、市辖区的债务率适中,县级的债务率相对较低。债务期限结构上,市级、县级市的短期偿债压力整体小于市辖区和县级,非标融资(银行贷款和债券以外的有息债务)占比也由市级到县级不断增加。

表 11 2015 年江苏省各级政府债务情况　　单位:亿元

行政级别	债务率	长期债务/有息债务	非标融资/有息债务	平台数量	有息债务	公共财政收入
省级	211%	62%	14%	2	1445	684
市级	1142%	71%	12%	83	14796	1295
市辖区	194%	64%	16%	65	6434	3310
县级市	264%	66%	15%	59	5007	1895
县	145%	63%	16%	28	1240	852
合计	360%	68%	13%	237	28921	8037

资料来源:以 Wind 金融数据库中导出的 300 余家已发债城投企业为基础,整理出 240 家发行人用于统计(扣除了非城投、已发债城投的子公司、孙公司等)。江苏省公布的全省公共财政收入为 8029 亿,表中各行政区数据取证并加总,稍有差异。

如上所述,本文主要从下列维度对地方政府债务负担进行分析:首先是以地方发债城投平台有息债务/公共财政收入计算的债务率进行排序,债务率越高债务负担越大,并加以考虑 2016 年新发行债券和财政收入增速等对债务率的影响;其次是债务结构,包括债务期限和融资来源,长期债务占比越低债务负担越大,非标融资占比越高债务负担越大。

(一)债务率和债务结构分布

江苏省整体财政实力较强,2015 年公共财政收入超过 800 亿元的地级市有苏州、南京以及无锡,位于第一梯队;南通与徐州公共财政收入 500—800 亿元,位于第二梯队;其他 8 个城市位于第三梯队,公共财政收入 200—500 亿元。债务规模大致和财政收入规模有正向关系,但徐州债务规模显著低于同一财政实力的城市,镇江债务规模显著高于同一财政实力的城市。

表 12 2015 年江苏省各地级市公共财政收入分布　　单位:亿元

公共财政收入规模	地级市	数量
>800	无锡<南京<苏州	3
500—800	徐州<南通	2
200—500	宿迁<连云港<镇江<泰州<扬州<淮安<常州<盐城	8

表 13　2015 年江苏省各地级市有息债务分布　　　　单位:亿元

有息债务规模	地级市	数量
3000—5000	无锡＜南京＜苏州	3
1000—3000	扬州＜淮安＜盐城＜泰州＜南通＜常州＜镇江	7
300—1000	宿迁＜连云港＜徐州	3

从债务期限上看,13 个地级市长期债务占全部债务比平均为 68%,大部分位于 60%—80%之间。其中徐州、南京、无锡的长期债务占比相对较高,债务结构较好;扬州、南通长期债务占比较低,政府承担的短期偿债压力相对较大。

表 14　2015 年江苏省各地级市长期债务占比分布

长期债务/有息债务	地级市	数量
70%—80%	泰州、苏州、宿迁、无锡、南京、徐州	6
60%—70%	淮安、盐城、连云港、镇江、常州	5
50%—60%	扬州、南通	2

(二)地级市政府债务负担对比分析

以债务率为主因素,结合 2016 年发债情况,以债务期限结构和融资渠道为微调因素,对江苏省地级市债务负担进行排序如下。13 个地级市中镇江和常州债务率较高,宿迁和徐州债务率较低。13 个地级市中发债平台数量位居前列的分别是苏州、无锡、南京、南通,平均达 26 家;而连云港、宿迁平台数量相对较少,平均为 10家。苏州主要以县级市、市辖区平台为主,无锡以市级平台居多,南京主要为市辖区平台,南通主要是县级市、县级平台。

表 15　2015 年江苏省各地级市政府债务负担情况　　　　单位:亿元

地级市	债务率	2016 年债券发行规模/2015 年债券余额	长期债务/有息债务	非标融资/有息债务	有息债务规模	公共财政收入	公共财政收入增长率
镇江	886%	60%	64%	15%	2675	302	8.70%
常州	571%	36%	66%	14%	2661	466	7.50%
南京	462%	40%	74%	13%	4709	1020	12.90%
泰州	445%	54%	70%	14%	1434	322	13.90%
南通	335%	59%	58%	18%	2099	626	13.80%
无锡	381%	28%	73%	14%	3164	830	8.10%
苏州	320%	47%	71%	8%	5002	1561	8.10%
盐城	300%	53%	63%	22%	1431	478	14.20%
扬州	304%	41%	56%	15%	1025	337	14.10%
淮安	300%	57%	61%	13%	1051	350	13.60%

续　表

地级市	债务率	2016 年债券发行规模/2015 年债券余额	长期债务/有息债务	非标融资/有息债务	有息债务规模	公共财政收入	公共财政收入增长率
连云港	295%	49%	63%	12%	860	292	11.50%
徐州	187%	53%	76%	19%	992	531	12.40%
宿迁	159%	49%	72%	6%	374	236	12.20%
合计	374%	46%	68%	14%	27477	7350	10.90%

资料来源:以 Wind 金融数据库中导出的 300 余家已发债城投企业为基础,整理出 240 家发行人用于统计(扣除了非城投,已发债城投的子公司、孙公司等)。江苏省公布的全省公共财政收入为 8029 亿,表中各行政区数据取证并加总,稍有差异。

五、结论与小结

改革开放以来,经济持续高增长所伴生的地方隐性财政赤字以及扩张性政策实施中的结构调整压力。政府可以通过财政赤字在短期内使经济增率提高。然而,GDP 的增长不能反映债务水平,也不能准确反映人民的生活水平。所以,在重视 GDP 增长的同时,应该更重视国民财富的增加。并且积累债务容易,偿还债务难。应该指出,美国、日本在战后高增长的年代里虽有财政盈余,但长期财政赤字积累的结果仍会严重影响经济的发展。江苏省应防患于未然,不要积累大量债务,重蹈美国、日本和欧洲一些国家的覆辙,要为以后的发展留有余地。在制定财政政策时,应该注意以下几点:

(一)完善"跨期平衡机制"并严控赤字规模

财政赤字应该是反周期的,也就是说,在经济衰退时出现,在经济高增长时消失。多年来,江苏省都把经济增长放在首位,即使在高增长的年份也实行赤字财政,使得政府债务逐年增加,财政政策基本上是扩张性的。江苏省应该遵循跨期预算平衡机制的理念,不要在经济高速增长时候搞赤字财政,积累大量债务。当然,在不得不实施赤字财政政策时,应该严格控制赤字规模,在经济增长稳定后,争取平衡预算。总之,加强地方政府预算支出管理,建立科学、规范和严格的预算约束控制机制;将地方政府债务支出纳入财政预算,合理使用地方政府债务资金,提高债务支出效益。在预算筹划的早期阶段,即应确认预算政策的经济效应——经典理论将其表述为预算的三项经济职能:稳定、配置与再分配。与此同时,强调反周期财政政策的合理性——尤其是在经济衰退期实施财政扩张的必要性和相对于货币政策的有效性,同时认为这类政策的有效性不仅取决于财政乘数,乘数越大越有效,还取决于更为复杂和多样化的背景因素,即财政赤字与可持续性计量、预测误差与控制、纵向财政纪律以及与结构调整政策的兼容。江苏省经过 20 多年的债务积累,债务规模已经相当可观,应防患于未然,给经济长远发展留下余地。

（二）按照"小政府、大市场"的思路压缩财政刚性支出

地方政府性债务迅速膨胀在很大程度上与政府大包大揽有关：一方面，政府性债务居高不下；另一方面，大量的民间资本难以找到投资渠道。在经济衰退、实施赤字财政政策时，要防止片面强调增大政府开支的观念，应该重视减税和民间经济发展的作用。这就需要加快政府职能转变，同时，逐步降低民间资本进入基础设施领域投资的门槛。与此同时，我国企业税率本来就高，面临全球性经济衰退，企业尤其是民营企业困难重重，应该出台更多的减少企业税收的措施，这对刺激经济增长，解决就业和经济长远发展都有好处。

（三）提高政府支出的效率

江苏省的财政赤字主要来自于政府支出的快速增加，而非税收的缓慢增长。因此提高支出的效率十分关键。一是把资金投放到对国民经济发展和人民生活至关重要，而民营企业又不愿意或无力投放资金的领域，包括：基础设施、义务教育、医疗、扶贫等。二是优化投资量。投资过多或者过少都不利于效率的最大化。要减少公共基础设施重复建设，使地区间公共产品提供趋于均等。三是要有长远、合理的规划。防止今天建明天拆，或者建起来后缺乏维修，很快折旧的情况发生。简言之，改变现行以地方经济为核心的政绩考核机制，将社会事业发展、生态资源保护、居民生活水平等纳入地方政府的政绩考核。

（四）构建债务融资合理空间的评估体系

有效的地方政府性债务风险预警和防范机制不仅体现在事后监控，而且要注重把握事前监管。在目前的行政管理体制框架下，逐步构建地方政府债务融资的合理空间评估体系是可行的、必要的。所谓合理的融资空间大体来说就是基于当地的社会经济发展情况（如城市化、工业化水平、人口规模、GDP、财政收支规模与结构、公共资源的禀赋及其合理利用状况等）和地方政府负债状况、偿债准备情况、信誉水平等因素，经过量化分析评估后给出一个在未来年度当地政府为开工新项目进行再融资的合理规模。科学合理的融资空间评估机制能够指导和约束地方政府的再融资行为，在一定程度上能够克服目前存在的"新官不理旧账"问题，有助于实现地方政府融资行为的可持续发展。推行地方政府债务融资合理空间与财政风险评估制度，主要体现在以下方面：量化各项政策措施在未来不同时期的财政成本和财政压力，预测可能产生的财政风险；对财政风险评估情况进行汇总，纳入政府的中长期预算之中，量力而行地实施各项政策或改革措施；控制赤字和债务的增长速度，并使之尽可能低于经济增长率，以防止财政风险的产生和扩散。这样，才可以防范因盲目性而带来的过度负债，实现对财政成本的总量控制、对财政风险的整体约束，也为各项政策措施的持续实施提供一个清晰的预算保障，强化政府政策或改革措施的科学性、可行性和连续性，减少决策失误。

（五）建立财政偿债准备金制度

以总预备费的形式建立一笔稳定可靠、逐年滚存的财政风险准备金,专门用于政府逾期债务清偿,是将财政赤字和债务增长速度控制在一定范围、防止财政风险扩散转嫁的最有效的制度安排。地方财政偿债机制的构建有助于避免因债务密集偿还期到来可能造成的对正常预算支出的挤压,保证财政偿债资金有稳定的来源渠道偿还违约债务,降低偿债风险。其来源主要是年度预算拨款、财政结余调剂及债务投资项目效益一定比例的划转等,其投向有二:一是偿还政府新增违约债务和逾期债务;二是投资于低风险债券组合,实现资金不断保值增值。

（六）健全风险管理配套机制

建议实行举债项目归口管理,由江苏省财政部门统筹负责举债审查控制、偿债计划编制、偿债资金筹集、偿债资金调度等工作。各地级市地方政府根据掌握的债务时序数据定期估测风险状况,对偿债资金运用提出合理化建议;并强化对地方债务资金使用情况和偿债计划落实情况的审计监察,将债务管理绩效纳入考评地方官员业绩的核心指标。各风险管理配套机制的完善与实施,不仅能够规范地方政府举债、偿债程序,阻断风险传导转嫁链条,还能逐步对江苏省财政风险进行预警、控制直至有效化解。

（七）提高财政透明度

虽然理论界仍存在财政风险信息披露上的“透明”与“模糊”之争,但不可否认的是,缺少有效的基础数据资料仍是目前研究财政风险问题的最大掣肘。只有江苏省各级政府摸清每项直接债务、或有债务和隐性债务的总量规模、偿还需求、还款情况、违约成本等底数,才能确认出风险程度,及时采取防范预案,这就将提高财政透明度提上日程。当然,对或有负债与隐性负债的记账方法、风险预算与部门预算的有效衔接、债务期限与预算期限的相互融合等问题,尚有待实际操作中进一步研究。

参 考 文 献

[1] 陈学安,侯孝国. 财政风险:特点、表现及防范对策[J]. 财政研究,2001,(03):44—47.

[2] 丛明,胡哲一. 财政风险若干问题分析[J]. 经济研究参考,2001,(26):2—7.

[3] 丛树海,李生祥. 我国财政风险指数预警方法的研究[J]. 财贸经济,2004,(06):29—35+96—97.

[4] 伏润民等. 我国公共财政安全监测预警机制构建——一个理论研究框架[J]. 财贸经济,2013,(08):18—26+17.

[5] 高志立等. 财政风险及其构成内容的理论分析[J]. 财政研究,2001,(02):30—34.

[6] 郭玉清. 逾期债务、风险状况与中国财政安全——兼论中国财政风险预警与控制理论框架的构建[J]. 经济研究,2011,(08):38—50.

[7] 姜彦福,雷家骕. 影响我国财政安全的主要问题[J]. 中国改革,1999,(06):30—32.

[8] 林双林. 中国财政赤字和政府债务分析[J]. 经济科学,2010,(03):5—16.

[9] 刘尚希. 财政风险:一个分析框架[J]. 经济研究,2003,(05):23—31+91.

[10] 刘尚希等. "十二五"时期我国地方政府性债务压力测试研究[J]. 经济研究参考,2012,(08):3—58.

[11] 施青军. 我国当前财政风险分析[J]. 财政研究,2000,(08):29—31+5.

[12] 孙群力. 中国地方政府规模影响因素的实证研究[J]. 财政研究,2010,(01):38—41.

[13] 孙韶华. 多部委高调推进兼并重组[N]. 江苏经济报,2013-01-11(A03).

[14] 杨灿明,孙群力. 外部风险对中国地方政府规模的影响[J]. 经济研究,2008,(09):115—121+160.

[15] 叶笃鏊. 基于公共财政安全的政府财政审计研究[J]. 财政监督,2011,(10):49—52.

[16] 王连山. 关于我国财政安全与财政风险的研究[D].东北财经大学,2005.

[17] 王晓霞.财政安全:非传统安全的经济学分析[J].当代经济研究,2007,(11):70—72.

[18] 朱军.高级财政学[M].上海:上海财经大学出版社,2010:164—167.

[19] 朱军.地方政府债务预算的困境摆脱与策略选择[J].改革,2012,(10):51—56.

[20] 朱军.国外地方债务管理中的透明度要求:经验与政策启示[J].财政研究,2014,(11):77—79.

[21] 朱军,聂群.跨期预算约束条件下中国财政可持续性研究[J].中南财经政法大学学报,2014,(05):51—58+159.

[22] 伏润民,常斌,缪小林.我国省对县(市)一般性转移支付的绩效评价——基于 DEA 二次相对效益模型的研究[J].经济研究 2008,(11):62—73.

[23] 郭庆旺.财政理论与政策[M].北京:经济科学出版社,2003.

[24] 胡新旺,曹武军.财政科技支出绩效管理模式研究[J].中州学刊,2008,(01):83—88.

[25] 康忙斯.制度经济学[M].北京:商务印书馆,1962.

[26] 科斯.企业的性质[M].上海:上海财经大学出版社,2000.

[27] 林海波.中国财政科技投入效率研究[D].沈阳:辽宁大学,2011.

[28] 刘玲玲.公共财政学[M].北京:清华大学出版社,2007.

[29] 卢现祥.我国制度经济学研究中的四大问题[J].中南财经政法大学学报,2002,(01):3—9+142.

[30] 卢周来.新制度经济学,新政治经济学,还是社会经济学?——兼谈中国新制度经济学未来的发展[J].管理世界,2009,(03):159—165.

[31] 马少强.财政科技投入绩效评价研究[J].开放导报,2011,(01):105—108.

[32] 茆英娥.地方财政科技支撑平台支出绩效评价指标体系研究——以浙江省宁海县模具城为例[J].财政研究,2007,(08):64—66.

[33] 茆英娥.地方财政应用科技项目专项支出绩效评价指标体系探析[J].财政研究,2006,(07):67—69.

[34] 诺斯.制度,制度变迁与经济绩效[M].上海:三联书店出版社,1994.

[35] 帕特里克·敦利威.民主、官僚制与公共选择[M].北京:中国青年出版社,2004.

[36] 尚长风.公共财政理论与实践[M].南京:南京大学出版社,2005.

[37] 孙君涛.财政支出绩效评价的理论与实践[M].开封:河南大学出版社,2008.

[38] 唐祥来.公共产品供给模式之比较[J].山东经济,2009,(01):13—18.

[39] 唐祥来,康锋莉.财政学[M].北京:人民邮电出版社,2013.

［40］田时中,田淑英,钱海燕.财政科技支出项目绩效评价指标体系及方法
［J］.科研管理,2015,(01):365—370.

［41］王超.财政科技支出绩效内涵研究［J］.经济研究导刊,2011,(04):12—13.

［42］王丹宇.地方财政资金支出的绩效评估研究——以甘肃省为例［J］.开发
研究,2008,(04):144—147.

［43］王刚,池翔.我国财政科技支出管理现状、问题及对策［J］.福建师大福清
分校学报,2013,(01):12—17.

［44］王刚,黄雪琪.国内外财政科技支出绩效评价理论研究综述及启示［J］.福
建师大福清分校学报,2014,(04):27—31+36.

［45］魏权龄.评价相对有效性的 DEA 方法［M］.北京:中国人民大学出版
社,2004.

［46］徐倩.绩效评价［M］.北京:中国标准出版社,2008.

［47］仵凤清,宋效中,尹凡,唐朝生.基于平衡计分卡的地方政府科技管理绩效
评估［J］.科技进步与对策,2008,(06):124—127.

［48］于宁.科技成果转化与应用支出绩效评价——我国的实证分析与政策研
究［J］.上海财经大学学报,2005,(06):8—14.

［49］于宁.我国 R&D 经费支出绩效评价:体系构建与实证研究(1995～2003)
［J］.上海经济研究,2005,(09):3—14.

［50］余振乾,余小方.地方财政科技支出绩效评价指标体系构建及其实施
［J］.中国软科学,2005,(04):63—69.

［51］张衡,卢进,王亚萍,赵行旺.财政科技支出绩效评价实践中面临的问题及
对策研究［J］.科技管理研究,2008,(07):101—102.

［52］张启平.面向领域的数据包络分析(DEA)方法研究［D］.合肥:合肥工业
大学,2012.

［53］张晓峒.计量经济学软件 Eviews 使用指［M］.天津:南开大学出版
社,2004.

［54］朱春奎.财政科技投入与经济增长的动态均衡关系研究［J］.科学学与科
学技术管理,2004,(03):29—33.

［55］朱志刚.财政支出绩效评价研究［M］.北京:中国财政经济出版社,2003.

［56］祝云,毕正操.我国财政科技投入与经济增长的协整关系［J］.财经科学,
2007,(07):53—59.

［57］祝云.地方财政科技支出与经济增长的关系及其绩效评价研究［D］.成都:
西南交通大学,2007.

［58］［英］庇古.福利经济学［M］.北京:华夏出版社,2007:64—79.

［59］曹信邦.社会保障学［M］.北京:经济科学出版社,2007:138.

[60] 曹燕萍,梁胜男.基于双变量 Theil 指数的政府教育投入公平性问题研究[J].中央财经大学学报,2012(1):15—21.

[61] 陈雷,江海霞,张秀贤.城乡统筹下新农保与相关养老保障制度整合衔接战略研究[J].管理现代化,2011,(6):3—5.

[62] 戴欢.城乡养老服务均等化实证研究——以陕西省为例[D].兰州:西北大学,2014.

[63] 丁元竹.界定基本化会保障均等化的几个问题[J].行政管理改革,2010,(3):40—44.

[64] 冯海波,陈旭佳.公共医疗卫生支出财政均等化水平的市政考察——以广东省为样本的双变量泰尔指数分析[J].财贸经济,2009(11):49—54.

[65] 付裕.四川省城乡养老保险均等化研究[D].四川:四川农业大学,2013.

[66] 高文书,高梅.城镇灵活就业农民工社会保险问题研究[J].华中师范大学学报,2015(3):38—43

[67] 黄国平.义务教育财政支出均等化水平的实证考察-基于双变量泰尔指数的综合分析[J].统计与信息论坛,2012,(11):45—53.

[68] 耿卫新.城乡基本公共服务均等化:破解城乡统筹发展的突破口[J].河北学刊,2011,(5):199—201.

[69] 国家发展改革委宏观经济研究课题组[R].促进我国的基本公共服务均等化.宏观经济管理,2008,(5):7—12.

[70] 郭琪.实现地区间公共服务均等化的途径——浅析中国政府间均等化转移支付[J].当代经理人下旬刊,2006,(3):45—48.

[71] 郭小聪.中国基本公共服务均等化:困境与出路[J].中山大学学报(社会科学版),2010,50(5):150—158.

[72] 贾康.公共服务均等化要经历不同的阶段[N].中国人口报,2010,(12):42—42.

[73] 江明融.构建城乡统筹的公共产品供给制度研究[J].农村经济,2006,(8):14—16.

[74] 蒋骏.城乡统筹背景下重庆市社会养老保险均等化研究[D].重庆:重庆大学,2014.

[75] 李强.中国城乡社会养老保险均等化进程及实现路径研究[J].经济研究导刊,2013,(31):86—87.

[76] 林治芬.中国社会保障的地区差异及其转移支付[J].财政研究,2002,28(5):37—40.

[77] 刘昌平.中国新型农村社会养老保险制度研究[M].北京:中国社会科学出版社,2008:135—144.

[78] 刘德吉.公共服务均等化的理念、制度因素及实现路径:文献综述[J].上海经济研究,2008,(4):12—20.

[79] 刘金东,靳连峰.基于泰尔指数嵌套分解的中国地区经济差异分解[J].税收经济研究,2011,1(65):87—94.

[80] 刘蕾.城乡社会养老保险均等化研究[M].北京:经济科学出版社,2011:134—157.

[81] 刘燕.城乡统筹社会养老保险制度研究——以江苏省扬州市为例[D].扬州:扬州大学,2013.

[82] 罗伟忠.开征城乡统一社会保障税[J].发展,2005(8):50—50

[83] 李伟雄.广州市社会养老保险均等化问题研究[D].广州:华南理工大学,2012.

[84] 马国贤.基本公共服务均等化的公共财政政策研究[J].财政研究,2007,(10):74—77.

[85] 马海涛.中国基本公共服务均等化研究[M].北京:经济科学出版社,2011:141

[86] 马克思.马克思恩格斯全集[M].北京:人民出版社,1995:167—178.

[87] 世界银行.2000年世界发展报告:公平与发展[M].北京:清华大学出版社,2000:17—19.

[88] 宋晓梧.调整收入分配结构,转变经济发展方式[J].陕西统筹城乡发展论坛暨陕西省改革发展研究会中国改革论坛,2010:3—6.

[89] 童小军,赖俊明.城乡一体化进程中义务教育均等化的实证研究——基于东部地区的双变量泰尔指数的分析[J].改革与开放,2014(22):59—63.

[90] 王谦.城乡公共服务均等化问题研究[D].济南:山东大学,2008.

[91] 汪思冰.对江苏新型农村养老保险制度的思考——以苏州为例[J].特区经济,2010,(11):187—188.

[92] 王晓军.广东省养老保险制度精算报告[M].北京:中国财政经济出版社,2006:48—57.

[93] 温娇秀,蒋洪.我国基础教育服务均等化水平的实证研究[J].财政研究,2013(6):69—74.

[94] 吴朝红.我国城镇养老保险体系的收入再分配效应研究[D].厦门:厦门大学,2007.

[95] 吴敏.基于需求与供给视角的机构养老服务发展现状研究[D].济南:山东大学,2011.

[96] 赵艳华,吴元元.基本养老保险制度均等化的内涵界定[J].东方企业文化,2013(2):26—36.

[97] 亚当·斯密著,张莉译.国富论[M].南京:译林出版社,2012:34—57.

[98] 项中新.转移支付制度:比较与选择[M].北京:九州图书出版社,2000:256.

[99] 薛惠元.费率降低背景下失业保险保障水平的确定——基于基金平衡的视角[J].西北人口,2016,(1):63—69.

[100] 徐越倩.城乡统筹的新型城市化与基本公共服务均等化[J].中央浙江省委党校学报,2011,(1):79—84.

[101] 杨宜勇.我国社会保障政策回顾与评价[J].经济纵横,2009,(11):20—23.

[102] 杨翠迎,冯广刚,任丹凤.人口"双龄化"背景下对我国养老保障制度建设方向调整的思考[J].西北人口,2010,31(3):1—7.

[103] 杨阳.城乡统筹视角下江苏省养老保险制度研究[D].江苏:南京大学,2014.

[104] 闫然.我国养老保险制度的城乡比较研究[D].江西:江西财经大学,2006.

[105] 姚良华.我国社会养老保险均等化研究[D].浙江:浙江财经大学,2008.

[106] 易松国,鄢盛明.养老院老人与居家老人健康状况比较分析[J].中国人口科学,2006,(3):73—96.

[107] 约翰·罗尔斯.正义论[M].北京:中国社会科学出版社,1971.

[108] 张晓杰.城市化、区域差距与基本公共服务均等化[J].经济体制改革,2010,(2):118—122.

[109] 郑秉文.中国社保"碎片化"制度危害与"碎片化冲动"探源[J].甘肃社会科学,2009,(3):50—58.

[110] 郑功成.中国社会保障制度变迁与评估[M].北京:中国人民大学出版社,2002:18—25.

[111] 周明.公共服务均等化的区域比较研究——以陕西省基本养老保险省级统筹为例[J].西北大学学报(哲学社会科学版),2011,(1):15—19.

[112] Adams,J.S.Inequity in Social Exchange.In L.Berkowitz(Ed.),Advances in Experimental Social Psychology [M].New York:Academic Press,1965,21(2):228-233.

[113] Beveridge,W.Social Insurance and Allied Services [J].Bulletin of the World Health Organization,1942,78(6):847-855.

[114] Choudhury,S.Racial and Ethnic Differences in Wealth and Asset Choices

[115] Allen Schick,Budgeting for Fiscal Risk.Government at Risk:

Contingent Liabilities and Fiscal Risk,2002,PP.79 - 97.

[116] Blanchard, Oliver, 1985, Debts, Deficits and Finite Horizons, Journal of Political Economy 92, 223 - 247.

[117] Diamond, Peter A., 1965, National Debt in a Neoclassical Growth Model, American Economic Review 55,1125 - 50.

[118] Feldstein, Martin, 1998, The Effects of Fiscal Policies When Incomes Are Uncertain: A Contradiction to Ricardian Equivalence, The American Economic Review, Vol. 78, No. 1, 14 - 23.

[119] Hana Polackova Brixi,Government Contingent Liabilities: a Hidden Risk to Fiscal Stability. Journal of Public Budgeting, Accounting & Financial Management,V o 1.1 3,N o.4,2001,PP.582 - 624.

[120] Hana Polackova Brixi, Sergei Shatalov and Leila Zlaoui, Managing Fiscal Risk in Bulgaria.T he World Bank,Policy Research Working Paper Series, No.2282,2000.

[121] Homi Kharas and Deepak Mishra, Fiscal Policy, Hidden Deficits and Currency Crises.World Bank Economists Forum,Vol.1,2001,PP.31 - 48.

[122] Richard Hemming and Murray Petrie. A Framework for Assessing Fiscal Vulnerability.Government at Risk: Contingent Liabilities and Fiscal Risk, 2002,PP.159 - 178.

[123] Robert Eisner and Pau l J.Pieper,A New View of the Federal Debt and Budget Deficits.American Economic Review,Vol.7 4,N o.1,1984,PP.11 - 30.

[124] William Easterly,When is Fiscal Adjustment an Illusion ? Economic Policy:A European Forum,N o.28,1999 ,PP.55 - 76.

[125] Arrow K J. Social Choice and Individual Values [M].New York: Wiley, 1951.

[126] Buchanan J M, Tullock G . The Calculus of consent: Logical Foundations of Constitutional Democracy [M]. Ann Arbor: University of Michigan Press, 1996.

[127] Barrera M, Ainlay S L. The structure of social support: a conceptual and empirical analysis [J].Journal of Community Psychology, 1983, (48)5:211.

[128] Bless, Peter, Martin Seeleib-Kaiser. The Dual Transformation of the German Welfare State [J].Hampshire: Palgrave Macmilla Press, 2004.

[129] Bill Jordan, Charlie Jordan. Social Word and the Third Way: Touch Love as Social Policy [M].SAGE Publication, 2000.

[130] Brown M G, Svenson R A. Measuring R A. Measuring R&D Produc-

tivity [J]. Research Technology Management, 1988, 31(4):11 - 15.

[131] Dominique Guellec, Bruno Van Pottlesberghe. The Impact of Public R&D Expenditure on Business R&D[R]. Paris OECD Working Paper , 2000.

[132] Drongelen K V, Cooke A. Design principles for the development of measurement systems for research and development processes [J].R&D Management, 1997, 27,(4):345 - 357.

[133] Fededieo R C, Whitaker. Social welfare in today's world[M]. New York:McGraw-Hill, 1997.

[134] Murro. Public Funding for Basic Research in an Endogenous Growth Model. Working paper, 2011.

[135] OECD. Evaluation and Poverty Reduction Proceedings from a World Bank Conference [M].London, 1987:205.

[136] Ronald Coase. The Conduct of Economics: The Example of Fisher Body and General Motors [J].Journal of Economics & Management Stratery, 2006:152.